APPRENDRE LE CORÉEN

OBJECTIF LANGUES

APPRENDRE LE CORÉEN

**Niveau débutants
A2**

Inseon Kim-Juquel

LA COLLECTION OBJECTIF LANGUES

À PROPOS DU CADRE EUROPÉEN COMMUN DE RÉFÉRENCE POUR LES LANGUES

À partir de quel moment peut-on considérer que l'on « parle » une langue étrangère ? Et quand peut-on dire qu'on la parle « correctement », couramment ? Voire qu'on la « maîtrise » ? Cette question agite les spécialistes de la linguistique et de l'enseignement depuis toujours. Elle pourrait être de peu d'intérêt si les locuteurs d'aujourd'hui n'avaient pas à justifier leurs compétences dans ce domaine, notamment pour accéder à l'emploi.

C'est en partie pour répondre à cette question que le Cadre européen commun de référence pour les langues (CECRL), appelé plus communément « Cadre européen des langues », a été créé par le Conseil de l'Europe en 2001. Sa vocation première est de proposer un modèle d'évaluation de la maîtrise des langues neutre et adapté à toutes les langues afin de faciliter leur apprentissage sur le territoire européen. À l'origine, il entendait favoriser les échanges et la mobilité, mais aussi mettre un peu d'ordre dans les tests d'évaluation privés qui fleurissaient à la fin du XXe siècle et qui étaient, la plupart du temps, propres à une langue.

Plus de 15 ans après son lancement, son succès est tel qu'il a dépassé les simples limites de l'Europe et qu'il est utilisé dans le monde entier ; pour preuve, son cahier des charges est disponible en 39 langues. Les enseignants, les recruteurs et les entreprises y ont largement recours et les praticiens « trouvent un avantage à travailler avec des mesures et des normes stables et reconnues[1] ».

LES 6 NIVEAUX DU CADRE EUROPÉEN DES LANGUES

Le cadre européen se divise en 3 niveaux généraux et en 6 niveaux communs de compétence :

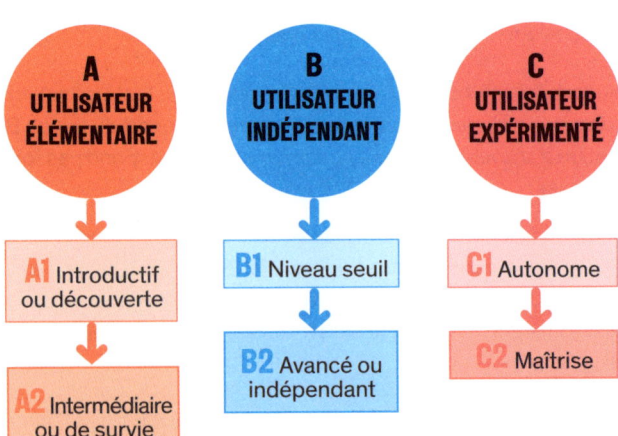

Chacun des niveaux communs de compétence est détaillé selon des activités de communication langagières :

- la production orale (parler) et écrite (écrire) ;
- la réception (compréhension de l'oral et de l'écrit) ;
- l'interaction (orale et écrite) ;
- la médiation (orale et écrite) ;
- la communication non verbale.

Dans le cadre de notre méthode d'apprentissage et de son utilisation, les activités de communication se limitent bien sûr à la réception (principalement) et à la production (un peu). L'interaction, la médiation et la communication non verbale s'exercent sous forme d'échanges en rencontrant des locuteurs et/ou en échangeant avec eux (avec ou sans présence réelle pour dire les choses autrement).

LES COMPÉTENCES DU NIVEAU A2

Avec le niveau A2, je peux :
- comprendre des expressions et des messages simples et très fréquents ;
- lire des textes courts et trouver une information dans des documents courants ;
- comprendre des courriers personnels courts et simples ;
- communiquer lors de tâches simples et habituelles ;
- décrire en termes simples ma famille, d'autres gens, mes conditions de vie, ma formation et mon activité professionnelle ;
- écrire des notes et des messages courts et simples.

La plupart des méthodes d'auto-apprentissage de langues actuelles utilisent la mention d'un des niveaux du cadre de référence (la plupart du temps B2), mais cette catégorisation a souvent été faite *a posteriori* et ne correspond pas forcément à leur cahier des charges.

En suivant les leçons à la lettre, en écoutant les dialogues et en faisant les exercices proposés, vous parviendrez au niveau A2. Mais n'oubliez pas qu'il ne s'agit que d'un début. Le plus important commence ensuite : échanger avec des locuteurs natifs, entretenir sa langue et ne pas la laisser rouiller et, ainsi, améliorer sans cesse la compréhension et l'expression.

1. *Cadre européen commun de référence pour les langues,* Éditions Didier (2005).

APPRENDRE LE CORÉEN

NOTIONS

- **APERÇU HISTORIQUE**
- **LE SYSTÈME D'ÉCRITURE**
- **L'ALPHABET**
- **LA SPÉCIFICITÉ DE LA GRAMMAIRE CORÉENNE**

■ QUELQUES MOTS AVANT DE COMMENCER

Les enregistrements audio suivent la progression de l'ouvrage. Les pistes lues sont signalées par l'icône 🔊. Dans un premier temps, vous retrouverez la lecture des sons coréens. N'hésitez pas à appuyer sur le bouton « pause » afin de bien assimiler chacun de ces sons. Viennent ensuite les dialogues et exercices enregistrés.

■ APERÇU HISTORIQUE
LA CRÉATION DU HANGEUL

Le hangeul est l'écriture officielle en Corée, fondée par Sejong le Grand, 4e roi de la *dynastie Joseon* 조선 **[djô-son]** avec un ensemble de lettrés, en 1443, pour lutter contre l'analphabétisme. Avant sa création, les Coréens empruntaient le système d'écriture chinoise. L'apprentissage des caractères chinois étaient, à l'époque, réservé aux hommes issus de la noblesse. Les femmes et les gens des classes sociales inférieures n'avaient alors pas la possibilité d'écrire. Il y avait un réel manque de moyen de communication écrite. Beaucoup s'opposèrent à l'arrivée d'une écriture vernaculaire, le hangeul fut même interdit à la mort de Sejong le Grand, mais perpétué dans le temps avant de devenir officiel en 1894 seulement !

■ LE SYSTÈME D'ÉCRITURE

Le hangeul s'écrit de façon linéaire, syllabique et phonétique (comme le français). Une syllabe coréenne se compose obligatoirement d'une consonne (C) suivie d'une voyelle (V). On peut avoir, une syllabe type CV mais également CVC. Une syllabe (CV ou CVC) s'écrit dans un carré fictif. La position d'une voyelle dépend de sa forme.

Si elle s'allonge verticalement, on la place à droite de sa consonne, ex. :

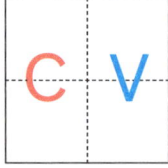 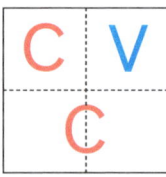

Si elle s'allonge horizontalement, on la place en dessous de sa consonne :

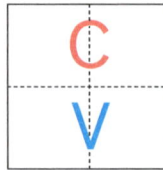 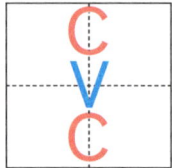

Une syllabe correspond à une unité de son, c'est-à-dire :
Une syllabe 손 **sôn** se prononce par une unité de son : **[sôn]**.
Une syllabe 꽃 **kkôtch** se prononce par une seule unité de son **[kkô^T]**, qu'il faut prononcer **[^{T}]**, à peine audible. Il ne faut pas la laisser entendre longtemps car c'est une syllabe, elle a donc une unité de son **[kkô^T]**, et non deux unités de son : **[kkô-t]**.
Les deux syllabes 한글 **han'geul** se prononcent par deux unités de son : **[han-geul]**.

L'ALPHABET
LES 19 CONSONNES

Hangeul	Transcription FR	Prononciation réelle selon sa position dans une syllabe		
		consonne initiale **C**V	devant la voyelle ㅣ i	consonne finale CV**C**
ㄱ*	g	entre [g] et [k]	[k]	[^{k}]
ㄴ	n	[n]		
ㄷ*	d	entre [d] et [t]	[t]	[^{T}]
ㄹ	l	[l] ou [R] (r roulé entre les deux voyelles)		
ㅁ*	m	entre [m] et [b]		
ㅂ*	b	entre [b] et [p]	[p]	[^{P}]
ㅅ	s	[s]	[ch] ex. : _chaise_	[^{T}]
ㅇ	muet ou ng	muet		[ng]
ㅈ*	dj	entre [dj] et [tch] ex. : _jean_ (vêtement)	[tch]	[^{T}]
ㅊ**	tch	[tch]		[^{T}]
ㅋ**	k^h			[^{k}]
ㅌ**	t^h			[^{T}]
ㅍ**	p^h			[^{P}]
ㅎ**	h	[H] (aspiré) ex. : _hello_		[^{T}]
ㄲ***	kk			[^{k}]
ㄸ***	tt			pas employé
ㅃ***	pp			pas employé
ㅆ***	ss		[ch] ex. : _chaise_	t
ㅉ***	ts			pas employé

* Les consonnes coréennes sont naturellement plus aspirées que les françaises.
** Les consonnes se prononcent comme en l'anglais : vraiment aspirées.
*** Les consonnes se prononcent avec un blocage juste avant de les prononcer. Une astuce : inspirez et bloquez la respiration et enfin vous les prononcez à peine. Bon courage !

Sauf en cas de liaison, on n'entend que 7 consonnes à la place de la consonne finale : [n], [l], [m], [ng], [ᵏ], [ᵀ] et [ᴾ], ex. : 입 ib, *bouche*, et 잎 ipʰ, *feuille*, se prononcent, d'une manière identique par : [iᵖ].

LES 21 VOYELLES

Hangeul	Transcription FR	Remarque de prononciation réelle
ㅏ	a	
ㅑ	ya	
ㅓ	o	[o] mais bien ouvert, ex. : <u>or</u>
ㅕ	yo	[yo] mais bien ouvert
ㅗ	ô	[ô] mais bien arrondi, ex. : <u>eau</u>, h<u>ô</u>pital
ㅛ	yô	[yô] mais bien arrondi
ㅜ	ou	
ㅠ	you	
ㅡ	eu	[eu] mais bien étiré, prononcez en serrant les dents, ex. : Math<u>ieu</u>
ㅣ	i	
ㅔ *	é	
ㅖ **	yé	
ㅐ *	è	
ㅒ **	yè	
ㅘ	wa	
ㅙ ***	wè	
ㅚ ***	wé	
ㅝ	wo	
ㅞ ***	wé	
ㅟ	wi	
ㅢ	eui	[eu] étiré et [i] presque simultanément

y et **w** sont des lettres extrêmement légères vocalement.

* Dans le coréen moderne, ㅔ é, et ㅐ è, ne se prononcent pas distinctement.
** Idem, ㅖ yé, et ㅒ yè ne se prononcent pas distinctement.
*** Idem, ㅙ wè, ㅚ wé, ㅞ wé ne se prononcent pas distinctement.

LES LIAISONS OBLIGATOIRES

옷 ôs [ôᵀ] se prononce avec la liaison : 옷이 ôsi [ô-chi].
꽃 kkôtch [kkôᵀ] se prononce avec la liaison : 꽃을 kkôtcheul [kkô-tcheul].

LA SPÉCIFICITÉ DE LA GRAMMAIRE CORÉENNE
L'ORDRE DES MOTS EN CORÉEN

L'ordre des mots en coréen est : sujet / objet / verbe.

Le sujet et l'objet peuvent être omis ; un seul verbe peut donc former une phrase complète, ex. : 사랑해 salanghè, *[je t']aime* (litt. « aimer »).

L'ORDRE GRAMMATICAL

Il est inversé par rapport au français. Par exemple, *la voiture de maman*, se traduit en coréen par 엄마의 차 ommeui-tcha, litt. « maman-de voiture ».

LES FORMULES DE POLITESSE

En coréen, on ne conjugue pas le verbe par rapport au sujet mais selon le style de politesse choisi : *style ultra-formel* (습니다 seubnida/ ㅂ니다 bnida) ; *style poli* (어요 oyô/아요 ayô) ; *style familier* (어 o/아 a).

LES PARTICULES

En coréen, il y a des particules qui servent à marquer le rôle grammatical du nom : la particule de sujet (이 i/가 ga) ; la particule de thème (은 eun/는 neun) ; la particule d'objet (direct 을 eul/를 leul ou indirect 에게 égé) ; la particule de lieu (에 é ou 에서 éso) ; la particule de temps (에 é).

La particule peut être comparée à une pièce d'identité. Vous en avez besoin pour vous authentifier, n'est-ce pas ? De la même façon, il faut toujours penser accoler une particule après un nom pour identifier son rôle grammatical dans la phrase !

LES NOMS

Une particularité de la langue coréenne : les noms n'ont pas de genre (masculin/féminin), ex. : 가수 gasou, *chanteur/chanteuse*.

I. SALUTATIONS ET PREMIERS CONTACTS

1. SALUTATIONS — 19
2. PRÉSENTATION — 27
3. POSER DES QUESTIONS — 35
4. LES CENTRES D'INTÉRÊTS — 43
5. LA FAMILLE — 51
6. LA MÉTÉO — 59

II. LA VIE QUOTIDIENNE

7. LES ACTIVITÉS QUOTIDIENNES — 71
8. À L'AÉROPORT — 79
9. AU BUREAU DE POSTE — 87
10. À LA BIBLIOTHÈQUE — 95
11. APPEL TÉLÉPHONIQUE — 103
12. (FAIRE UN) CADEAU — 111
13. PRÉPARATION DE REPAS — 119
14. UNE JOURNÉE — 131

III.
EN VILLE

IV.
LES LOISIRS

15.
LES MOYENS DE TRANSPORT 143

16.
FAIRE LES COURSES 153

17.
AU GRAND MAGASIN 163

18.
AU PARC 171

19.
AU CAFÉ 181

20.
AU RESTAURANT 191

21.
AU BUREAU 201

22.
LE CINÉMA 215

23.
SPORT 225

24.
VOYAGE 235

25.
LA CULTURE CORÉENNE 243

26.
NORAEBAG 253

27.
LE WEEK-END 265

28.
LES VACANCES 275

I

SALUTATIONS

ET

PREMIERS

CONTACTS

1. SALUTATIONS
인사
INSA

OBJECTIFS

- **DIRE BONJOUR DANS DIFFÉRENTS CONTEXTES**
- **S'ADAPTER AUX NIVEAUX DE POLITESSE**

NOTIONS

- **LA PARTICULE VOCATIVE**
- **LE SYSTÈME DE COMPTAGE**
- **LES STYLES FAMILIER, POLI, ULTRA-FORMEL**
- **LE VERBE À L'INFINITIF**

BONJOUR !

Deux locuteurs se disent bonjour selon un contexte différent.

1. *(Dans une classe entre deux amis)*
Dani : Salut, Ian !
Ian : Oui. Salut, Dani !

2. *(Dans une classe entre un professeur et une élève qui s'appelle Mina)*
Professeur : Bonjour, Mina !
Élève : Bonjour, professeur !

3. *(Au marché entre deux voisins)*
David : Bonjour, Pauline !
Pauline : Bonjour, David !

4. *(À une exposition entre deux partenaires d'affaires)*
Partenaire 1 : Bonjour !
Partenaire 2 : Oui, bonjour !

안녕하세요 ?
ANNYONGHASÉYÔ

1.
다니 : 이안아, 안녕 ?
<u>Dani</u> : ian-a, annyong

이안 : 응. 다니야, 안녕 ?
<u>Ian</u> : eung. dani-ya, annyong

2.
선생님 : 미나야, 안녕 ?
<u>Sonsèngnim</u> : mina-ya, annyong

학생 : 선생님, 안녕하세요 ?
<u>Hagsèng</u> : sonsèngnim, annyonghaséyô

3.
다비드 : 폴린 씨, 안녕하세요 ?
<u>David</u> : pauline ssi, annyonghaséyô

폴린 : 다비드 씨, 안녕하세요 ?
<u>Pauline</u> : david ssi, annyonghaséyô

4.
파트너 1 : 안녕하십니까 ?
<u>P^{h}at^{h}euno il</u> : annyongha-si-bnikka

파트너 2 : 네, 안녕하십니까 ?
<u>P^{h}at^{h}euno i</u> : né, annyongha-si-bnikka

NB : La translittération peut vous paraître difficile à comprendre, certaines lettres comme la transcription « dj » se prononce [tch] ou encore « g » se prononce [k]. Écoutez bien les enregistrements, **파이팅** *(Courage)* !

COMPRENDRE LE DIALOGUE
FORMULES ET EXPRESSIONS

→ 안녕하다 ? annyongha-da ? : contrairement au français « *bonjour !* » avec le point d'exclamation, en coréen le bonjour s'exprime avec le point d'interrogation. C'est une question, qui se traduit littéralement par « êtes-vous tranquille ? » à partir du verbe 안녕하다 annyongha-da, litt. « être tranquille, en paix ».

→ 다니 Dani / 이안 Ian : les prénoms en coréen se composent généralement de deux syllabes tout attachées. Le prénom peut provenir d'un mot coréen, comme par exemple : 하늘 haneul, *ciel* ; 바다 bada, *mer* ; 가을 ga'eul, *automne* ; ou souvent emprunté des lettres sino-coréennes.

→ Quand on appelle un enfant ou un ami par son prénom, on accole la particule vocative :
  • 아 -a quand le prénom se termine par une consonne : 이안아 ! ian-a
  • 야 -ya quand il se termine par une voyelle : 다니야 ! dani-ya.

→ 씨 ssi est un terme employé après un prénom ou nom complet pour appeler quelqu'un dans un contexte poli. Il s'emploie entre *collègues* (동료 donglyô) de même niveau, *entre amis* (친구 tchin'gou) *adultes*, etc. Vous avez certainement déjà remarqué qu'appeler quelqu'un en coréen dépend de l'âge, du contexte, etc.

NOTE CULTURELLE

Les façons de se saluer diffèrent totalement entre les Français et les Coréens. Ne serrez pas la main et évitez d'embrasser, les Coréens n'ont pas l'habitude d'avoir des contacts physiques avec des personnes peu connues, et en dehors du cercle familial. Mieux vaut s'incliner un peu pour marquer le respect, règle d'or en Corée où l'on distingue différentes formes de politesse : à l'écrit, à l'oral et dans la gestuelle. Il est néanmoins possible que quelqu'un vous invite à se serrer la main dans certaines circonstances, mais plutôt en joignant les deux mains.

RÈGLE DE PRONONCIATION

Tout comme en français, pour une prononciation naturelle, il faut penser aux liaisons, par exemple, dans 안녕하십니까 annyonghasibnikka ?, le ㅂ b en contact avec la consonne nasale ㄴ n se prononce comme m. La prononciation est ainsi : [an-nyong-ha-chim-ni-kka].

◆ GRAMMAIRE
LE SYSTÈME DE COMPTAGE

L'écriture numérique est la même en français et en coréen (1, 2, 3, 4). En revanche, il y a deux systèmes de lecture des chiffres dans la langue coréenne : sino-coréen et coréen. Dans ce dialogue, le chiffre 1 se lit **il** et le chiffre 2 se lit **i** en système sino-coréen. Nous aborderons, en détail, le système de comptage dans les leçons suivantes.

L'IMPORTANCE DE LA POLITESSE

En Corée, il est très important de signifier sa fonction, son statut par rapport à son interlocuteur lorsqu'on s'adresse à lui. Les règles et niveaux de politesse sont précis dans la langue coréenne. Comme constaté dans le dialogue, il y a trois façons de dire bonjour selon le niveau de politesse à adopter :

안녕 annyong ? dénote le style familier non poli

안녕하세요 annyonghaséyô ? dénote le style poli mais décontracté

안녕하십니까 annyonghasibnikka ? dénote le style ultra-formel. La politesse se transcrit (et s'entend !) également via des suffixes qu'on accole aux prénoms (**-a, -ya, -ssi**).

LE STYLE OU LA VOIX DE LA PHRASE

Comme nous venons de le mentionner, il existe trois styles en coréen : familier, poli, ultra-formel, qui ne sont pas exhaustifs mais qui sont les plus employés dans la vie quotidienne.

Le style correspond au registre employé ; il relève de la voix de la personne qui s'exprime. Remarquez, par exemple, les différents styles présents aux phrases 2 et 8 pour le mot *oui*, traduit 네 **né** (poli) ou 응 **eung** (familier).

Le style familier dépeint la voix familière, utilisée par les enfants, la famille, les couples, les amis de même âge ou les amis très proches.

Le style poli emploie une voix polie mais aussi décontractée. On peut dire que c'est le style passe-partout car on conserve la voix polie, très importante dans la société coréenne mais il s'agit d'un registre informel. Il est donc adapté pour entretenir une conversation naturelle tout en gardant la politesse, par exemple entre *voisins*, 이웃 **ious**.

Le style ultra-formel dépeint la voix officielle, formelle et littéraire. Ce style s'emploie dans la langue écrite ou lors d'une rencontre officielle ou professionnelle. Par exemple, vous passez un entretien d'embauche ? Il faut opter pour le style ultra-formel.

▲ CONJUGAISON
LA CONSTRUCTION DES VERBES

Les verbes en français varient en fonction de la personne, ex. : je mange, tu manges, nous mangeons, etc. Les verbes en coréen, au contraire, se conjuguent en fonction du registre/style de langue choisi : style familier ; style poli ; style ultra-formel. La conjugaison ne dépend pas du sujet mais dépend du style choisi ou de la voix la plus adaptée au contexte.

LES STYLES FAMILIER/POLI/ULTRA-FORMEL

La partie verbale se construit ainsi : radical du verbe + terminaison de style. Ainsi, pour rappel, le verbe à l'infinitif 안녕하다 annyongha-da peut varier selon les trois styles :

안녕 annyong ? (style familier)
안녕하세요 annyonghaséyô ? (style poli)
안녕하십니까 ? annyongha-si-bnikka ? (style ultra-formel).

L'apprentissage des règles de conjugaison sera étudié dans les prochaines leçons. Le verbe 안녕하다 annyongha-da est une expression de salutation dont la conjugaison n'est pas régulière, il ne permet pas d'expliquer le prototype de conjugaison selon le style.

LE VERBE À L'INFINITIF

Le verbe à l'infinitif est un verbe sous sa forme brute, absente de conjugaison. C'est cette forme infinitive qui nous permet de chercher le verbe dans le dictionnaire. Le verbe à l'infinitif se compose du radical du verbe et de la terminaison infinitive 다 -da, ex. : 안녕하다 annyongha-da (litt « être tranquille / en paix »).

VOCABULAIRE

Cette liste regroupe les mots que vous venez de rencontrer au cours de ce module. Ils sont listés selon leur ordre d'apparition.

안녕하세요 annyonghaséyô *Bonjour !*
안녕하다 annyongha-da *être tranquille, être en paix*
안녕 annyong *salut !*
응 eung *oui* (familier, non poli)
선생님 sonsèngnim *professeur*
학생 hagsèng *élève, étudiant*
파트너 p^{h}at^{h}euno *partenaire*
일 il *un* (chiffre)
이 i *deux*
네 né *oui* (poli)
하늘 haneul *ciel*
바다 bada *mer*
가을 ga'eul *automne*
동료 dônglyô *collègue*
친구 tchin'gou *ami*
이웃 ious *voisin*

● EXERCICES

1. ÉCOUTEZ L'ENREGISTREMENT. CHOISISSEZ LA BONNE SALUTATION POUR SE DIRE BONJOUR ENTRE ENFANTS.
a. 안녕하세요 ?   b. 안녕 ?   c. 안녕하십니까 ?

2. ÉCOUTEZ LA PHRASE ET CHOISISSEZ LA PHRASE SIGNIFIANT « BONJOUR » À SON PROFESSEUR AU STYLE POLI.
a. 안녕하세요 ?   b. 안녕 ?   c. 안녕하십니까 ?

3. TRADUISEZ LES MOTS EN CORÉEN.
a. élève ....
b. professeur ....
c. partenaire ....
d. voisins ....

4. APPELEZ LA PERSONNE PAR SON PRÉNOM AVEC LA PARTICULE VOCATIVE 아 OU 야 !
a. Taeho : 태호 .... !
b. Juni : 쥬니 .... !
c. Minkuk : 민국 .... !

5. APPELEZ UN COLLÈGUE PAR SON PRÉNOM AVEC LE TERME DE POLITESSE 씨.
a. 마리 (Marie) .... !
b. 레아 (Léa) .... !
c. 주영 (Juyoung) .... !

2.
PRÉSENTATION
자기소개
DJAGISÔGÈ

OBJECTIFS

- SE PRÉSENTER
- INDIQUER SA PROFESSION
- FAIRE CONNAISSANCE

NOTIONS

- LE VERBE « ÊTRE »
- L'ORDRE DES MOTS
- LA PARTICULE DE THÈME
- LE PRONOM PERSONNEL « JE »

JE SUIS PAULINE

Les locuteurs se présentent selon une situation différente.

1. *(Dans un parc entre deux enfants)*

<u>Juni</u> : Salut ! Je m'appelle KIM Juni. [Je] suis écolier [de] l'école élémentaire [de] Jongno.

<u>Minjung</u> : Salut ! Je m'appelle LEE Minjung. Je suis écolière [de] l'école élémentaire [de] Gangnam. Enchantée.

2. *(Au tournoi de cartes entre deux adultes)*

<u>David</u> : Bonjour ! Je suis David. [Je] suis employé dans une société. [C']est une entreprise [d']automobiles.

<u>Pauline</u> : Bonjour ! Je suis Pauline. [Je] suis étudiante à l'université. Je suis étudiante en droit. Enchantée.

3. *(Lors d'une réunion de travail)*

<u>Employée 1</u> : Bonjour ! Je m'appelle LEE Heejung. [Je] suis designer. [Je] suis designer [de] chaussures.

<u>Employé 2</u> : Bonjour ! Je suis PARK Kanghyun. [Je] suis ingénieur informatique. Enchanté.

저는 폴린이에요
DJO-NEUN PAULINE-IÉYÔ

04

1.
쥬니 : 안녕 ? 나는 김쥬니야. 종로 초등학생이야.
Juni : annyong ? na-neun kim-Juni-ya. djônglô tchôdeugh-agsèng-iya

민정 : 안녕 ? 나는 이민정이야. 반가워. 나는 강남 초등학생이야.
Minjung : annyong ? na-neun lee-minjung-iya. ban'gawo. na-neun gangnam tchôdeunghagsèng-iya

2.
다비드 : 안녕하세요 ? 저는 다비드예요. 회사원이에요. 자동차 회사예요.
David : annyonghaséyô ? djo-neun david-yéyô. hwésawon-iéyô. djadôngtcha hwésa-yéyô

폴린 : 안녕하세요 ? 저는 폴린이에요. 대학생이에요. 법대생이에요. 반가워요.
Pauline : annyonghaséyô ? djo-neun pauline-iéyô. dèhagsèng-iéyô. bobdèsèng-ieyô. ban'gawoyô

3.
회사원 1 : 안녕하십니까 ? 저는 이희정입니다. 디자이너입니다. 신발 디자이너입니다.
Hwésawon il : annyongha-si-bnikka ? djo-neun LEE-Heejung-i-bnida. didja'ino-i-bnida. sinbal didja'ino-i-bnida

회사원 2 : 안녕하십니까 ? 저는 박강현입니다. 컴퓨터 엔지니어입니다. 반갑습니다.
Hwésawon i : annyongha-si-bnikka ? djo-neun PARK-Kanghyun-i-bnida. kʰompʰyoutʰo éndjini'o-i-bnida. ban'gab-seubnida

NB : La translittération des noms ou prénoms en coréens ne suivent pas la même transcription que dans cet ouvrage car souvent la translittération internationale est basée sur l'anglais. Les prénoms français sont présentés comme tels sans application de translittération.

COMPRENDRE LE DIALOGUE
FORMULES ET EXPRESSIONS

→ 나 na, 저 djo sont les pronoms personnels correspondant à la première personne du singulier « je ». Le premier, 나 na, est le pronom version non polie qui s'accorde avec le style familier, utilisé entre amis, en famille. Le deuxième, 저 djo, s'associe au style poli ou ultra-formel.

→ Pour dire « Enchanté », on emploie le verbe 반갑다 ban'gab-da, *être enchanté*. On trouve trois formes selon la voix choisie : 반가워 ban'gawo (au style familier), 반가워요 ban'gawoyô (au style poli), 반갑습니다 ban'gab-seubnida (au style ultra-formel).

→ Pour se nommer, on utilise le verbe 이다 i-da, *être*, suivi du nom complet ou du prénom, ex. : 저는 김쥬니예요 djo-neun kimjuni-yéyô, *Je suis KIM Juni* (moi Kim-Juni-être). Ici, le sujet 저는 djo-neun, *je,* peut être omis.

→ Pour indiquer son *métier* (직업 djigob), on peut également employer le verbe 이다 i-da, *être*, ex. : 엔지니어입니다 éndjini'o-i-bnida, *je suis ingénieur* (litt. « ingénieur-être »). Le nom du métier 컴퓨터 엔지니어 k^{h}omp^{h}yout^{h}o éndjini'o vient du mot anglais *computer engineer*.

→ 대학생 dèhagsèng, *étudiant(e) à l'université* : le nom en coréen ne possède pas de genre (masculin, féminin). Il n'existe donc pas d'accord avec le verbe. 법대생 bobdèsèng, *étudiant en droit*, est la forme contractée de 법과 대학 학생 bobgwa dèhag hagsèng, *étudiant de faculté de droit* (litt. « droit faculté étudiant »). L'ordre des mots dans un groupe du nom est inversé par rapport à la structure grammaticale française.

NOTE CULTURELLE

김 KIM, 이 LEE, 박 PARK : les noms de famille en coréen se composent généralement d'une syllabe et sont renseignés avant le prénom, qui, lui, est généralement constitué de deux syllabes. Beaucoup de Coréens portent les mêmes noms de famille 김 KIM, 이 LEE ou 박 PARK. Vous pouvez constater le même principe en France, avec des noms de familles très courants, comme Dupont et des prénoms très empruntés comme les fameux Jean ou Marie. En Corée, on rencontre plutôt de nombreux KIM avec des prénoms différents. Sachez que chaque nom de famille a son origine régionale. Par exemple, le nom 김 KIM provient principalement de la ville de 김해 gimhè, dans la province du Gyeongsang du Sud (à proximité de Busan). Quand on se présente en coréen, on précise souvent le nom complet : nom-prénom.

RÈGLE DE PRONONCIATION

Il y a un effet d'assimilation lorsque les consonnes nasales (ㅁ m, ㄴ n, ㄹ l) se suivent, comme par exemple 종로 djôngˈlô, qui se prononce par [djông-nô] : ㅇ ng suivie par ㄹ l et cette dernière s'articule par [n].

◆ GRAMMAIRE
L'ORDRE DES MOTS

L'ordre des mots en français est SVO (sujet-verbe-objet). En coréen, l'ordre des mots est SOV (sujet-objet-verbe). De plus, la présence du sujet n'est pas obligatoire en coréen. Si c'est possible et qu'il n'y a pas d'ambiguïté, il est omis, ex. : 디자이너입니다 **didja'ino-i-bnida**, *[Je] suis designer* (litt. « designer-être »).

LA PARTICULE

Dans une phrase coréenne, un nom est toujours accolé d'une particule (P) (sauf dans le cas de l'omission volontaire), ex. : 나는 **na-neun**, 저는 **djo-neun**, *je* (litt. « pronom personnel de la première personne-particule de thème »). La particule 는 **neun** sert à repérer le rôle grammatical du nom. Elle est comparable à une pièce d'identité. Un nom doit se munir d'une particule pour être identifié dans une phrase.

LA PARTICULE DE THÈME

La P. de thème sert à cibler le thème de la phrase. Elle s'emploie avec le pronom, le prénom, le métier, etc., pour indiquer que le nom est le thème/sujet de la phrase. Dans notre dialogue, le pronom personnel 저 **djo** accompagné de la P. thème nous renseigne sur le rôle du nom de la phrase : c'est le cas du sujet *je* et avec la particule d'objet *me*.

LA PARTICULE DE THÈME 은/는

La P. de thème a deux formes 은 **eun** ou 는 **neun**. On accole 은 **eun** quand le nom sur lequel on doit accoler la particule de thème se termine par une consonne ; on accole 는 **neun** quand le nom se termine par une voyelle, ex. :

박강현은 엔지니어입니다 **Park-kanghyun…**, *PARK Kanghyun est ingénieur.*

저는 학생이에요 **djo-neun…**, *Je suis étudiant.*

Le sujet/thème 박강현 se termine par une consonne ㄴ n, il faut donc indiquer la P. thème 은 **eun** alors que le sujet/thème 저 **djo** de la deuxième phrase se termine par une voyelle ㅓ o. Il faut donc utiliser la P. thème 는 **neun**.

▲ CONJUGAISON
LE VERBE 이다

Généralement, il faut un espace pour chaque élément entre le sujet, le complément et le verbe. Cependant, le verbe 이다 i-da, être, s'accole obligatoirement à son complément, ex. : 회사원이에요 hwésawon-iéyô, *[Je] suis salarié* (litt. « salarié-être »). Dans la grammaire coréenne, le verbe *être* n'est pas vraiment un verbe indépendant comme les autres : sans son complément, il n'est pas complet. Contrairement au verbe *être* en français qui peut se dire « être qqch/qqn » ou « être quelque part », le verbe 이다 ne sert que dans le sens « d'être qqch/qqn », ex. : *Je m'appelle/suis Juni, Je suis étudiant à l'université, Je suis employé… Être quelque part* se traduit par un autre verbe que nous aborderont prochainement.

Le verbe 이다 i-da, *être*, se conjugue ainsi dans une phrase déclarative selon le style choisi : 이야 iya/야 ya au style familier, 이에요 iéyô/예요 yéyô au style poli, 입니다 i-bnida au style ultra-formel.

- **Le verbe 이다, au style familier**

Le verbe 이다, *être*, au style familier a deux formes : 이야 iya / 야 ya. Au niveau de la prononciation, il n'y a pas une grande différence car les deux formes se prononcent d'une manière similaire. Il s'agit donc d'une question d'orthographe. Quand le complément se termine par une consonne, accolez 이야 iya ; quand le complément se termine par une voyelle, accolez 야 ya, ex. : 쥬니야, *[Je] suis Juni* (litt. « Juni-être ») ; 이안이야, *[Je] suis Ian* (litt. « Ian-être »).

- **Le verbe 이다, au style poli**

Le verbe 이다, *être*, a deux formes au style poli : 이에요 iéyô / 예요 yéyô. Regardez la dernière lettre du complément du verbe. Si le complément se termine par une consonne, mettez 이에요 iéyô ; s'il se termine par une voyelle, employez 예요 yéyô, ex. : 회사원이에요, *[Je] suis salarié* (litt. « salarié-être ») ; 디자이너예요 didja'ino-i-bnida, *[Je] suis designer* (litt. « designer-être »).

- **Le verbe 이다, au style ultra-formel**

Le verbe 이다 *être*, a une seule forme au style ultra-formel : 입니다 i-bnida, sans différencier la dernière lettre du complément, ex. : 이희정입니다 LEE-Heejung-i-bnida, *[Je] suis LEE Heejung* (litt. « LEE Heejung-être ») ; 디자이너입니다 didja'ino-i-bnida, *[Je] suis designer* (litt. « designer-être »).

VOCABULAIRE

소개 sôgè *présentation*
나 na *je*
저 djo *je*
이다 i-da *être, s'appeler*
반갑다 ban'gab-da *être enchanté*
회사원 hwésawon *salarié, employé*
대학생 dèhagsèng *étudiant à l'université*
디자이너 didja'ino *designer*
엔지니어 éndjinio *ingénieur*
직업 djigob *métier*
초등학생 tchôdeunghagsèng *écolier*
초등학교 tchôdeunghaggyô *école élémentaire*
자동차 djadôngtcha *automobile*
회사 hwésa *entreprise*
법대생 bobdèsèng *étudiant en droit*
컴퓨터 kʰompʰyoutʰo *ordinateur, informatique*
법과 bobgwa *(section de) droit*
대학 dèhag *faculté*
학생 hagsèng *étudiant*
신발 sinbal *chaussure(s)*

● EXERCICES

1. ÉCOUTEZ L'ENREGISTREMENT. CHOISISSEZ LA BONNE FORMULE POUR DIRE « ENCHANTÉ » DANS UNE SITUATION FORMELLE.
a. 반갑습니다.   b. 반가워.   c. 반가워요.

2. ÉCOUTEZ LES PHRASES ET TRADUISEZ EN FRANCAIS.
a. 안녕하세요 ? ....
b. 디자이너예요. ....
c. 나는 쥬니야. ....

3. TRADUISEZ LES MOTS EN FRANÇAIS.
a. 회사원 hwésawon ....
b. 엔지니어 éndjinio ....
c. 대학생 dèhagsèng ....

4. CHOISISSEZ LA BONNE FORME POUR COMPLÉTER LA PHRASE.
a. 쥬니(은, 는) 회사원이에요, Juni est salarié.
b. 나는 조민정(입니다, 이야), Je suis CHO Minjung.
c. 저는 디자이너(이에요, 예요), Je suis designer.
d. 저는 엔지니어(야, 입니다), Je suis ingénieur.

5. TRADUISEZ LA PHRASE AU STYLE DEMANDÉ.
a. Je suis Minjung (au style familier) : ....
b. Je suis designer (au style poli) : ....
c. Je suis employé (au style ultra-formel) : ....

3. POSER DES QUESTIONS
질문
DJILMOUN

OBJECTIFS	NOTIONS
• POSER DES QUESTIONS • PRÉSENTER QUELQU'UN • EXPRIMER L'ÉTONNEMENT	• LA PARTICULE POSSESSIVE • LES MOTS INTERROGATIFS • LA PHRASE INTERROGATIVE

QUI EST-CE ?

1. (Devant une affiche de concert, Dani, une grande fan de musique coréenne, est très contente de voir son chanteur préféré. Un monsieur mystérieux s'approche…)

<u>Dani</u> : Waouh !

<u>Monsieur</u> : Qui est [cette personne] ? *(qui-être)*

<u>Dani</u> : [C']est un chanteur (de BTS) ! *(chanteur-être)*

<u>Monsieur</u> : Est[-ce] Jungkook ?

<u>Dani</u> : Oui, [c']est Jungkook.

<u>Monsieur</u> (rit) : Ho ho ho ! [C']est mon fils *(mon fils-être)*.

<u>Dani</u> : Vraiment ? [C']est vraiment votre fils *(vraiment monsieur fils-être)* ?

2. (Le monsieur montre une photo du chanteur enfant devant une maison, avec lui.)

<u>Monsieur</u> : Tenez ! Qu'est-ce que [c']est *(que-être)* ?

<u>Dani</u> : Oh mon Dieu… Où [c']est *(où-être)* ?

<u>Monsieur</u> : [C']est notre maison. *(notre maison-être)*

3. (Dani a pris la photo avec le monsieur. Elle la montre à son cousin, Ian.)

<u>Ian</u> : Qui est[-ce]?

<u>Dani</u> : [C']est le papa [de] Jungkook [de] BTS.

<u>Ian</u> : Vraiment ? Quand ? Comment ?

누구예요 ?
NOUGOU-YÉYÔ

1.
다니 : 와 !
Dani : wa !

아저씨 : 누구예요 ?
Adjossi : nougou-yéyô

다니 : 가수예요. BTS 예요.
Dani : ga'sou-yéyô. BTS-yéyô

아저씨 : 정국이에요 ?
Adjossi : Jungook-iéyo

다니 : 네, 정국이에요.
Dani : né. Jungook-iéyo

아저씨 : 허허허 ! 제 아들이에요.
Adjossi : hohoho ! djé adeul-iéyô

다니 : 정말요 ? 정말 아저씨 아들이에요 ?
Dani : djongmal-yô ? djongmal adjossi adeul-iéyô

2.
아저씨 : 자 ! 무엇이에요 ?
Adjossi : dja, mou'os-iéyô

다니 : 어머나 ! 세상에... 어디예요 ?
Dani : omona ! sésang'é… odi-yéyô

아저씨 : 우리 집이에요.
Adjossi : ouli djib-iéyô

3.
이안 : 누구야 ?
Ian : nougou-ya ?

다니 : BTS 종국 아빠야.
Dani : BTS Jungkook appa-ya

이안 : 진짜 ? 언제야 ? 어떻게 ?
Ian : djintsa ? ondjé-ya ? ottohgé

COMPRENDRE LE DIALOGUE
FORMULES ET EXPRESSIONS

→ 아저씨 **adjossi**, *monsieur*, est un terme qu'on emploie pour désigner un homme d'un certain âge, de manière familière. Attention, on ne l'emploie pas comme le terme de civilité en français.

→ 아저씨 아들 **adjossi adeul** signifie litt. « monsieur fils », *votre fils* ; la désignation de son interlocuteur, ex. : *tu, ton, ta, vous, votre*, relève d'une question culturelle très complexe. Ici, Dani emploie le terme *monsieur* à la place de *votre*. Nous allons apprendre comment on peut s'adresser à son interlocuteur selon le contexte au fur et à mesure.

→ 정말요 **djongmal-yô**, *vraiment* ? Il faut ajouter le terme de politesse 요 **yô** même à la fin du mot 정말, *vraiment*. Sinon cela peut s'interpréter comme un manque de respect envers son interlocuteur. Et oui, la notion de respect, et donc de politesse, est très importante en Corée.

→ 우리 집 **ouli djib** signifie litt. « notre maison ». 우리 est le pronom personnel de la première personne du pluriel *nous*.

→ Ce dialogue révèle quelques mots en rapport avec la famille, que nous aborderons plus en détail au module 5 : 아들 **adeul** *fils* ; 아버지 **abodji** *père* ; 아빠 **appa** *papa* et 사촌 **satchôn** *cousin*.

NOTE CULTURELLE

Les chansons coréennes appelées (케이팝 k^{h}éip^{h}ab, *K-pop*) sont vraiment à la mode chez les *adolescents* (청소년 tchongsônyon) et même chez les *adultes* (어른 oleun). Le groupe BTS (aussi connu sous le nom de Bangtan Boys) est un boys band sud-coréen originaire de Séoul, formé en 2013 et composé de 7 membres : Jin, Suga, J-Hope, RM, Jimin, V et… Jungkook ! Ils remportent un succès planétaire. Certains titres sont utilisées pour des publicités de grandes marques telles que Coca ou Puma. Leurs fans ont créé un groupe dénommé « ARMY », acronyme signifiant **Adorable Representative MC for Youth** (litt. « adorables chefs de file représentatifs pour la jeunesse ») et *armée* en anglais. Certains d'entre vous sont peut-être *fan* (팬 p^{h}èn) de *musique* (음악 eumag) coréenne.

Allez, on va travailler pour pouvoir assister à un *concert* (콘서트 k^{h}ônsot^{h}eu) en Corée de vos chanteurs préférés !

RÈGLE DE PRONONCIATION

La consonne aspirée ㅎ h, suivie ou précédée, influence sa consonne voisine qui devient elle-même une consonne aspirée : 어떻게 ottohgé, comment → [o-tto-k^{h}é] : la consonne ㅎ h précédente rend la consonne suivante ㄱ g aspirée. Elles se prononcent [k^h].

◆ GRAMMAIRE
LA PARTICULE POSSESSIVE

제 아들 djé adeul, *mon fils*, est composé de 제 djé qui vient de la contraction de 저 djo, pronom personnel de la première personne, et de 의 eui, *de* (particule possessive). Ainsi, 제 아들 se traduit littéralement par « fils de moi ». L'emploi de la particule possessive 의 eui, *de*, est très souvent omis, ex. : 아저씨 아들 adjossi adeul, *votre fils* (litt. « fils [de] monsieur ») ; 우리 집 ouli djib, *ma maison* (litt. « maison [de] nous »). En coréen, le possessif s'exprime souvent par *notre*, ex. : 우리 가족 ouli gadjôg, *ma famille* (litt. « notre famille ») ; 우리 집 ouli djib, *ma maison* (litt. « notre maison »), en privilégiant l'esprit de groupe. La famille, la maison, le pays, les parents, etc. sont souvent exprimés par « notre ».

LES MOTS INTERROGATIFS

누구 nougou, *qui* ; 무엇 mou'os, *que* ; 어디 odi, *où* ; 언제 ondjé, *quand* ; 어떻게 ottohgé, *comment*, s'emploient pour poser des questions. Attention, comme ces mots sont employés, dans notre dialogue, avec le verbe *être*, ils sont présentés jouxtés au verbe, ex. :

    누구예요 ?, *qui est-ce ?* (qui-être)
    무엇이에요 ? *qu'est ce que c'est ?* (que-être)
    어디예요 ? *où est-ce ?* (où-être)
    언제예요 ?, *quand est-ce ?* (quand-être)

LA PHRASE INTERROGATIVE

Vous remarquez que la phrase interrogative a la même forme que la phrase déclarative au style poli et au style familier, on ajoute simplement le point d'interrogation à la fin, ex. :

    아들이에요 adeul-iéyô, *c'est mon fils* (fils-être)
    아들이에요 ? adeul-iéyô ?, *c'est votre fils ?* (fils-être)

Nous verrons le style ultra-formel un peu plus tard (module 15).

N'oubliez pas de monter l'intonation en fin de phrase interrogative pour bien indiquer que c'est une question !

● EXERCICES

1. ÉCOUTEZ L'ENREGISTREMENT ET CHOISISSEZ LA BONNE RÉPONSE.
a. 가수예요. b. 아저씨예요. c. 누구예요 ? d. 한국이에요.

2. ÉCOUTEZ LA QUESTION ET TROUVEZ LA TRADUCTION EN FRANÇAIS.
a. Votre fils est chanteur ? b. Êtes-vous chanteur ? c. Avez-vous un fils ?

3. TRADUISEZ CES GROUPES NOMINAUX EN CORÉEN.

a. mon fils ....

b. ma maison (litt. « notre maison ») ....

c. le chanteur ....

4. TRADUISEZ CES QUESTIONS EN CORÉEN AU STYLE POLI.

a. Qu'est-ce que c'est ? ....

b. Où est-ce ? ....

c. Qui est-ce ? ....

● VOCABULAIRE

질문 **djilmoun** *question*
와 **wa** *waouh !*
아저씨 **adjossi** *monsieur*
누구 **nougou** *qui*
가수 **ga'sou** *chanteur(-euse)*
허허허 **hohoho** *hohoho (bruit de rire d'un homme d'un certain âge)*
제 **djé** *mon, ma, mes*
아들 **adeul** *fils*
정말 **djongmal** *vraiment*
무엇 **mou'os** *que*
어머나 **omona** *(interjection de surprise utilisée plutôt par une femme) oh !, ah !*
세상에 **sésang'é** *(interjection de surprise) oula, oh mon Dieu*
어디 **odi** *où*
우리 **ouli** *nous, notre*
집 **djib** *maison*
아빠 **appa** *papa*
진짜 **djintsa** *vraiment*
언제 **ondjé** *quand*
어떻게 **ottohgé** *comment*
아버지 **abodji** *père*
사촌 **satchôn** *cousin*
케이팝 **k^{h}éip^{h}ab** *K-pop*
청소년 **tchongsônyon** *adolescent*

어른 **oleun** *adulte*
팬 **p^{h}èn** *fan*
음악 **eumag** *musique*
콘서트 **k^{h}ônseot^{h}eu** *concert*

4. LES CENTRES D'INTÉRÊT
관심사
GWANSIMSA

OBJECTIFS	NOTIONS
• DEMANDER CE QUE LES AUTRES AIMENT • EXPRIMER CE QU'ON AIME	• LA PARTICULE COD • LE VERBE « AIMER BIEN » • LA CONJUGAISON AU STYLE ULTRA-FORMEL

QU'EST-CE QUE VOUS AIMEZ ?

1. *(Dans une classe à la rentrée entre deux écoliers)*
<u>Élève 1</u> : Qu'est-ce que [tu] aimes ? *(quoi aimer)*
<u>Élève 2</u> : Hum… [j']aime bien les bonbons. [Et] toi ?
<u>Élève 1</u> : J'aime bien les dalgona !

2. *(À la fête des voisins entre deux adultes)*
<u>Voisine 1</u> : Qu'est-ce que [vous] aimez ? *(quoi aimer)*
<u>Voisin 2</u> : J'aime bien les films coréens. En vrai, je suis acteur.

3. *(Lors d'un entretien d'embauche)*
<u>Recruteuse</u> : David, qu'est-ce que [vous] aimez ? *(David quoi aimer)*
<u>Candidat</u> : J'aime bien les voitures.
<u>Recruteuse</u> : [Vous] aimez bien les voitures ? Je n'aime pas la voiture. Nous sommes fabricants [de] vélos *(vélo fabricant)*.

무엇을 좋아해요 ?
MOU'OS-EUL DJÔHAHÈYÔ

🔊 06

1.
학생 1 : 뭐 좋아해 ?
Hagsèng il : mwo djôhahè

학생 2 : 음…나는 사탕을 좋아해. 너는 ?
Hagsèng i : eum… na-neun sat^hang-eul djôhahè. no-neun

학생 1 : 나는 달고나를 좋아해.
Hagsèng il : na-neun dalgôna-leul djôhahè

2.
이웃 1 : 무엇을 좋아해요 ?
Ious il : mou'os-eul djôhahèyô

이웃 2 : 저는 한국 영화를 좋아해요. 사실 저는 영화배우예요.
Ious i : djo-neun han'goug yonghwa-leul djôhahèyô. sasil djo-neun yonghwabèou-yéyô

3.
면접관 : 다비드 씨는 무엇을 좋아합니까 ?
Myondjobgwan : dabideu ssi-neun mou'os-eul djôaha-bnikka

지원자 : 저는 차를 좋아합니다.
Djiwondja : djo-neun tcha-leul djôaha-bnida

면접관 : 차를 좋아합니까 ? 저는 차를 싫어합니다. 우리는 자전거 제조사입니다.
Myondjobgwan : tch-leul djôaha-bnikka ? djo-neun tcha-leul sil-hoha-bnida. ouli-neun djadjon'go djédjôsa-i-bnida

COMPRENDRE LE DIALOGUE
FORMULES ET EXPRESSIONS

→ 너는 **no-neun** ?, litt. « toi-particule de thème », *et toi* ?, est une forme utilisée pour demander l'avis de son interlocuteur. Il faut d'abord désigner la personne, ensuite accoler la particule de thème : 다니는 ? **Dani-neun**, *Et Dani* ?, *Quant à Dani* ? ; 선생님은요 ? **sonsèngnim-eun-yô**, *Et vous, professeur* ?, *Quant au professeur* ? (litt. « professeur-particule de thème-terme politesse ») ; 아저씨는요 ? **adjossi-neun-yô**, *Et vous, monsieur* ?, *Quant au monsieur* ? (litt. « monsieur-particule de thème-terme politesse »)

→ **dalgôna** (달고나) est un *café fouetté* préparé avec du café instantané soluble mélangé à du sucre et de l'eau (boisson originaire de Corée du Sud).

→ 다비드 씨는 **dabideu ssi-neun**, litt. « David terme politesse-thème », *vous*, remplace le pronom personnel de la deuxième personne au singulier « tu ». En coréen, le pronom personnel de deuxième personne au singulier « tu », à proprement parler, ne s'emploie pas. Il faut préciser par des informations personnelles comme le prénom, le nom complet, le métier, etc. Si on ne connaît aucune information sur son interlocuteur, comment peut-on choisir entre *vous* ou *tu* ? Et oui, c'est pour cela que la désignation coréenne n'est pas simple ! Nous l'aborderons petit-à-petit selon le contexte.

→ 좋아하다 **djôhaha-da**, *aimer bien*, s'emploie pour dire *aimer qqch/qqn*. Le contraire ? On trouve le verbe 싫어하다 **silhoha-da**, *ne pas aimer*, *détester qqch/qqn*. Attention, le verbe 사랑하다 **salangha-da**, *aimer*, est plus intense et il sert plutôt à dire aimer quelqu'un ou aimer quelque chose passionnément.

NOTE CULTURELLE

Lors d'échange entre deux écoliers, deux voisins ou dans un cadre plus professionnel, il est d'usage en Corée du Sud de ne pas se regarder dans les yeux. Contrairement à la culture occidentale, en Corée, généralement, on ne se regarde pas dans les yeux quand on se parle. Culturellement, fixer quelqu'un du regard pourrait s'interpréter comme irrespectueux ou provocant. Ne vous étonnez pas si vos amis coréens semblent éviter votre regard. C'est tout simplement un signe de respect.

RÈGLE DE PRONONCIATION

La consonne finale ㅎ **h** de première syllable (ex. : 좋아하다 **djôhaha-da**, *aimer* ; 싫어하다 **silhoha-da**, *détester*) ne se prononce pas.

La prononciation de chaque forme est ainsi :

좋아하다 [djô-a-ha-da], 싫어하다 [chi-Ro-ha-da] (infinitif)

좋아해 [djô-a-hè], 싫어해 [chi-Ro-hè] (style familier)

좋아해요 [djô-a-hè-yô], 싫어해요 [chi-Ro-hè-yô] (style poli)

좋아합니다 [djô-a-ham-ni-da] ; 좋아합니까 [djô-a-ham-ni-kka] ; 싫어합니다 [chi-Ro-ham-ni-da], 싫어합니까 [chi-Ro-ham-ni-kka] (style ultra-formel).

◆ GRAMMAIRE
LA PARTICULE DU VERBE TRANSITIF

Les verbes, par exemple, acheter, aimer, donner, envoyer, écouter, couper, sont des verbes transitifs qui nécessitent un complément d'objet direct comme quelque chose ou quelqu'un, ex. : « J'achète quelque chose », « J'écoute quelque chose ». Ce complément d'objet direct doit être marqué par la particule de complément d'objet direct (P. COD) afin d'être identifié dans la phrase.

LA PARTICULE DE COMPLÉMENT D'OBJET DIRECT

La P. COD a deux formes : 을 eul ou 를 leul. Ce choix se fait en fonction de la dernière lettre du nom sur laquelle la particule se greffe. Si le nom se termine par une consonne, on ajoute 을 eul, s'il se termine par une voyelle, on complète par 를 leul. Par exemple, le verbe 좋아하다 djôhaha-da, *aimer*, nécessite un COD.

사탕을 좋아해요 sat{h}ang-eul djôhahèyô, *J'aime bien les bonbons* (litt. « bonbon-P. COD aimer »)

차를 좋아해요 tcha-leul djôahèyô, *J'aime les voitures*. (litt. « voiture-P. COD aimer »)

On accole la P. COD 을 à 사탕, *bonbon*, car le nom se termine par une consonne. On accole la P. COD 를 à 차, *voiture*, car le nom se termine par une voyelle.

▲ CONJUGAISON
LE VERBE 좋아하다

Le verbe 좋아하다 djôaha-da, *aimer bien*, se conjuguent ainsi selon les trois styles :
좋아해 djôahè (style familier)
좋아해요 djôahèyô (style poli)

좋아합니다 **djôaha-bnida** au mode déclaratif ; 좋아합니까 ? **djôaha-bnikka-?** au mode interrogative (style ultra-formel).

Leurs conjugaisons aux styles familier et poli ont la même forme que pour les modes déclaratif et interrogatif.

LE STYLE ULTRA-FORMEL

La conjugaison au style ultra-formel à une forme différente selon le mode.

• Le style ultra-formel déclaratif

Voici comment on peut conjuguer un verbe au style ultra-formel avec les verbes 이다 **i-da**, *être*, 반갑다 **ban'gab-da**, *être enchanté* :

1. Isolez le radical du verbe à partir du verbe à l'infinitif, ex. : 이 **i**, 반갑 **ban'gab**.

2. Accolez 습니다 **seubnida** si le radical se termine par une consonne, ex. : 반갑 **ban'gab** (반갑다 **ban'gab-da**) + 습니다 **seubnida** = 반갑습니다 **ban'gab-seubnida**.

3. Accolez ㅂ니다 **bnida** si le radical se termine par une voyelle, ex. : 이 **i** (이다 **i-da**) + ㅂ니다 **bnida** = 입니다 **i-bnida**.

• Le style ultra-formel interrogatif

Voici comment on peut conjuguer un verbe au style ultra-formel avec les verbes 좋아하다 **djôaha-da**, *aimer bien* ; 반갑다 **ban'gab-da**, *être enchanté* :

1. Isolez le radical du verbe à partir du verbe à l'infinitif, ex. : 좋아하 **djôaha**, 반갑 **ban'gab**.

2. Accolez 습니까 ? **seubnikka ?** si le radical se termine par une consonne, ex. : 반갑 **ban'gab** (반갑다 **ban'gab-da**) + 습니까 ? **seubnikka** = 반갑습니까 ? **ban'gab-seubnikka**.

3. Accolez ㅂ니까 ? **bnikka ?** si le radical se termine par une voyelle, ex. : 좋아하 **djôaha** (좋아하다 **djôaha-da**) + ㅂ니까 ? **bnikka** = 좋아합니까 ? **djôaha-bnikka**.

VOCABULAIRE

관심사 **gwansimsa** *centres d'intérêt*
면접관 **myondjobgwan** *recruteur*
지원자 **djiwondja** *candidat*
뭐 **mwo** *quoi*
좋아하다 **djôaha-da** *aimer bien*
싫어하다 **silhoha-da** *détester*
사랑하다 **salangha-da** *aimer (passionnément)*
음 **eum** *Hum…*
사탕 **satʰang** *bonbon*
달고나 **dalgôna**
너 **no** *tu, toi*
무엇 **mou'os** *que*
한국 **han'goug** *Corée*
영화 **yonghwa** *film*
차 **tcha** *voiture*
영화배우 **yonghwabèou** *actrice/acteur*
사실 **sasil** *en vérité*
우리 **ouli** *nous*
자전거 **djadjon'go** *vélo*
제조사 **djédjôsa** *fabricant*

● EXERCICES

1. ÉCOUTEZ L'ENREGISTREMENT. TROUVEZ CE QUE LA PERSONNE AIME.
a. 영화 b. 가수 c. 사탕 d. 한국

2. ÉCOUTEZ LA PHRASE ET TROUVEZ SA TRADUCTION EN FRANÇAIS.
a. Qu'est-ce que vous aimez ?   b. Qu'est-ce que c'est ?   c. Aimez-vous la voiture ?

3. TRADUISEZ LES MOTS EN CORÉEN.
a. film ....

b. bonbon ....

c. voiture ....

d. vélo ....

e. acteur/actrice ....

4. TRADUISEZ LES EXPRESSIONS EN FRANÇAIS.
a. 저는 한국 가수를 좋아해요. ....

b. 누구를 좋아해요 ? ....

c. 뭐 좋아해 ? ....

5.
LA FAMILLE
가족
GADJÔG

OBJECTIFS	NOTIONS
• EXPRIMER LA COMPOSITION DE SA FAMILLE • REMPLIR UN FORMULAIRE	• LA CATÉGORIE DES VERBES • LES PARTICULES DE THÈME ET DE SUJET • LE VERBE « EXISTER »

J'AI UNE GRANDE SŒUR

1. *(Une conversation entre deux amis)*

<u>Minji</u> : Je ne suis pas la dernière *(moi, petit-frère/petite-sœur exister)*.

<u>Juni</u> : As-tu un petit frère ou une petite sœur ? *(petit-frère exister ? petite-sœur exister)*

<u>Minji</u> : J'ai un petit frère *(petit-frère exister)*. Mon petit frère a un doudou *(petit-frère doudou exister)*. C'est un lapin en peluche *(lapin peluche-être)*.

2. *(Une conversation entre deux adultes)*

<u>Haneul</u> : J'ai une grande sœur *(moi, grande-sœur exister)*. Elle a un petit ami *(grande-sœur, petit-ami exister)*. Je n'ai pas de grand frère *(moi, grand-frère ne-pas-exister)*. Et vous, David ?

<u>David</u> : Je suis fils unique *(moi, fils-unique-être)*. Je n'ai pas de grand frère *(grand-frère ne-pas-exister)*. Je n'ai pas de grande sœur *(grande-sœur ne-pas-exister)*. Je n'ai pas de petit frère ou petite sœur *(petit-frère/petite-sœur ne-pas-exister)*. Je suis seul *(seul-être)*.

3. *(Quand on remplit un formulaire)*

J'ai un grand frère *(moi, grand-frère exister)*.

Mon grand frère n'a pas de petite amie *(grand-frère, petite-amie ne-pas-exister)*.

Je n'ai pas de grande sœur *(moi, grande-sœur ne-pas-exister)*.

저는 언니가 있어요
DJO-NEUN ONNI-GA ISS-OYÔ

1.
민지 : 나는 동생이 있어.
Minji : na-neun dôngsèng-i iss-o

쥬니 : 남동생이 있어 ? 여동생이 있어 ?
Juni : namdôngsèng-i iss-o ? yodôngsèng-i iss-o

민지 : 남동생이 있어. 남동생은 애착 인형이 있어. 토끼 인형이야.
Minji : namdôngsèng-i iss-o. namdôngsèng-eun ètchag inhyong-i iss-o. tʰôkki inhyong-iya

2.
하늘 : 저는 언니가 있어요. 언니는 남자 친구가 있어요. 저는 오빠가 없어요. 다비드 씨는요 ?
Haneul : djo-neun onni-ga iss-oyô. onni-neun namdja tchin'gou-ga iss-oyô. djo-neun oppa-ga obs-oyô. david ssi-neun-yô

다비드 : 저는 외동아들이에요. 형이 없어요. 누나가 없어요. 동생이 없어요. 혼자예요.
David : djo-neun owédông'adeul-iéyô. hyong-i obs-oyô. nouna-ga obs-oyô. dôngsèng-i obs-oyô. hôndja-yéyô

3.
저는 형이 있습니다.
djo-neun hyung-i iss-seubnida

형은 여자 친구가 없습니다.
hyong-eun yodja tchin'gou-ga obs-seubnida

저는 누나가 없습니다.
djo-neun nouna-ga obs-seubnida

■ COMPRENDRE LE DIALOGUE
FORMULES ET EXPRESSIONS

→ 언니 **onni**, *grande sœur*, et 오빠 **ôppa**, *grand frère*, sont les termes employés par Haneul. Or, 형 **hyong**, *grand frère*, et 누나 **nouna**, *grande sœur*, sont les termes employés par un locuteur masculin (qui remplit un formulaire). Ces expressions sont utilisées différemment selon le sexe du locuteur. Cependant, ce n'est pas toujours le cas. Par exemple, pour dire *petite frère* ou *petite sœur* on utilise la même formulation sans différencier le sexe du locuteur : 남동생 **namdôngsèng**, *petit frère* ; 여동생 **yodôngsèng**, *petite sœur* (phrases 1, 2 et 3). Contrairement au français qui identifie les deux genres systématiquement, en coréen, il n'y a qu'un seul mot pour traduire : 동생 **dôngsèng**, *petit frère/petite sœur*.

→ 친구 **tchin'gou**, *ami*, signifie un ami dans une relation amicale mais précédé du mot 남자 **namdja**, *homme*, ou 여자 **yodja**, *femme*, ce terme se traduit alors : 남자 친구, *petit ami* ; 여자 친구, *petite amie*.

→ 외동 **wédông** signifie *enfant unique*. Pour dire *fils unique*, on dit 외동아들 **wédông'adeul** pour dire *fille unique*, on dit 외동딸 **wédôngttal** avec 딸 **ttal**, *fille*.

→ Pour demander l'opinion de son interlocuteur (entre adultes qui se connaissent) on peut utiliser la forme (prénom) 씨는요 ?, comme 다비드 씨는요 ? **david ssi-neun-yô ?**, *et vous, David ?*

RÈGLE DE PRONONCIATION

La consonne finale composée ᆹ **bs** de première syllable, ex. : 없다 **obs-da**, *ne pas existe*, ne se prononce que par [ᵖ] (à peine audible), ex. : [oᵖ-tta]. C'est-à-dire ㅅ **s** ne se prononce pas. Or, si elle est suivie par la consonne muette ㅇ, elle se prononce en appliquant la régle de liaison avec ㅅ **s**, ex. : 없어요 **obs-oyô** [oᵖ-sso-yô].

◆ GRAMMAIRE
LA CATÉGORIE DES VERBES

Selon le sens du verbe, on distingue deux catégories de verbes : les verbes d'action et les verbes d'état.

• **Le verbe d'action**

Le verbe d'action est un verbe qui exprime une action réalisée par le sujet, ex. : 좋아하다 **djôhaha-da**, *aimer, acheter, donner, envoyer, se reposer, dormir, téléphoner, prendre, faire*, etc.

Le verbe d'action peut être catégorisé grammaticalement par :

- le verbe transitif, qui nécessite un complément d'objet direct (qui se marque par la P. COD) indirect (qui se marque par la P. COI) ;
- le verbe intransitif qui ne nécessite pas de complément d'objet.

- **Le verbe d'état**

Le verbe d'état est le verbe qui exprime un état, un statut du sujet, ex. : 반갑다 ban'gab-da, être enchanté ; 이다 i-da, être, 있다 iss-da, exister, 없다 obs-da, ne pas exister ; être grand, être joli, être fatigué, etc. Le verbe d'état est grammaticalement catégorisé par :

- le verbe intransitif qui ne nécessite pas de complément d'objet direct ou indirect ;
- le sens du verbe qui ne concerne que le sujet.

- **Les verbes d'état 있다 et 없다**

Les verbes 있다 iss-da, exister, et 없다 obs-da, ne pas exister, sont des verbes d'état et des verbes intransitifs.

Ils se traduisent littéralement par 있다, exister, et 없다, ne pas exister, mais leur traduction naturelle en français est avoir. On garde la traduction littérale pour bien montrer que ce sont des verbes qui ne nécessitent que le sujet mais pas de complément d'objet. En tant que verbes intransitifs, le sujet va être alors marqué par la particule de sujet (P. sujet).

LA PARTICULE DE SUJET

La P. sujet a deux formes : 이 i ou 가 ga. Le choix se fait en fonction de la dernière lettre du nom qui lui est associée. Si le nom se termine par une consonne, on ajoute 이 i, s'il se termine par une voyelle, on adjoint 가 ga, ex. :

여동생이 있어 yodôngsèng-i iss-o, j'ai une petite sœur (litt. « petite-sœur exister »)

언니가 있어요 onni-ga iss-oyô, j'ai une grande sœur. (litt. « grande-sœur exister »)

LA PARTICULE DE THÈME ET DE SUJET

Ici, on trouve la P. thème (은/는) et la P. sujet (이/가) dans une phrase. Cela peut paraître un peu étrange mais c'est une phrase typiquement coréenne composée d'un thème et d'un sujet.

저는 언니가 있어요 djo-neun onni-ga iss-oyô, j'ai une grande sœur. (litt. « moi, grande-sœur exister »)

언니는 남자 친구가 있어요 onni-neun namdja tchin'gou-ga iss-oyô, *ma grande sœur a un petit ami* (litt. « grande-sœur, petit-ami exister »).

En effet, l'élément marqué par la P. thème est le thème de la phrase entière et l'élément marqué par la P. sujet est le sujet du verbe. Ne vous inquiétez pas, vous allez vous y habituer !

LA COMPOSITION DE LA FAMILLE

Nous avons découvert comment nommer quelques membres de la famille au module 3, voici le reste du champ lexical relatif à la *famille*, 가족 gadjôg, [ga-djô^k] :

조부모 djôboumô, *grands-parents* ; 할머니 halmoni, *grand-mère* ; 할아버지 halabodji, *grand-père*

부모 boumô, *parents* ; 어머니 omoni, *mère* ; 엄마 omma, *maman*

삼촌 samtchôn, *oncle* ; 고모 gômo, *tante paternelle* ; 이모 imô, *tante maternelle*.

Pour désigner la famille côté maternel, on accole souvent le préfixe 외 wé, ex. : 외할머니 wéhalmoni, *grand-mère maternelle*, 외할아버지 wéhalabodji, *grand-père maternel*, 외삼촌 wésamtchôn, *oncle maternel*.

▲ CONJUGAISON
LE VERBE 있다

Le verbe 있다 iss-da, *exister*, se conjugue selon les trois styles :

있어 iss-o (style familier)

있어요 iss-oyô (style poli)

있습니다 iss-seubnida au mode déclaratif ; 있습니까 ? iss-seubnikka-? au mode interrogative (style ultra-formel).

LE VERBE 없다

La forme négative du verbe 있다 iss-da, *exister*, est le verbe 없다 obs-da, *ne pas exister*. Voici la conjugaison selon les trois styles :

없어 obs-o (style familier)

없어요 obs-oyô (style poli)

없습니다 obs-seubnida au mode déclaratif

없습니까 ? obs-seubnikka-? au mode interrogative (style ultra-formel).

VOCABULAIRE

가족 **gadjôg** *famille*
동생 **dôngsèng** *petit frère/petite sœur* (cadet)
남동생 **namdôngsèng** *petit frère* (neutre)
여동생 **yodôngsèng** *petite sœur* (neutre)
있다 **iss-da** *avoir* (litt. « exister »)
언니 **onni** *grande sœur* (femme)
남자 **namdja** *homme*
남자 친구 **namdja tchin'gou** *petit-ami*
오빠 **oppa** *grand frère* (femme)
없다 **obs-da** *ne pas avoir* (litt. « ne pas exister »)
형 **hyong** *grand frère* (homme)
여자 **yodja** *femme*
여자 친구 **yodja tchin'gou** *petite-amie*
누나 **nouna** *grande sœur* (homme)
남편 **namp^{h}on** *époux, mari*
아내 **anè** *épouse, sa femme*
할머니 **halmoni** *grand-mère*
할아버지 **halabodji** *grand-père*
엄마 **omma** *maman*
조부모 **djôboumô** *grands-parents*
부모 **boumô** *parents*
어머니 **omoni** *mère*
삼촌 **samtchôn** *oncle*
고모 **gômô** *tante paternelle*
이모 **imô** *tante maternelle*
외할머니 **wéhalmoni** *grand-mère maternelle*
외할아버지 **wéhalabodji** *grand-père maternel*
외삼촌 **wésamtchôn** *oncle maternel*
애착 인형 **ètchag inhyong** *doudou*
토끼 **t^{h}ôkki** *lapin*
인형 **inhyong** *peluche*
외동 **wédông** *enfant unique*
외동아들 **wédông'adeul** *fils unique*
외동딸 **wédôngttal** *fille unique*
딸 **ttal** *fille*
혼자 **hôndja** *seul*

● EXERCICES

1. ÉCOUTEZ L'ENREGISTREMENT ET RÉPONDEZ À LA QUESTION : LE LOCUTEUR POSE-T-IL UNE QUESTION À UN HOMME OU À UNE FEMME ?

a. à un homme
b. à une femme

2. ÉCOUTEZ LES PHRASES ET TROUVEZ LES INFORMATIONS CORRESPONDANTES.

a. La personne n'a pas de grand frère.
b. La personne n'a pas de grande sœur.
c. La personne qui parle est une femme.
d. La personne a un grand frère.

3. TRADUISEZ LES PHRASES EN CORÉEN AU STYLE POLI (D'UNE LOCUTRICE).

a. J'ai une fille. ....

b. J'ai une grande sœur. ....

c. J'ai un grand-père. ....

d. J'ai une grand-mère. ....

b. Mon petit ami a un papa. ....

4. TRADUISEZ LES EXPRESSIONS EN FRANÇAIS.

a. 저는 차가 있어요. ....
b. 아들이 있어요 ? ....
c. 아들은 여자 친구가 있습니다. ....

6. LA MÉTÉO
날씨
NALSSI

OBJECTIFS

- DÉCRIRE LE TEMPS
- EXPRIMER LA PRÉSENCE

NOTIONS

- LA CONJUGAISON AU STYLE POLI
- LES VERBES INTRANSITIFS
- LES SAISONS

FAIT-IL CHAUD ?

1. *(Dani et Juni expliquent des photos qu'ils ont prises devant leurs camarades de classe)*

<u>Dani</u> : C'est le printemps *(printemps-être)*. Il fait beau *(temps être-bien)*. Il n'y a pas de nuage *(nuage ne-pas-exister)*.

<u>Juni</u> : C'est l'automne *(automne-être)*. Parfois, il fait mauvais *(parfois temps être-mauvais)*. Il pleut *(pluie venir)*. J'ai un parapluie *(moi, parapluie exister)*.

2. *(Un couple parle au téléphone : l'homme est en Corée en déplacement professionnel)*

<u>Marie</u> : Maintenant, tu es en Corée *(maintenant corée-être)* ? C'est l'été *(été-être)* ?

<u>Philippe</u> : Oui, je suis en Corée *(corée-être)*. C'est l'été *(été-être)*.

<u>Marie</u> : Fait-il chaud *(temps faire-chaud)* ?

<u>Philippe</u> : Non, il fait froid *(avoir-froid)*. Il y a la climatisation *(climatisation exister)*. Il y a du vent *(vent être-fort)*.

더워요 ?
DOW-OYÔ

🔊 08

1.
다니 : 봄이에요. 날씨가 좋아요. 구름이 없어요.
<u>Dani</u> : bôm-iéyô. nalssi-ga djôh-ayô. gouleum-i obs-oyô

쥬니 : 가을이에요. 가끔 날씨가 나빠요. 비가 와요. 저는 우산이 있어요.
<u>Juni</u> : ga'eul-iéyô. gakkeum nalssi-ga napp-ayô. bi-ga w-ayô. djo-neun ou'san-i iss-oyô

2.
마리 : 지금 한국이에요 ? 여름이에요 ?
<u>Marie</u> : djigeum han'goug-iéyô? yoleum-iéyô

필립 : 네. 한국이에요. 여름이에요.
<u>Philippe</u> : né. han'goug-iéyô. yoleum-iéyô

마리 : 날씨가 더워요 ?
<u>Marie</u> : nalssi-ga dow-oyô

필립 : 아니요. 추워요. 에어컨이 있어요. 바람이 세요.
<u>Philippe</u> : aniyô. tchouw-oyô. éok^{h}on-i iss-oyô. balam-i séyô

■ COMPRENDRE LE DIALOGUE
FORMULES ET EXPRESSIONS

→ 날씨 nalssi, *temps* (météo), est équivalent au pronom impersonnel « il » en français : « il pleut », « il fait beau », « il neige », etc. Pour exprimer le temps (météo) qu'il fait en coréen, il faut le sujet 날씨, *temps*, marqué par la particule de sujet car c'est le sujet du verbe d'état/intransitif : 좋다 djôh-da, *être bien, faire beau*, ex. : 날씨가 좋아요 nalssi-ga djôh-ayô, *il fait beau* (litt. « temps faire-beau »).

→ 있다 iss-da, *exister*, et 없다 obs-da, *ne pas exister*, peuvent se traduire également par *il y a*, ex. : 우산이 있어요 ou'san-i iss-oyô, *il y a un parapluie* (litt. « parapluie exister ») ; 구름이 없어요 gouleum-i obs-oyô, *il n'y a pas de nuage* (litt. « nuage ne-pas-exister »). Dans la construction de la phrase coréenne *parapluie* ou *nuage* est sujet du verbe *exister* ou *ne pas exister*. Il faut donc marquer son rôle de sujet par la P. sujet 이 i/가 ga.

→ 비가 오다 bi-ga ô-da, *pleuvoir*, se traduit littéralement par « la pluie vient ». Ici, la *pluie* est le sujet du verbe 오다 ô-da, *venir*, le sujet est marqué par la P. sujet 가 ga. Ce dernier peut être omis sans problème.

→ On aborde les saisons dans ce dialogue : 봄 bôm, *printemps* ; 여름 yoleum, *été*, 가을 ga'eul, *automne*. Rappelez-vous, nous avons déjà rencontré le mot « automne » (module 1). Pour compléter les 4 saisons, nous vous dévoilons comment se dit l'*hiver* : 겨울 gyo'oul.

NOTE CULTURELLE

Si vous avez envie d'engager ou démarrer une conversation, on peut aborder facilement quelqu'un en parlant de la météo. Les étés sont chauds et humides en Corée, et les hivers secs, ensoleillés et enneigés. D'autres sujets peuvent être évoqués, comme l'actualité ou le nouveau *drama* (드라마 deulama) coréen à succès... Et oui, en Corée, il y a une multitude de séries le matin, le soir, le week-end, et pour tous les âges. Parmi vous, certains ont peut-être déjà commencé l'apprentissage du coréen grâce à un 한국 드라마 han'goug deulama, *drama coréen* ?

◆ GRAMMAIRE
LES VERBES INTRANSITIFS

D'un point de vue sémantique, les verbes 좋다 djôh-da, *être bien, faire beau* ; 나쁘다 nappeu-da, *être mauvais, faire mauvais* ; 있다 iss-da, *exister* ; 세다 sé-da, *être fort* et 없다 obs-da, *ne pas exister*, sont des verbes d'état. Grammaticalement, les verbes intransitifs qui ne nécessitent qu'un sujet sans le complément d'objet sont des verbes intransitifs. Ils ont besoin d'un sujet et ce sujet est marqué par la P. sujet 이 i ou 가 ga.

날씨가 나빠요 nalssi-ga napp-ayô, *il fait mauvais* (temp faire-mauvais)
바람이 세요 balam-i séyô, *le vent est fort* (vent être-fort).

오다 ô-da, *venir*, est un verbe d'action et un verbe intransitif. Il faut donc un sujet pour construire une phrase et ce sujet est marqué par la P. sujet 이 i ou 가 ga, ex. :
비가 와요 bi-ga w-ayô, *il pleut* (pluie venir).

LES VERBES D'ÉTAT 있다 ET 없다

Les verbes 있다 iss-da, *exister*, et 없다 obs-da, *ne pas exister*, s'emploient très souvent dans la langue coréenne. Ils s'emploient pour indiquer :
- la possession, *avoir*, ex. : 우산이 있어요 ou'san-i iss-oyô, *j'ai un parapluie* ;
- la présence, *il y a*, ex. : 에어컨이 있어요 éok^hon-i iss-oyô, *il y a une climatisation*.

Seulement, il faut faire attention à l'emploi de la particule. Contrairement à la traduction française *avoir qqch/qqn, il y a qqch/qqn*, en linguistique coréenne, « il » est le sujet du verbe. Il faut, alors, le marquer avec la P. sujet. Effectivement, le français et le coréen ne fonctionnent pas de la même manière.

N'oubliez pas que le verbe décide des éléments nécessaires (sujet ?, complément d'objet ?) à la construction d'une phrase. Le rôle de l'élément s'identifie, ensuite, grâce au choix de la ou les particules.

▲ CONJUGAISON
LA RÈGLE DE CONJUGAISON AU STYLE POLI DÉCLARATIF

Voici comment conjuguer au style poli 있다 iss-da, *exister*, 좋다 djôh-da, *être bien, faire beau* :

1. Isolez le radical du verbe à partir du verbe à l'infinitif, ex. : 있 i, 좋 djôh.

2. Accolez 아요 ayô si la dernière voyelle du radical se termine par la voyelle ㅏ a ou ㅗ ô, ex. : 좋 djôh (좋다 djôh-da) + 아요 ayô = 좋아요 djôh-ayô.

Accolez 어요 oyô si la dernière voyelle du radical est autre que ㅏ a ou ㅗ ô, ex. : 있 iss (있다 iss-da) + 어요 oyô = 있어요 iss-oyô.

LA RÈGLE DE CONJUGAISON AU STYLE POLI INTERROGATIF

La conjugaison au style poli et au mode interrogatif est très simple. Il suffit d'ajouter un point d'interrogation au mode déclaratif et de monter l'intonation à la fin de la phrase, ex. :

좋 djôh (좋다 djôh-da) + 아요? ayô = 좋아요? djôh-ayô, *c'est bien ?*
있 iss (있다 iss-da) + 어요? oyô = 있어요? iss-oyô, *il y en a ? / vous en avez ?*

LA RÈGLE DE CONJUGAISON IRRÉGULIÈRE AU STYLE POLI

Pour certains verbes, la conjugaison au style poli ne suit pas exactement la règle présentée ci-dessus. Oui, tout comme en français, il y a des verbes irréguliers au style poli. Regardons les verbes irréguliers au style poli déjà rencontrés au fil de cette première partie :

- irrégulier en 이다 i-da ;
- irrégulier en 하다 ha-da ;
- irrégulier en ㅡ eu ;
- la contraction des voyelles ;
- irrégulier en ㅂ b, etc.

La formation détaillée de la conjugaison irrégulière sera abordée petit à petit dans les modules à venir.

이다 i-da, *être* → 이에요 iéyô (si le complément se termine par une consonne) ou 예요 yéyô (si complément se termine par une voyelle)

반갑다 ban'gab-da, *être enchanté* → 반가워요 ban'gaw-oyô

좋아하다 djôhaha-da, *aimer bien* → 좋아해요 djôhahèyô

나쁘다 nappeu-da, *être mauvais* → 나빠요 napp-ayô

오다 ô-da, *venir* → 와요 w-ayô

덥다 dob-da, *avoir/faire chaud* → 더워요 dow-oyô

춥다 tchoub-da, *avoir/faire froid* → 추워요 tchouw-oyô

세다 sé-da, *être fort* → 세어요 sé-oyô ou 세요 séyô.

● VOCABULAIRE

날씨 nalssi *temps (météo)*
좋다 djôh-da *être bien, faire beau*
구름 gouleum *nuage*
나쁘다 nappeu-da *être mauvais, faire mauvais*
비 bi *pluie*
오다 ô-da *venir*
비가 오다 biga ô-da *pleuvoir*
우산 ou'san *parapluie*
덥다 dob-da *avoir chaud, faire chaud*
아니요 aniyô *non (forme poli)*
춥다 tchoub-da *avoir froid, faire froid*
한국 han'goug *coréen (adjectif)*
드라마 deulama *drama, feuilleton, série*
봄 bôm *printemps*
여름 yoleum *été*
가을 ga'eul *automne*
겨울 gyo'oul *hiver*
가끔 gakkeum *de temps en temps*
에어컨 éok^hon *climatisation*
바람 balam *vent*
세다 sé-da *être fort*

◆ EXERCICES

1. ÉCOUTEZ L'ENREGISTREMENT ET CHOISISSEZ VOTRE RÉPONSE PARMI LES DEUX PROPOSITIONS.

a. 날씨가 좋아요.
b. 날씨가 나빠요.

2. CHOISISSEZ LA PHRASE CORRECTE.

a. 우산을 없어요.
b. 우산가 없어요.
c. 우산를 없어요.
d. 우산이 없어요.

3. CONJUGUEZ LE VERBE À L'INFINITIF AU STYLE POLI.

a. 있다, il y a/avoir (exister) ....
b. 없다, il n'y a pas/ne pas avoir (ne pas exister) ....

4. CONJUGUEZ LE VERBE À L'INFINITIF AU STYLE ULTRA-FORMEL.

a. 춥다, avoir froid, faire froid ....
b. 덥다, avoir chaud, faire chaud ....
c. 비가 오다, pleuvoir ....
d. 날씨가 나쁘다, il fait mauvais ....
e. 우산이 있다, il y a un parapluie ....

5. RAPPELEZ-VOUS CE QUE NOUS AVONS ABORDÉ LORS DE CETTE PREMIÈRE PARTIE EN TRADUISANT EN FRANÇAIS OU EN CORÉEN (AU STYLE POLI) PUIS EN COMPLÉTANT L'ARBRE GÉNÉALOGIQUE DE DANI.

a. Bonjour professeur, je suis Mina, je suis étudiante à l'université de Séoul.
　..

b. 나는 조이안이야. 반가워.
　..

c. Qui est cette personne ?
　..

d. J'ai une grande sœur. (par une locutrice)
　..

e. Qu'est-ce qu'elle aime ?
　..

f. 나는 사탕을 좋아해.
　..

g. 언니는 남자 친구가 있어요.
　..

a. 할아버지 ....

b. .... grand-mère

c. .... grand-père maternelle

d. 외할머니 ....

e. .... papa

f. 엄마 ....

g. 아들 ....

h. .... fille

II

LA

VIE

QUOTIDIENNE

7.
LES ACTIVITÉS QUOTIDIENNES
일상생활
ILSANGSÈNGHWAL

OBJECTIFS

- EXPRIMER L'APPARTENANCE
- INDIQUER UNE DESTINATION

NOTIONS

- LES CHIFFRES ORDINAUX
- LES JOURS DE LA SEMAINE
- LA PARTICULE DE LIEU 에 *É*
- LA CONJUGAISON DE LA FORME CONTRACTÉE AU STYLE POLI

OÙ VA-T-ON ?

<u>Maman</u> : Mon premier [enfant] *(Mon aîné)* va à l'école élémentaire. Il a beaucoup d'amis. *(premier école-élémentaire aller. ami être-nombreux)*

Mon deuxième va à l'école maternelle du lundi au vendredi. Il y voit sa maîtresse. *(deuxième lundi-de vendredi-à école-maternelle aller. maîtresse rencontrer)*

Le mercredi, ils vont chez leur grand-mère. Leur grand-mère a une grande maison. *(mercredi, grand-mère maison aller. maison grand-mère être-grand).*

<u>Enfant</u> : Mon papa travaille dans une entreprise. Son entreprise est proche. Il arrive à son entreprise. Il y envoie des e-mails. Il a beaucoup de travail. *(papa entreprise fréquenter. entreprise être-proche. entreprise arriver. E-mail envoyer. papa, travail être-nombreux)*

Ma maman travaille à la banque. Elle porte un uniforme. Il est joli. Il y a beaucoup de monde. *(maman banque fréquenter. uniforme porter. uniforme être-joli. personne être-nombreux)*

어디에 가요 ?
ODI-É G-AYÔ

엄마 : 첫째는 초등학교에 가요. 친구가 많아요.
Omma : tchostsè-neun tchôdeunghaggyô-é g-ayô. tchin'gou-ga manh-ayô

둘째는 월요일부터 금요일까지 유치원에 가요. 선생님을 만나요.
doultsè-neun wolyôil-boutʰo geumyôil-kkadji youtchiwon-é g-ayô. sonsèngnim-eul mann-ayô

수요일은 할머니 집에 가요. 할머니 집이 커요.
souyôil-eun halmoni djib-é g-ayô. halmomi djib-i kʰ-oyô

아이 : 아빠는 회사에 다녀요. 회사가 가까워요. 회사에 도착해요. 이메일을 보내요. 아빠는 일이 많아요.
A'i : appa-neun hwésa-é dany-oyô. hwésa-ga gakkaw-oyô. hwé-sa-é dôtchaghèyô. iméil-eul bônèyô. appa-neun il-i manh-ayô

엄마는 은행에 다녀요. 유니폼을 입어요. 유니폼이 예뻐요. 사람이 많아요.
omma-neun eunhèng-é dany-oyô. younipʰôm-eul ib-oyô. younipʰôm-i yépp-oyô. salam-i manh-ayô

COMPRENDRE LE DIALOGUE
FORMULES ET EXPRESSIONS

→ 에 다니다 é dani-da, *se rendre régulièrement* (lieu), *fréquenter* (lieu), est une expression très souvent employée pour exprimer l'appartenance, ex. : 회사에 다녀요 hwésa-é dany-oyô, *je travaille dans une entreprise* (litt. « entreprise fréquenter »).
은행에 다녀요 eunhèng-é dany-oyô, *je suis banquier, je travaille dans une banque* (litt. « banque fréquenter »).

→ Pour poser des questions sur le lieu, on emploie le mot interrogatif 어디 odi, *où*, ex. : 어디에 가요 ? odi-é g-ayô ?, *Où allez-vous ?*

→ Les chiffres ordinaux 첫째 tchostsè, *premier* ; 둘째 doultsè, *deuxième* ; 셋째 séstsè, *troisième*, etc., servent également pour exprimer l'ordre de naissance dans une fratrie, ex. : aîné(e), cadet(te), troisième (enfant).

NOTE CULTURELLE

유치원 youtchiwon, *l'école maternelle*, n'est pas encore obligatoire en Corée. Elle accueille les enfants de 3 ans avant qu'ils entrent à l'*école élémentaire* (초등학교 tchôdeunghaggyô). L'école est obligatoire pour les enfants à partir de 6 ans. L'école élémentaire comporte 6 années de cursus : *1re année* (**1학년 il hagnyon**), *2e année* (**2학년 i hagnyon**), *3e année* (**3학년 sam hagnyon**), *4e année* (**4학년 sa hagnyon**), *5e année* (**5학년 ô hagnyon**), *6e année* (**6학년 youg hagnyon**).

	En Corée	En France
École primaire	6 années	5 années
Collège	3 années	4 années
Lycée	3 années	3 années

RÈGLE DE PRONONCIATION

La consonne finale ㅎ h de première syllable, ex. : 많다 manh-da, *être nombreux*, ne se prononce pas quand on conjugue par exemple avec 좋아하다 djôhaha-da, *aimer bien* (module 4).

La prononciation de chaque forme est ainsi :
많다 manh-da [man-tʰa] (infinitif)
많아 manh-a [ma-na] (style familier)

많아요 manh-ayô [ma-na-yô] (style poli)
많습니다 manh-seubnida [man-sseum-ni-da] ; 많습니까? manh-seubnikka [man-sseum-ni-kka] (style ultra-formel).

Attention à la similitude de la prononciation entre les deux verbes : 많아요 manh-ayô [ma-na-yô], *être nombreux* et 만나요 mann-ayô [man-na-yô], *rencontrer, voir qqn*.

◆ GRAMMAIRE
LES JOURS DE LA SEMAINE

Les activités quotidiennes se déroulent sur la *journée* (하루 halou). Les enfants vont à l'école du lundi au vendredi, et ne sont pas gardés par leur grand-mère le mercredi, comme en France, puisque les enfants coréens ont école tous les jours de la semaine. Les *jours* de la semaine (주 djou) sont : *lundi* (월요일 wolyôil), *mardi* (화요일 hwayôil), *mercredi* (수요일 souyôil), *jeudi* (목요일 môgyôil), *vendredi* (금요일 geumyôil).

Le *week-end* (주말 djoumal) se compose du *samedi* (토요일 tʰôyôil) et du *dimanche* (일요일 ilyôil).

LA PARTICULE DE LIEU - DESTINATION

Le verbe 가다 ga-da, *aller*, nécessite un complément de lieu, ex. : *aller à la gare*, *aller à l'école*, *aller à la boulangerie*, etc. Ici les termes *gare*, *école*, *boulangerie* sont marqués par la particule de lieu (P. lieu) 에 é.

학교에 가요 haggyô-é g-ayô, *je vais à l'école*. (litt. « école aller »)

Le verbe 다니다 dani-da, *se rendre régulièrement, fréquenter quelque part*, s'emploie également avec la P. lieu pour indiquer le lieu où on se rend, que l'on fréquente.

회사에 다녀요 hwésa-é dany-oyô, *je suis employé* (litt. « entreprise se-rendre-régulièrement »)

Les verbes 가다 ga-da, *aller*, et 다니다 dani-da, *fréquenter*, servent à exprimer le lieu où on se dirige (aller à, se rendre quelque part). Ce « quelque part » est une destination marquée de la P. lieu 에 é. Pour la provenance, on emploie une autre particule de lieu (que nous verrons prochainement). Contrairement au français où on emploie une préposition (« à », « en »), les particules coréennes sont en postposition, ex. : 학교에 haggyô-é, 은행에 eunhèng-é.

LE VERBE D'ÉTAT 많다

Le verbe d'état 많다 **manh-da**, *être nombreux*, s'emploie souvent pour quantifier, *il y a beaucoup de…*, *avoir beaucoup de…*, ex. :

친구가 **tchin'gou-ga** 많아요 **manh-ayô**, *il a beaucoup d'amis* (ami être-nombreux)
사람이 **salam-i** 많아요 **manh-ayô**, *il y a beaucoup de personnes* (gens être-nombreux).

Ici, le verbe étant un verbe intransitif, il nécessite un sujet. Le sujet, qu'il soit 친구 **tchin'gou**, *ami* ou 사람 **salam**, *gens*, est marqué par la P. sujet 이 i / 가 ga.

LE VERBE D'ACTION 만나다

Le verbe d'action 만나다 **manna-da**, *rencontrer, voir* (quelqu'un), est un verbe action et verbe transitif qui nécessite un complément d'objet direct, ex. :

선생님을 **sonsèngnim-eul** 만나요 **mann-ayô**, *il voit la maîtresse* (professeur rencontrer).
선생님, *professeur*, est le COD du verbe, il faut le marquer par la P. COD 을 **eul** / 를 **leul**.

▲ CONJUGAISON
LA FORME CONTRACTÉE AU STYLE POLI

Le radical du verbe et la terminaison de style poli 아요 **ayô** ou 어요 **oyô** peuvent se contracter ainsi :

가 **ga** (가다 **ga-da**, *aller*) + 아요 **ayô** = 가요 **g-ayô** (ㅏ **a** contracté)

만나 **manna** (만나다 **manna-da**, *rencontrer*) + 아요 **ayô** = 만나요 **mann-ayô** (아 **a** contracté)

다니 **dani** (다니다 **dani-da**, *fréquenter*) + 어요 **oyô** = 다녀요 **danyoyô** (ㅣ **i** et ㅓ **o** se sont contractés par ㅕ **yo**)

보내 **bônè** (보내다 **bônè-da**, *envoyer*) + 어요 **oyô** = 보내요 **bônèyô** (어 **o** contracté).

LA FORME IRRÉGULIÈRE EN ㅡ AU STYLE POLI

Lorsque le radical du verbe se termine par la voyelle ㅡ **eu**, et qu'on fait suivre la terminaison de style poli 아요 **ayô** ou 어요 **oyô**, le radical perd cette dernière. On choisit la terminaison 아요 **ayô** ou 어요 **oyô**, en fonction de la dernière voyelle du radical : 예쁘 **yépp** (예쁘다 **yéppeu-da**, *être joli*) + 어요 **oyô** = 예뻐요 **yépp-oyô**.

● VOCABULAIRE

일상 ilsang *quotidien*
생활 sènghwal *vie*
일상생활 ilsangsènghwal *vie quotidienne, activités quotidiennes*
아이 a'i, *enfant*
학교 haggyô *école*
첫째 tchostsè *aîné, premier*
많다 manh-da *avoir beaucoup* (litt. « être nombreux »)
둘째 doultsè *cadet, deuxième*
유치원 youtchiwon *école maternelle*
만나다 manna-da *rencontrer, voir qqn*
다니다 dani-da *se rendre régulièrement* (litt. « fréquenter »)
이메일 iméil *courriel, e-mail*
보내다 bônè-da *envoyer*
은행 eunhèng *banque*
사람 salam, *personne*
하루 halou *jour*
주 djou *semaine*
월요일 wolyôil *lundi*
화요일 hwayôil *mardi*
수요일 souyôil *mercredi*
목요일 môgyôil *jeudi*
금요일 geumyôil *vendredi*
토요일 t^{h}ôyôil *samedi*
일요일 ilyôil *dimanche*
부터 bout^{h}o *à partir de*

까지 kkadji *jusqu'à*
일 il *travail*
유니폼 younip^{h}ôm *uniforme*
입다 ib-da *s'habiller, porter*
예쁘다 yéppeu-da *être joli*
주말 djoumal, *week-end*

● EXERCICES

1. ÉCOUTEZ L'ENREGISTREMENT ET TROUVEZ LA BONNE TRADUCTION.
a. Il y a des amis.

b. J'ai beaucoup d'amis.

c. Je vois mes amis.

2. ÉCOUTEZ LE VERBE ET TROUVEZ SON ÉCRITURE.
a. 많아요.

b. 마나요.

c. 만나요.

3. CHOISISSEZ UNE PARTICULE POUR COMPLÉTER LA PHRASE ET TRADUISEZ.

은   는   이   가   을   를   에

a. 우산 .... 많아요. → ....

b. 친구 .... 만나요. → ....

c. 집 .... 가요. → ....

d. 차 .... 없어요. → ....

b. 학교 .... 좋아해요. → ....

4. TRADUISEZ LES EXPRESSIONS EN CORÉEN AU STYLE ULTRA-FORMEL.
a. Il y a beaucoup de professeurs. ....

b. Je vois mon petit ami. ....

c. J'aime bien l'école. ....

8.
À L'AÉROPORT
공항
GÔNGHANG

OBJECTIFS

- SOUHAITER LA BIENVENUE
- INDIQUER OÙ SE TROUVE UNE PERSONNE / UN OBJET
- DIRE QU'IL MANQUE QUELQUE CHOSE

NOTIONS

- LA PARTICULE DE LIEU 에 *É*
- LA CONFUSION « ÊTRE » / « EXISTER »
- LA RÈGLE DE CONJUGAISON AU STYLE FAMILIER

OÙ SE TROUVE-T-IL ?

1. *(La famille de Juni se précipite pour aller à l'aéroport pour partir en vacances à l'étranger. C'est le moment de l'enregistrement…)*

<u>Hôtesse de l'air</u> : Bonjour ! C'est la compagnie Korean Air. Bienvenue ! *(Korean-Air-être. Bienvenue)*

<u>Papa</u> : Oui, bonjour ! Ma famille va à Séoul. Tenez ! Ici, il y a les billets d'avion. *(ma famille[-thème] Séoul[-lieu] aller. Tenez ! ici[-lieu] avion billet[-sujet] exister)*

<u>Hôtesse de l'air</u> : Monsieur ! Il faut aussi les passeports. *(client ! et passport[-sujet] être-nécessaire)*

<u>Papa</u> : Oh ? Tenez ! Ici, il y a les passeports de ma famille. *(ici[-lieu] ma famille passeport[-sujet] exister)*

<u>Hôtesse de l'air</u> : Il manque un passeport. *(passeport un[-sujet] manquer)*

2. *(Papa demande à maman.)*

<u>Papa</u> : Où est le passeport de Juni ? *(Juni passeport[-sujet] où[-lieu] exister)*

<u>Maman</u> : Pourquoi ? Il est dans le sac de Juni. *(Juni sac [-lieu] exister)*

<u>Papa</u> : Où se trouve le sac de Juni ? *(Juni sac[-sujet] où[-lieu] exister)*

<u>Maman</u> : Le sac de Juni… est à la maison... *(Juni sac[-sujet] maison[-lieu] exister)*

<u>Papa</u> : Comment ? Il est à la maison ? Oh, mon dieu ! *(maison[-lieu] exister)*

<u>Maman</u> : Mais au fait, où est Juni ? *(Juni[-thème] où[-lieu] exister)*

NB : Désormais, les particules seront renseignées dans la traduction mot-à-mot.

어디에 있어요 ?
ODI-É ISS-OYÔ

1.
승무원 : 안녕하십니까 ? 대한항공입니다. 환영합니다.
<u>Seungmouwon</u> : annyongha-si-bnikka? dèhanhanggông-i-bnida. hwanyongha-bnida

아빠 : 네, 안녕하세요 ? 저희 가족은 서울에 갑니다. 자 ! 여기에 비행기 표가 있어요.
<u>Appa</u> : né, annyongha-séyô ? djohwi gadjôg-eun so'oul-é ga-bnida. dja ! yogi-é bihènggi p^{h}yô-ga iss-oyô

승무원 : 손님 ! 그리고 여권이 필요합니다.
<u>Seungmouwon</u> : sônnim ! geuligô yogwon-i p^{h}ilyôha-bnida

아빠 : 자! 여기에 저희 가족 여권이 있습니다.
<u>Appa</u> : dja! yogi-é djohwi gadjôg yogwon-i iss-seubnida

승무원 : 여권 하나가 모자랍니다.
<u>Seungmouwon</u> : yogwon hana-ga môdjala-bnida

2.
아빠 : 어 ? 쥬니 여권이 어디에 있어 ?
<u>Appa</u> : o ? Juni yogwon-i odi-é iss-o

엄마 : 왜 ? 쥬니 가방에 있어.
<u>Omma</u> : wè ? juni gabang-é iss-o

아빠 : 쥬니 가방이 어디에 있어 ?
<u>Appa</u> : Juni gabang-i odi-é iss-o

엄마 : 쥬니 가방이... 집에 있어.
<u>Omma</u> : Juni gabang-i djib-é iss-o

아빠 : 뭐라고 ? 집에 있어 ? 맙소사...
<u>Appa</u> : mwo-lagô ? djib-é iss-o ? mabsôsa

엄마 : 그런데 쥬니는 어디에 있어 ?
<u>Omma</u> : geulondé Juni-neun odi-é iss-o

■ COMPRENDRE LE DIALOGUE
FORMULES ET EXPRESSIONS

→ 뭐 **mwo**, *quoi*, est la forme contractée de 무엇 **mou'os**, *que*. Pour demander à son interlocuteur de modifier ou vérifier qqch, au style familier, on peut utiliser 뭐 ? **mwo ?**, *quoi ?, pardon ?* ou bien la forme 뭐라고 ? **mwolagô**, *de quoi ?, pardon ?*

→ 맙소사 **mabsôsa**, *oh ! mon dieu*, est une interjection qui traduit une lamentation.

→ Lorsque l'on converse en famille, on peut adopter le style poli ou le style familier. Par exemple, la personne âgée (un parent, une tante, un oncle) utilise le style familier avec les enfants. Les enfants peuvent y répondre au style poli ou familier selon la parenté ou leur âge. Les enfants adultes utiliseront plutôt le style poli lorsqu'ils s'adresseront à des parents éloignés. Un enfant en bas âge adoptera plutôt le style familier pour parler à sa famille.

→ Pour appeler un client, on emploie le terme 손님 **sônnim**, *client*. Ainsi, le terme 손님 **sônnim** peut remplacer les appellations *Madame* ou *Monsieur* ou le pronom personnel *vous*, *il* dans les commerces.

NOTE CULTURELLE

Il existe plusieurs compagnies aériennes sud-coréennes, dont Korean Air, Air Busan, Air Séoul... Korean Air est la plus importante avec un total de 117 destinations desservies. Le plus grand aéroport du pays est actuellement l'aéroport international d'Incheon, basé près de Séoul (66 compagnies aériennes, 131 destinations). La France est la destination favorite des Sud-coréens prévoyant un voyage en Europe. Paris tient une place touristique privilégiée, tout comme la Normandie depuis la diffusion d'un drama *(The Package)*, tourné en partie au Mont-Saint-Michel.

RÈGLE DE PRONONCIATION

La consonne ㅇ **ng** employée à la place de la consonne finale rend la syllabe nasale :
   바 **ba** → 방 **bang**
   고 **gô** → 공 **gông**
   하 **ha** → 항 **hang**

Ainsi, 가방 **ga-bang**, *sac*, et 공항 **gông-hang**, *aéroport*, sont nasalisés sous l'influence de la consonne nasale ㅇ **ng**. Les apprenants ont souvent un accent qui laisse entendre le son **g** à la fin. Vous êtes prévenu(e) : il ne faut pas laisser entendre **g** !

◆ GRAMMAIRE
LE VERBE 필요하다

Le verbe 필요하다 pʰilyôha-da, *être nécessaire*, est un verbe d'état et un verbe intransitif qui nécessite un sujet, ex. :

여권이 필요합니다 yogwon-i pʰilyôha-bnida, *On a besoin d'un passeport* (passeport être-nécessaire).

Ici, 여권 yogwon, *passeport*, est le sujet du verbe « être nécessaire », il faut donc le marquer par la P. sujet 이 i.

LA PARTICULE DE LIEU - EXISTENCE

Le verbe 있다 iss-da, *exister*, peut également avoir un complément de lieu pour désigner le lieu d'existence, ex. : « se trouver quelque part », « exister quelque part », etc. Ici le lieu *quelque part* est un complément de lieu et il est donc marqué par la particule de lieu (P. lieu) 에 é, ex. :

가방에 있어 gabang-é iss-o, *Il se trouve dans le sac* (litt. « sac[-lieu] se-trouver »)

집에 있어 djib-é iss-o, *c'est à la maison*. (litt. « maison[-lieu] se-trouver »)

On peut remplacer le lieu par le mot interrogatif 어디 odi, *où*, afin de formuler une question, ex. :

어디에 있어 ? odi-é iss-o, *Où se trouve-t-il ?* (litt. « où[-lieu] se-trouver »)

LE VERBE D'ÉTAT 있다

• **Construction : A 이/가 B 에 있다**

Le verbe d'état 있다 iss-da, *exister*, peut se construire ainsi avec un sujet et un complément de lieu A이/가 B에 있다 A i/ga B é iss-da dans le sens « A existe dans B », ex. :

여권이 가방에 있어요 yogwon-i gabang-é iss-oyô, *il y a un passeport dans le sac, le passeport se trouve dans le sac* (passeport[-sujet] sac[-lieu] exister).

엄마가 집에 있어요 omma-ga djib-é iss-oyô, *ma maman est à la maison* (maman[-sujet] maison[-lieu] exister).

Ici, **여권 yogwon**, *passeport*, et **엄마 omma**, *maman*, sont les sujets marqués par la P. sujet **이 i/가 ga** ; **가방 gabang**, *sac*, et **집 djib**, *maison*, sont les compléments de lieu (existence) marqués par la P. lieu **에 é**.

- **Confusion entre 이다, « être » et 있다, « exister »**

Attention, en français, le verbe être est utilisé pour renseigner le statut / la qualité du sujet (ex. : coréen) et le lieu d'existence (ex. : en Corée). En coréen, au contraire, on utilisera deux verbes :
- le verbe **이다 i-da**, *être*, pour le statut / la qualité du sujet ;
- le verbe **있다 iss-da**, *exister*, pour indiquer le lieu d'existence avec la P. lieu **에 é**.

Ex. :
한국 사람이에요 han'goug salam-iéyô, *je suis Coréen* (corée personne-être)
한국에 있어요 han'goug-é iss-oyô, *je suis en Corée* (corée[-lieu] exister).

Astuce pour ne pas se tromper : si on doit ajouter une préposition à, *dans*, *en*, on emploie le verbe **있다**, *exister*, mais non **이다**, *être*, ex. :
« Je suis à Paris » → on emploie le verbe **있다**, *exister*
« Je suis professeur » → on emploie le verbe **이다**, *être*.

▲ CONJUGAISON
LA RÈGLE DE CONJUGAISON AU STYLE FAMILIER

Voici comment on peut conjuguer au style familier. Il suffit d'enlever **요 yô** (qui appartient au style poli) de la conjugaison au style poli, ex. : **있다 iss-da**, *exister*, **좋다 djôh-da**, *être bien*, *faire beau* :

1. Isolez le radical du verbe à partir du verbe à l'infinitif, ex. : **있 i**, **좋 djôh**.

2. Accolez **아 a** si la dernière voyelle du radical se termine par la voyelle ㅏ **a** ou ㅗ **ô**, ex. : **좋 djôh** (**좋다 djôh-da**) + **아 a** = **좋아 djôh-a**.

Accolez **어 o** si la dernière voyelle du radical se termine par une autre voyelle que ㅏ **a** ou ㅗ **ô**, ex. : **있 iss** (**있다 iss-da**) + **어 o** = **있어 iss-o**.

Tout comme le style poli, ce style a la même forme que pour le mode déclaratif et interrogatif. Il faut juste ajouter un point d'interrogation au mode déclaratif et monter l'intonation à la fin de la phrase.

VOCABULAIRE

승무원 sungmouwon *membre de l'équipage, hôtesse de l'air*
손님 sônnim *client*
여권 yogwon *passeport*
필요 p^{h}ilyô *nécessité*
필요하다 p^{h}ilyôha-da *avoir besoin* (litt. « être nécessaire »)
가방 gabang *sac*
뭐라고 mwolagô *de quoi ?, Comment ?*
그럼 geulom *alors*
맙소사 mabsôsa *oh ! mon dieu*
한국 사람 han'goug salam *coréen* (personne)
한국 han'goug *Corée* (pays)
환영하다 hwanyongha-da *bien accueillir*
모자라다 môdjala-da *manquer* (qqch), *être insuffisant*
비행기 bihènggi *avion*
여기 yogi *ici*
표 p^{h}yô *billet*
그런데 geulondé *mais au fait*
지금 djigeum *maintenant*
그리고 geuligô *et, en plus*
하나 hana *un* (chiffre)
왜 wè *pourquoi*

● EXERCICES

1. ÉCOUTEZ L'ENREGISTREMENT ET TROUVEZ LA BONNE TRADUCTION.

a. Il y a un aéroport.

b. J'ai un passeport.

c. Je suis à l'aéroport.

2. ÉCOUTEZ L'ENREGISTREMENT ET CHOISISSEZ LA BONNE RÉPONSE.

a. 가방이 많아요.

b. 학교에 있어요.

c. 가방을 좋아해요.

3. CHOISISSEZ UNE PARTICULE ADAPTÉE POUR TRADUIRE LES PHRASES EN CORÉEN.

이   가   에

a. C'est dans mon sac. → 가방............ 있어요.

b. Il y a un sac. → 가방.......... 있어요.

c. Il y a une école. → 학교........... 있어요.

d. Je suis à l'école. → 학교.......... 있어요.

e. Il y a un sac à l'école. → 가방.......... 학교.......... 있어요.

4. RELIEZ LA PHRASE AU VERBE ADAPTÉ POUR TRADUIRE LES PHRASES EN CORÉEN.

a. Je suis à la banque.　•

b. C'est une banque.　•　　　　•　1. 이다, être

c. Il est dans la voiture.　•　　　　•　2. 있다, exister

d. C'est ma voiture.　•

9.
AU BUREAU DE POSTE
우체국에서
OUTCHÉGOUGÉSO

OBJECTIFS	**NOTIONS**
• EXPRIMER LA PROVENANCE • ÉTABLIR UN FAIT	• « IL Y A » • LA PARTICULE DE LIEU 에서 *ÉSO* • LA TERMINAISON ORALE INTERROGATIVE 니? • LE SUPERLATIF ABSOLU

C'EST UN SECRET

1. *(Dani adore collectionner les timbres. Aujourd'hui, elle passe au bureau de poste et, bien sûr, elle achète la nouvelle collection de timbres !)*

<u>Dani</u> : Bonjour ! Avez-vous les timbres Pororo ? *(Pororo timbre [-sujet] exister)*

<u>Le postier</u> : Oui, il y en a ici *(ici[-lieu] exister)*. Il y a beaucoup de timbres Pororo. *(Pororo timbre[-sujet] être-nombreux)*

<u>Dani</u> : Wow ! C'est vraiment beaucoup *(vraiment être-nombreux)*. Merci. Mais au fait, où se trouve la boîte aux lettres *(boîte-aux-lettre[-sujet] où[-lieu] exister)* ?

<u>Le postier</u> : Il y a un facteur là-bas *(là-bas[-lieu] facteur[-sujet] exister)*. Il y a une boîte aux lettres à côté du facteur *(facteur à-côté[-lieu] boîte-aux-lettres[-sujet] exister)*.

2. *(À la maison)*

<u>Papa</u> : D'où tu viens ? *(où[-lieu] venir)*

<u>Dani</u> : C'est un secret. Pourquoi ? *(secret-être. pourquoi)*

<u>Papa</u> : Tu viens du bureau de poste ? *(bureau-de-poste[-lieu] rentrer)*

<u>Dani</u> : Oui. Je viens de bureau de poste. Comment le sais-tu ? *(oui. bureau-de-poste[-lieu] venir. comment connaître)*

<u>Papa</u> : Hum… il y a vraiment beaucoup de timbres dans ton sac *(sac[-lieu] timbre[-sujet] vraiment être-nombreux)*.

비밀이에요
BIMIL-IÉYÔ

1.
다니 : 안녕하세요? 뽀로로 우표가 있어요?
Dani : annyonghaséyô ? ppôlôlô oup^{h}yô-ga iss-oyô

우체국 직원 : 네, 여기에 있어요. 뽀로로 우표가 많아요.
Outchégoug djigwon : né, yogi-é iss-oyô. ppôlôlô oup^{h}yô-ga manh-ayô

다니 : 우와! 정말 많아요. 감사합니다. 그런데, 우체통이 어디에 있어요?
Dani : ouwa ! djongmal manh-ayô. gamsaha-bnida. geulondé outchét^{h}ông-i odi-é iss-oyô

우체국 직원 : 저기에 우체부가 있어요. 우체부 옆에 우체통이 있어요.
Oucthégoug djigwon : djogi-é outchébou-ga iss-oyô. outchébou yop^h-é outchét^{h}ông-i iss-oyô

2.
아빠 : 어디에서 오니?
Appa : odi-éso ô-ni

다니 : 비밀이에요. 왜요?
Dani : bimil-iéyô. wè-yô

아빠 : 우체국에서 돌아오니?
Appa : outchégoug-éso ô-ni

다니 : 네. 우체국에서 와요. 어떻게 알아요?
Dani : né. outchégoug-éso w-ayô. ottohgé al-ayô

아빠 : 음... 가방에 우표가 정말 많아.
Appa : eum… gabang-é oup^{h}yô-ga djongmal manh-a

COMPRENDRE LE DIALOGUE
FORMULES ET EXPRESSIONS

→ Nous retrouvons la tournure de phrase « Il y a… », étudiée au module 6 : **있다 iss-da**, *exister*, peut se traduire par *il y a*.
우체국에 우체부가 있어요, **outchégoug-é outchébou-ga iss-oyô**, *il y a des facteurs au bureau de poste.*

→ *D'où viens-tu ?* nécessite l'utilisation de la particule de lieu, **에서 éso**, indiquant la provenance.
회사에서 돌아옵니다 **hwésa-éso dôlaô-bnida**, *je rentre du travail* (litt. « entreprise[-lieu] rentrer »)
공항에서 와요 **gônghang-éso w-ayô**, *je viens de l'aéroport* (litt. « aéroport[-lieu] venir »).

→ Nous avons rencontré en leçon 3, « qui », « où », « comment », « qu'est-ce que ». Voyons à présent « pourquoi » et « quand ». On accole le terme politesse **요 yô** à la fin du mot quand on s'adresse à quelqu'un de plus âgé pour manifester le respect à son égard. ex. :

왜 **wè**, *pourquoi* → 왜요 ? **wè-yô**

언제 **ondjé**, *quand* → 언제요 ? **ondjé-yô**

어디 **odi**, *où* → 어디요 ? **odi-yô**

누구 **nougou**, *qui* → 누구요 ? **nougou-yô**

어떻게 **ottohgé**, *comment* → 어떻게요 ? **ottohgé-yô**.

NOTE CULTURELLE

La couleur symbolique de la poste en Corée (**Korea Post**) est la *couleur rouge* (**빨간색 ppalgansèg**). Nous verrons d'autres couleurs tout au long de cet ouvrage. Au bureau de poste, on trouve les services tels que :

- envoyer un *colis* (**소포 sôp^{h}ô**) ou un *courrier* (**우편물 oup^{h}yonmoul**),
- procéder à un *dépôt de l'argent* (**예금 yégeum**),
- souscrire à une *assurance* (**보험 bôhom**).

Et bien sûr, comme pour Dani, vous pouvez compléter votre *collection* (**수집 soudjib**) de *timbres* (**우표 oup^{h}yô**) !

RÈGLE DE PRONONCIATION

La consonne aspirée **ㅎ h** suivie ou précédée influence sa consonne voisine, elle devient elle-même une consonne aspirée :

어떻게 ottohgé, *comment* → [o-tto-kʰé] : la consonne ㅎ h précédée rend sa consonne voisine ㄱ g aspirée, on les prononce par conséquent [kʰ]

좋다 djôh-da, *être bien* → [djô-tʰa] : la consonne ㅎ h précédée métamorphose sa consonne voisine ㄷ d, on les prononce [tʰ]

백화점 bèghwadjom, *grand magasin* → [bè-kʰwa-djom] : la consonne ㄱ g suivie de la consonne aspirée ㅎ h se prononce [kʰ].

◆ GRAMMAIRE
LA PARTICULE DE LIEU – PROVENANCE

- **Destination (에 é) vs provenance (에서 éso)**

Comparons la destination et la provenance :

우체국에 가요. outchégoug-é g-ayô, *je vais au bureau de poste* (litt. « poste[-lieu] aller »)

우체국에서 와요. outchégoug-éso w-ayô, *je viens du bureau de poste* (litt. « poste[-lieu] venir »).

La destination se marque par la P. lieu 에 é, en revanche la provenance se marque par la P. lieu 에서 éso.

Il suffit de remplacer la particule de lieu par le mot interrogatif 어디 odi, *où*, pour transformer la phrase en question, ex. :

어디에 가요 ? odi-é g-ayô, *Où allez-vous ?* (litt. « où[-lieu] aller »)

어디에서 와요 ? odi-éso w-ayô, *D'où venez-vous ?* (litt. « où[-lieu] venir »)

Bon à savoir : dans une conversation courante, on trouve souvent la forme contractée 어디서 odiso, *d'où*.

LA TERMINAISON ORALE 니 ?

- **Qu'est-ce que la terminaison orale ?**

La terminaison orale est une terminaison, qui ne s'emploie qu'à l'oral pour apporter de la fluidité à la conversation.

La terminaison orale 니 ? ni s'accole au radical du verbe pour exprimer une question d'une manière amicale. Mais attention à son usage ! La terminaison orale 니 ? ni s'emploie, généralement, par une personne plus âgée envers la personne à qui elle pose des questions, comme quand une mère s'adresse à ses enfants. Elle dépeint une nuance très amicale et familière. À l'inverse, c'est perçu comme un manque de politesse.

우체국에서 돌아오니? outchégoug-éso dôlaô-ni ? *Tu viens du bureau de poste ?* (litt. « bureau-de-poste[-lieu] rentrer »)

LA DIFFÉRENCE ENTRE LE STYLE FAMILIER ET LA TERMINAISON ORALE

Comparons la terminaison orale 니 ? **ni** et la terminaison de style familier 어/아 **o/a**.

사탕을 먹니 ? **sat^hang-eul mog-ni**, *Manges-tu un bonbon ?* (litt. « bonbon[-COD] manger »)

사탕을 먹어 ? **sat^hang-eul mog-o**, *Manges-tu un bonbon ?* (litt. « bonbon[-COD] manger »)

Les deux phrases correspondent à la même traduction en français. Les deux peuvent s'employer indifféremment. Cependant, la terminaison orale 니 ? **ni** sera plus naturelle dans le cas où la personne plus âgée s'adresse à la personne moins âgée sur un ton affectif.

LE SUPERLATIF ABSOLU

Le superlatif absolu est formé d'un adverbe exprimant un degré élevé d'intensité (« très », « vraiment »). Les adverbes, par exemple, 아주 **adjou**, *très, vraiment* ; 정말 **djongmal**, *véritablement, vraiment*, se placent généralement devant le verbe sur lequel on appose la valeur d'adverbe, ex. :

아주 많아요 **adjou manh-ayô**, *il y a vraiment beaucoup* (litt. « très être-nombreux »)

정말 좋아요 **djongmal djôh-ayô**, *c'est vraiment bien* (litt. « vraiment être-bien »).

▲ CONJUGAISON
LA RÈGLE DE CONJUGAISON DE TERMINAISON ORALE 니 ?

Voici comment conjuguer le verbe avec la terminaison orale 니 ? **ni**. Il suffit d'ajouter la terminaison orale 니 ? **ni** au radical du verbe sans distinction selon la dernière lettre du radical du verbe.

Ex. : 가다 **ga-da**, *aller* ; 많다 **manh-da**, *avoir beaucoup* (litt. « être nombreux »)

1. Isolez le radical du verbe à partir du verbe à l'infinitif, ex. : 가 **ga**, 많 **manh**.
2. Accolez 니? **ni** ? ex. :

학교에 가(가다 **ga-da**, *aller*) + 니? **ni** = 학교에 가니 ? **haggyô-é ga-ni**, *Vas-tu à l'école ?*

비밀이 많(많다 **iss-da**, *être nombreux*) + 니? **ni** = 비밀이 많니? **bimil-i manh-ni**, *As-tu beaucoup de secrets ?* (litt. « secrets être-nombreux »)

● VOCABULAIRE

우체국 outchégoug *bureau de poste*
우체부 outchébou *facteur*
우체통 outchéth ông *boîte aux lettres*
편지 ph yondji *lettre*
우표 ouph yô *timbre*
아주 adjou *très*
오다 ô-da *venir*
비밀 bimil *secret*
돌아오다 dôlaô-da *rentrer*
어떻게 ottohgé *comment*
왜 wè *pourquoi*
알다 al-da *connaître, savoir*
누구 nougou *qui*
빨간색 ppalgansèg *rouge* (couleur)
소포 sôph ô *colis*
우편물 ouph yonmoul *courrier*
예금 yégeum *dépôt de l'argent*
보험 bôhom *assurance*
수집 soudjib *collection*
저기 djogi *là-bas*
직원 djigwon *employé, personnel*
옆 yoph *à côté*
정말 djongmal *véritablement*

● EXERCICES

1. ÉCOUTEZ L'ENREGISTREMENT ET TROUVEZ LA BONNE RÉPONSE.
a. 은행에서 와요.
b. 우체국에 가요.
c. 우체국에서 가요.

2. ÉCOUTEZ L'ENREGISTREMENT ET CHOISISSEZ LA BONNE TRADUCTION.
a. Comment allez-vous ?
b. Qui y va ?
c. Comment y va-t-on ?

3. CHOISISSEZ LA PARTICULE ADAPTÉE POUR COMPLÉTER LES PHRASES EN CORÉEN.

에   에서

a. Je rentre du travail. → 회사............ 돌아와요.
b. Je vais au travail. → 회사......... 가요.
c. Je vais en Corée. → 한국.......... 가요.
d. Je viens de l'aéroport. → 공항......... 와요.

4. CONJUGUEZ LE VERBE À L'INFINITIF AVEC LA TERMINAISON ORALE 니 ET TRADUISEZ LA PHRASE EN FRANÇAIS.
a. 비밀이다 → ....
b. 친구를 만나다 → ....
c. 가방이 필요하다 → ....
d. 집에 있다 → ....

10.
À LA BIBLIOTHÈQUE
도서관에서
DÔSOGWANÉSO

OBJECTIFS	NOTIONS
• EXPRIMER UN LIEU D'ACTION • S'EXCUSER	• LES ADVERBES • LA PARTICULE DE LIEU • LE VERBE *HA-DA* « FAIRE »

JE RÉVISE À LA BIBLIOTHÈQUE

(Des amis se croisent à la bibliothèque. Ils parlent doucement…)

<u>Taeho</u> : Salut Dani ! Que fais-tu à la bibliothèque aujourd'hui ? *(aujourd'hui bibliothèque[-lieu] quoi faire)*

<u>Dani</u> : Bonjour Taeho ! Demain, il y a un examen d'anglais *(demain anglais examen[-sujet] exister)*. Alors, j'étudie le vocabulaire anglais à la bibliothèque *(donc maintenant bibliothèque[-lieu] anglais vocabulaire[-COD] étudier)*.

<u>Taeho</u> : D'accord. Bon courage pour les révisions *(examen étude bon-courage)* ! Oh ! Juni ! Que fais-tu à la bibliothèque aujourd'hui ? *(toi[-thème] aujourd'hui bibliothèque[-lieu] quoi faire)*

<u>Juni</u> *(en train d'écouter la musique avec son casque)* : …

<u>Taeho</u> : Juni ! Toi aussi, tu étudies aujourd'hui à la bibliothèque *(toi-aussi aujourd'hui bibliothèque[-lieu] étudier)* ? Tu empruntes un livre d'anglais *(bibliothèque[-lieu] anglais livre[-COD] emprunter)* ? Oh ? Tu sors de la bibliothèque maintenant *(bibliothèque[-lieu] maintenant sortir)* ?

<u>Dani</u> : Taeho ! Tu bavardes maintenant avec Juni *(maintenant Juni-avec bavarder)* ? Chut, tu fais trop de bruit *(être-bruyant)*.

<u>Taeho</u> : Ah ! Je suis désolé *(être-désolé)*.

도서관에서 복습해요
DÔSOGWANÉSO BÔGSEUBHÈYÔ

태호 : 다니야, 안녕 ? 오늘 도서관에서 뭐 해 ?
Taeho : dani-ya, annyong ? ôneul dôsogwan-éso mwo hè

다니 : 응, 태호야, 안녕 ? 내일 영어 시험이 있어. 그래서 지금 도서관에서 영어 단어를 공부해.
Dani : eung, taeho-ya, annyong? nèil yong'o sihom-i iss-o. geulèso djigeum dôsogwan-éso yong'o dano-leul gôngbouhè

태호 : 그래. 시험 공부 파이팅 ! 어 ? 쥬니야 ! 너는 오늘 도서관에서 뭐 해 ?
Taeho : geulè. sihom gôngbou pʰa'itʰing ! o ? Juni-ya ! no-neun ôneul dôsogwan-éso mwo hè

쥬니 : ...
Juni : ...

태호 : 쥬니야 ! 너도 오늘 도서관에서 공부해 ? 도서관에서 영어 책을 빌려 ? 어 ? 도서관에서 지금 나가 ?
Taeho : Juni-ya ! no-dô ôneul dôsogwan-éso gôngbouhè ? dôsogwan-éso yong'o tchèg-eul billyo ? o ? dôsogwan-éso djigeum nag-a

다니 : 태호야 ! 지금 쥬니와 잡담해 ? 쉿 ! 시끄러워.
Dani : Taeho-ya ! djigeum juni-wa djabdamhè ? swis ! sikkeulowo

태호 : 아 ! 미안해.
Taeho : a ! mianhè

■ COMPRENDRE LE DIALOGUE
FORMULES ET EXPRESSIONS

→ 과/와 gwa/wa s'accole à un nom pour indiquer *avec quelqu'un*. Ajoutez 과 gwa si le nom se termine par une consonne et 와 wa si le nom se termine par une voyelle :
선생님 sonsèngnim, *professeur* → 선생님과 sonsèngnim-gwa, *avec un(e) professeur(e)*
친구 tchin'gou, *ami* → 친구와 tchin'gou-wa, *avec un ami.*

→ 파이팅 pʰa'itʰing, *bon courage* (**fighting** coréanisé) s'emploie dans le cadre d'une relation familière pour encourager.

→ *Demain* (내일 nèil) est un adverbe de temps, au même titre qu'*hier* (어제 odjé) et qu'*aujourd'hui* (오늘 ôneul).

NOTE CULTURELLE

En Corée, l'année scolaire se divise en *semestre* (학기 haggi). Le *premier semestre* (1학기 il-haggi) commence en *mars* (3월 sam-wol) et le *deuxième semestre* (2학기 i-haggi) en *septembre* (9월 gou-wol). Il y a deux sortes d'*examens* (시험 sihom) pendant un semestre : 중간고사 djoung'gan gôsa, *examen de demi-semestre*, et 기말고사 gimalgôsa, *examen de fin de semestre.*

◆ GRAMMAIRE
LA PARTICULE DE LIEU

• **Lieu d'action**
Quand on parle de faire quelque chose (action) dans un endroit, ce lieu d'action se marque par la particule de lieu 에서 éso, ex. :

도서관에서 공부해요 dôsogwan-éso gôngbouhèyô, *j'étudie à la bibliothèque* (bibliothèque[-lieu] étudier)

Ici, le lieu (도서관 dôsogwan, *bibliothèque*), étant un lieu d'action, le verbe 공부하다 gôngbouha-da, *étudier*, est marqué par la P. lieu 에서 éso.

• **Lieu d'existence (에 é) vs lieu d'action (에서 éso)**
Comparons la distinction entre le lieu d'existence et le lieu d'action par la particule.

도서관에 있어요 dôsogwan-é iss-oyô, *je suis à la bibliothèque* (bibliothèque[-lieu] exister)

도서관에서 공부해요 dôsogwan-éso gôngbouhèyô, *j'étudie à la bibliothèque* (bibliothèque[-lieu] étudier).

Dans la première phrase 도서관 dôsogwan, *bibliothèque*, est un lieu d'existence car accompagnée d'un verbe de position (verbe d'état) : on y accole la P. lieu d'existence 에 é. Dans la deuxième phrase, elle est le lieu d'action, suivie d'un verbe d'action : on choisit alors la P. lieu d'action 에서 éso.

Il ne faut pas oublier que c'est le verbe qui décide de l'élément dont on a besoin pour construire une phrase et que, selon la nécessité, on accole la particule adaptée. Par exemple, le verbe 있다 iss-da, *exister*, nécessite un lieu d'existence, le lieu sera donc accompagné de la P. lieu d'existence 에 é. Si on emploie un verbe d'action, comme « manger », « acheter », « dormir », « travailler », le lieu sera considéré comme un lieu d'action ; on retrouvera alors la P. lieu d'action 에서 éso.

LE VERBE 하다

Tout comme en français, le verbe 하다 ha-da, *faire*, peut produire plusieurs verbes si on l'associe à un nom, ex. :

공부 gôngbou, *étude* → 공부하다 gôngbouha-da, *étudier* (faire des études)
일 il, *travail* → 일하다 ilha-da, *travailler*
잡담 djabdam, *bavardage* → 잡담하다 djabdamha-da, *bavarder*
쇼핑 shôp^hing, *shopping* → 쇼핑하다 syôp^hingha-da, *faire du shopping*.

- **Présentation du verbe formé à partir du 하다 ha-da, *faire***

Les verbes formés à partir du verbe 하다 ha-da, *faire*, peuvent être présentés de deux manières avec la présence de la P. COD 을 eul/를 leul :

공부하다 gôngbouha-da, *étudier*, ou 공부를 하다 gôngbou-leul ha-da, *faire des études*

일하다 ilha-da, *travailler*, ou 일을 하다 il-eul ha-da, litt. « faire un travail »

잡담하다 djabdamha-da, *bavarder*, ou 잡담을 하다 djabdam-eul ha-da, litt. « faire du bavardage ».

공부 gôngbou, *étude*, 일 il, *travail* et 잡담 djabdam, *bavardage*, peuvent être considérés comme COD du verbe 하다 ha-da, *faire*.

▲ CONJUGAISON
LE VERBE SE TERMINANT PAR 하다

• **Aux styles poli et familier**

Les verbes se terminant par 하다 ha-da, *faire*, se conjuguent d'une manière irrégulière aux styles poli et familier :

	Style ultra-formel 습니다/ㅂ니다 seubnida/bnida	Style poli 어요/아요 oyô/ayô	Style familier 어/아 o/a
일하다, *travailler* ilha-da	일합니다 ilha-bnida	일해요 ilhèyô	일해 ilhè
공부하다, *étudier* gôngbouha-da	공부합니다 gôngbouha-bnida	공부해요 gôngbouhèyô	공부해 gôngbouhè
미안하다, *être désolé(e)* mianha-da	미안합니다 mianha-bnida	미안해요 mianhèyô	미안해 mianhè

Ainsi, 하다 ha-da se conjugue par 해요 hèyô au style poli et 해 hè au style familier.

• **La forme contractée**

La voyelle ㅣ i du radical du verbe et la terminaison de style poli (아요 ayô ou 어요 oyô) ou style familier (아 a ou 어 o) peuvent se contracter 빌리 bili (빌리다 bili-da, *emprunter*) + 어요 oyô = 빌려요 billyoyô (ㅣ i et ㅓ o se sont contractés par ㅕ yo) ou 빌려 billyo au style familier.

LE VERBE SE TERMINANT PAR ㅂ

Les verbes se terminant par ㅂ b se conjuguent d'une manière particulière aux styles poli et familier. Ex. : 시끄럽다 sikkeulob-da, *être bruyant.*

1. Isolez le radical du verbe à partir du verbe à l'infinitif : 시끄럽 sikkeulob.
2. La dernière consonne ㅂ b se transforme en 우 ou : 시끄럽 sikkeulob → 시끄러우 sikkeulo'ou.
3. Accolez 어요 oyô : 시끄러우 sikkeulo'ou + 어요 oyô.
4. Appliquez la contraction entre les voyelles qui se chevauchent : 시끄러우 sikkeulo'ou + 어요 oyô → 시끄러워요 sikkeulowoyô (우 ou et 어 o se constracte par워 wo).
Pour le style familier, il faut supprimer 요 yô du style poli.

	Style ultra-formel 습니다/ㅂ니다 seubnida/bnida	Style poli 어요/아요 oyô/ayô	Style familier 어/아 o/a
고맙다, être reconnaissant gômab-da	고맙습니다 gômab-seubnida	고마워요 gômawoyô	고마워 gômawo
반갑다, être enchanté ban'gab-da	반갑습니다 ban'gab-seubnida	반가워요 ban'gawoyô	반가워 ban'gawo
시끄럽다, être bruyant sikkeulob-da	시끄럽습니다 sikkeulob-seubnida	시끄러워요 sikkeulowoyô	시끄러워 sikkeulowo

● VOCABULAIRE

도서관 dôsogwan *bibliothèque*
내일 nèil *demain*
어제 odjé *hier*
오늘 ôneul *aujourd'hui*
영어 yong'o *anglais* (langue)
시험 sihom *examen, évaluation*
단어 dano *vocabulaire*
공부 gôngbou *étude*
공부하다 gôngbouha-da *étudier*
책 tchèg *livre*
빌리다 billi-da *emprunter*
와/과 wa/gwa *avec* (qqn)
잡담 djabdam *bavardage*
잡담하다 djabdamha-da *bavarder*
너무 nomou *trop*
시끄럽다 sikkeulob-da *être bruyant*
미안하다 mianha-da *être désolé*
학기 haggi *semestre*

3 sam *trois*
9 gou *neuf*
중간고사 djoung'gan'gôsa *examen demi-semestre*
기말고사 gimalgôsa *examen de fin de semestre*
복습 bôgseub *révision*
복습하다 bôgseubha-da *réviser*
그래서 geulèso *donc, alors, c'est pour cette raison que*
파이팅 pʰa'i'tʰing *bon courage*
나가다 naga-da *sortir*
도 dô *aussi*
헤드폰 hédeupʰôn *casque*
음악 eumag *musique*
듣다 deud-da *écouter*

● EXERCICES

🔊 1. ÉCOUTEZ L'ENREGISTREMENT ET TROUVEZ LA BONNE TRADUCTION.
12
a. Une amie de Dani est à la bibliothèque.

b. Dani est à la bibliothèque avec une amie.

c. Dani va à la bibliothèque.

🔊 2. ÉCOUTEZ L'ENREGISTREMENT ET TROUVEZ LE VERBE EMPLOYÉ À SA FORME INFINITIVE.
12
a. 시끄어우다.

b. 시끄럽습니다.

c. 시끄럽다.

3. CHOISISSEZ LA PARTICULE ADAPTÉE POUR TRADUIRE CES PHRASES EN CORÉEN.

에   에서

a. Je vais à la bibliothèque. → 도서관 .... 가요.

b. J'étudie à la bibliothèque. → 도서관 .... 공부해요.

c. Je rentre de la bibliothèque. → 도서관 .... 돌아와요.

d. Je suis à la bibliothèque. → 도서관 .... 있어요.

4. CONJUGUEZ LE VERBE AU STYLE POLI ET TRADUISEZ LA PHRASE.

a. 어디에서 책을 빌리다 ? → ....

b. 저는 도서관에서 일하다. → ....

c. 날씨가 춥다 ? → ....

d. 공항이 너무 시끄럽다. → ....

11.
APPEL TÉLÉPHONIQUE
전화 통화
DJONHWA ThÔNGHWA

| **OBJECTIFS** | **NOTIONS** |

- TÉLÉPHONER À QUELQU'UN
- S'EXPRIMER AU PASSÉ
- INSISTER SUR LE SUJET

- LES ADJECTIFS POSSESSIFS
- LE *KONGLISH*
- LA PARTICULE COI
- LA CONJUGAISON AU PASSÉ

ALLÔ !

Maman téléphone à papa.

<u>Papa</u> : Allô !

<u>Maman</u> : Chéri, c'est moi *(moi-être)* ! Il n'y a pas ma clé de voiture à la maison *(maison[-lieu] moi-de voiture clé[-sujet] ne-pas-exister)*. As-tu vu ma clé de voiture par hasard *(par-hasard moi-de voiture clé[-COD] voir)* ?

<u>Papa</u> : Non, mais au fait, Dani trouve bien les objets *(Dani[-sujet] article[-COD] bien trouver)*…

Maman demande à Dani.

<u>Maman (à Dani, dans la maison)</u> : Daniiiii ! As-tu vu mes clés de voiture ? *(maman voiture clé[-COD] voir)*

Maman dit à papa.

<u>Maman</u> : Ah ! Dani a trouvé mes clés de voiture. Je raccroche !

Dani donne la clé de voiture à maman.

Maman fait un bisou à Dani.

<u>Maman</u> : Wahou, que c'est mignon *(être-mignon)* ! Merci, Dani.

여보세요.
YOBÔSÉYÔ

엄마가 아빠에게 전화해요.
omma-ga appa-égé djonhwahèyô

아빠 : 여보세요.
Appa : yobôséyô

엄마 : 여보 ! 나야. 집에 내 차 열쇠가 없어. 혹시 내 차 키를 봤어 ?
Omma : yobô! na-ya. djib-é nè tcha yolswé-ga obs-o. hôgsi nè tcha k^hi-leul bw-ass-o

아빠 : 아니. 그런데 다니가 물건을 잘 찾아...
Appa : ani. geulondé dani-ga moulgon-eul djal tchadj-a.

엄마가 다니에게 물어봐요.
omma-ga dani-égé moulobow-ayô

엄마 : 다니야 ! 엄마 차 열쇠를 봤어 ?
Omma : dani-ya ! omma tcha yolswé-leul bw-asso ?

엄마가 아빠에게 말해요.
Omma-ga appa-égé malhèyô

엄마 : 아 ! 다니가 내 차 열쇠를 찾았어. 끊어 !
Omma : a! dani-ga nè tcha yolswé-leul tchadj-asso. kkeunh-o

다니가 엄마한테 차 키를 줘요.
Dani-ga omma-hanthé tcha k^hi-leul djw-oyô

엄마가 다니에게 뽀뽀해요.
Omma-ga dani-égé ppôppôhèyô

엄마 : 아유, 귀여워 ! 고마워, 다니야.
Omma : ayou, gwiyowo ! gômawo, dani-ya

■ COMPRENDRE LE DIALOGUE
FORMULES ET EXPRESSIONS

→ 여보세요 **yobôséyô**, *allô*, est une expression qu'on emploie quand on répond au téléphone. Pour prendre un congé dans une conversation téléphonique, on utilise l'expression 들어가세요 **deulogaséyô**, *au revoir* (litt. « rentrez ») qui vient du verbe 들어가다 **deuloga-da**, *rentrer*, ou on termine la phrase par 네 **né** (litt. « oui ») ou encore 들어가 **deuloga**, *au revoir* (litt. « rentre »). On peut également employer le verbe 끊다 **kkeunh-da**, *raccrocher*, comme dans notre dialogue.

→ 내 **nè**, *mon, ma*, est la forme contractée de 나 **na**, *moi*, et de 의 **eui**, particule de possessif *de* ainsi 내 열쇠 **nè yolswé**, *ma clé*, signifie littéralement « clé de moi ». 나 **na** est la forme familière de 저 **djo**, comme 제 아들 **djé adeul**, *mon fils* (module 3). Pour récapituler, 저 **djo** s'accorde avec le style ultra-formel ou style poli tandis que 나 **na** s'accorde avec le style familier.

→ 여보 **yobô**, *chéri(e)*, est un terme qui s'emploie entre conjoints.

NOTE CULTURELLE

En coréen, un mot peut avoir plusieurs formes selon l'origine du mot. Pour dire la *clé*, on peut dire 열쇠 **yolswé** ou bien 키 **k^{h}i**, anglais **key** coréanisé d'une manière interchangeable. Le fait d'emprunter des mots au lexique anglais en les adaptant à la langue coréenne peut s'intituler le **konglish** (en coréen 콩글리시 **k^{h}ônggeullisi**). L'utilisation du **konglish** est très répandue en Corée du Sud, qui est historiquement très influencée par la culturelle américaine. Les termes ont même été inventés par les Coréens en partant d'abréviations ou en appliquant un nouvel usage, comme par exemple :

téléphone portable, litt. « hand phone », 핸드폰 **hèndeup^{h}ôn**
webtoon, 웹툰 **wébt^{h}oun** (emprunt)
selfie, 셀카 **sélk^{h}a** = self + camera (contraction)
self-service, 셀프 **sélp^{h}eu** = self (abréviation).

◆ GRAMMAIRE
LA PARTICULE DE COMPLÉMENT D'OBJET INDIRECT

Les verbes d'action type *envoyer* (quelque chose à quelqu'un), *donner* (quelque chose à quelqu'un), *téléphoner* (à quelqu'un) peuvent avoir un COD (que l'on marque par la P. COD 을 **eul**/를 **leul**), et/ou également un COI que l'on marque par la P. COI 에게 **égé** sans différencier la dernière lettre du complément indirect, ex. :

아빠에게 전화해요, *je téléphone à papa* (papa[-COI] téléphoner)
다니에게 뽀뽀해요, *je fais un bisou à Dani* (Dani[-COI] faire-un-bisou).

Il existe une autre forme de P. COI 한테 hant[hé] qui s'emploie plutôt à l'oral, ex. :
엄마한테 줘요, *je donne à maman* (maman[-COI] donner).

- **COD (을 eul /를 leul) vs COI (에게 égé/한테 hant[hé])**

Le verbe décide de l'utilité de tel ou tel élément dans une phrase. Si le verbe nécessite un COD et/ou un COI, il faut les marquer par la particule adaptée.
Ex. : 보내다 bônè-da, *envoyer*
선생님에게 이메일을 보내요 sonsèngnim-égé iméil-eul bônèyô, *j'envoie un e-mail au professeur* (professeur[-COI] e-mail[-COD] envoyer)
친구에게 엽서를 보내요 tchin'gou-égé yobso-leul bônèyô, *j'envoie une carte postale à un ami* (ami[-COI] carte-postale[-COD] envoyer).

Ici, 이메일 iméil, *e-mail*, est le COD du verbe qu'il faut donc les marquer par la P. COD 을 eul /를 leul selon la dernière lettre du mot COD. 선생님 sonsèngnim, *professeur*, et 친구 tchin'gou, *ami*, sont COI du verbe, il faut donc marquer par la P. COI 에게 égé ou 한테 hant[hé].

- **Particule de thème remplacée par la particule de sujet**

Nous avons appris qu'on emploie la particule de thème avec une personne pour signifier le pronom personnel. Il est possible de la remplacer par la P. sujet, ex. :

다니는 물건을 잘 찾아요 dani-neun moulgol-eul djal tchadj-ayô, *Dani trouve bien les articles* (dani[-thème] article[-COD] bien trouver)

다니가 열쇠를 찾았어요 dani-ga yolswé-leul tchadj-ass-oyô, *Dani a trouvé la clé* (dani[-sujet] clé[-COD] trouver).

Dans la première phrase, le mot Dani est marqué par la P. thème car la phrase relate un fait (remarque générale). Dans la deuxième phrase, il est marqué volontairement par la P. sujet pour insister. C'est ce remplacement de particule qui fait entendre littéralement l'insistance sur Dani : c'est Dani qui a trouvé la clé (mais pas maman).

Pour le moment, la maîtrise de cette nuance n'est pas évidente.
Aide-mémoire : la P. Thème sert à indiquer le sujet qui est une personne dans le contexte de présentation. Elle peut être remplacée par la P. sujet pour insister sur le sujet par exemple, c'est … qui.

Ne vous inquiétez pas, petit à petit vous vous habituerez à tenir compte du contexte !

▲ CONJUGAISON
LE VERBE SE TERMINANT PAR 하다

Un mot accolé du verbe 하다 **ha-da**, *faire*, peut former un verbe d'action, ex. :

뽀뽀 **ppôppô**, *bisou* ; 뽀뽀하다 **ppôppôha-da**, *faire un bisou*, se conjugue au style poli par 뽀뽀해요 **ppôppôhèyô** et 뽀뽀해 **ppôppôhè** au style familier.

전화 **djonhwa**, *appel téléphonique* ; 전화하다 **djonhwaha-da**, *téléphoner*, se conjugue au style poli par 전화해요 **djonhwahèyô** et 전화해 **djonhwahè** au style familier.

• **La forme contractée**

Le radical du verbe et la terminaison de style poli 아요 **ayô** ou 어요 **oyô** peuvent se contracter ainsi : 주 **djou** (주다 **djou-da**, *donner*) + 어요 **oyô** = 줘요 **djwoyô** (ㅜ **ou** et ㅓ **o** se sont contractés par ㅝ **wo**) et 줘 **djwo** au style familier.

LE VERBE SE TERMINANT PAR ㅂ

귀엽다 **gwiyob-da**, *être mignon*, se conjugue par 귀여워요 **gwiyowoyô** au style poli et par 귀여워 **gwiyowo** au style familier car la dernière lettre ㅂ **b** se transforme en 우 **ou**.

LE PASSÉ

Le passé s'exprime par la marque du passé 었 **oss**/았 **ass** accolée au radical du verbe. Le coréen ne dispose pas de l'imparfait et du passé-composé comme en français. Il suffit d'insérer la marque du passé au radical du verbe pour exprimer une action passée.

• **L'emploi de la marque du passé**

Ex. : 있다 **iss-da**, *exister* ; 좋다 **djôh-da**, *être bien, faire beau*

1. Isolez le radical du verbe à partir du verbe à l'infinitif, ex. : 있 **i**, *exister* ; 좋 **djôh**, *être bien, faire beau*.

2. Accolez 았 **ass** si la dernière voyelle du radical se termine par la voyelle ㅏ **a** ou ㅗ **ô**, ex. : 좋 **djôh** (좋다 **djôh-da**) + 았 **ass** = 좋았 **djôh-ass**.
Accolez 었 **oss** si la dernière voyelle du radical se termine autres que ㅏ **a** ou ㅗ **ô**, ex. : 있 **iss** (있다 **iss-da**) + 었 **oss** = 있었 **iss-oss**.

3. Accolez la terminaison de style au choix, ex. : 습니다 **seubnida** (ultra-formel), 어요 **oyô** (poli), 어 **o** (familier), ex. :

좋았습니다 **djôh-ass-seubnida** (ultra-formel), 좋았어요 **djôh-ass-oyô** (poli), 좋았어 **djôh-ass-o** (familier), *c'était bien*
있었습니다 **iss-oss-seubnida** (ultra-formel), 있었어요 **iss-oss-oyô** (poli), 있었어 **iss-oss-o** (familier), *il y avait.*

• **La forme contractée**

Le verbe 보다 **bô-da**, *voir*, s'exprime au passé ainsi avec la contraction :
보 **bô** (보다 **bô-da**, *voir*) + 았 **ass** → 봤 **bwass** ; 봤습니다 **bw-ass-seubnida**, 봤어요 **bw-ass-oyô**, 봤어 **bw-ass-o**, *j'ai vu.*

LE VERBE 찾다

Le verbe 찾다 **tchadj-da**, *chercher*, peut signifier deux choses :
열쇠를 찾아요 **yolswé-leul tchadj-ayô**, *je cherche la clé* (au présent)
열쇠를 찾았어요 **yolswé-leul tchadj-ass-oyô**, *j'ai trouvé la clé* (au passé).

● VOCABULAIRE

전화 **djonhwa** *appel téléphonique*
통화 **t^{h}ônghwa** *appel, conversation (téléphonique)*
여보세요 **yobôséyô** *allô !*
전화하다 **djonhwaha-da** *téléphoner*
여보 **yobô** *chéri(e) !*
나 **na** *moi*
내 **nè** *mon, ma*
차 **tcha** *voiture*
열쇠 **yolswé** *clé*
혹시 **hôgsi** *par hasard*
키 **k^{h}i** *clé (anglais coréanisé)*
보다 **bô-da** *voir*
물건 **moulgon** *article*
잘 **djal** *bien*

찾다 **tchadj-da** *chercher, trouver*
주다 **djou-da** *donner*
뽀뽀 **ppôppô** *bisou*
뽀뽀하다 **ppôppôha-da** *faire un bisou*
귀엽다 **gwiyob-da** *être mignon*
들어가다 **deuloga-da** *rentrer*
핸드폰 **hèndeup^{h}ôn** *téléphone portable*
웹툰 **wébt^{h}oun** *webtoon*
셀카 **sélk^{h}a** *selfie*
셀프 **sélp^{h}eu** *self-service*

● EXERCICES

1. ÉCOUTEZ L'ENREGISTREMENT ET TROUVEZ LA BONNE INFORMATION.
a. Dani a fait un bisou à Juni.

b. Juni fait un bisou à Dani.

c. Dani fait un bisou à Juni.

2. ÉCOUTEZ L'ENREGISTREMENT ET TROUVEZ LE VERBE À L'INFINITIF QUI RÉSUME LA SITUATION.
a. 공부하다.

b. 전화하다.

c. 고맙다.

3. CHOISISSEZ UNE PARTICULE ADAPTÉE POUR TRADUIRE LES PHRASES EN CORÉEN.

이   가   에게

a. Dani donne un bonbon à Juni. → 다니............ 쥬니....... 사탕을 줘요.

b. À qui téléphones-tu ? → 누구......... 전화해 ?

c. Maman fait un bisou à papa. → 아빠.......... 엄마........ 뽀뽀해요.

d. Je l'envoie à qui ? → 누구......... 보내요 ?

4. TRANSFORMEZ LE VERBE AU PASSÉ EN GARDANT LE MÊME STYLE ET TRADUISEZ-LES.
a. 집에 엄마가 없어 ? → ....

b. 열쇠가 어디에 있어 ? → ....

c. 열쇠를 어디에서 찾습니까 ? → ....

d. 날씨가 좋아요 ? → ....

12.
(FAIRE UN) CADEAU
선물
SONMOUL

OBJECTIFS

- EXPRIMER LA PROVENANCE DE QUELQU'UN
- TROUVER LE SENS D'UN MOT SELON LE CONTEXTE
- OFFRIR QUELQUE CHOSE

NOTIONS

- LA PARTICULE COI 에게서 *ÉGÉSO* OU 한테서 *HANTʰÉSO*
- LES MOTS POLYSÉMIQUES
- LA MARQUE DE PLURIEL
- L'AJECTIF « QUEL »

LA FÊTE DES PARENTS

(Des retraités échangent sur les cadeaux reçus à l'occasion de la fête des parents. Un cadeau dont le mot polysémique semble provoquer un malentendu…)

Euy hyung : J'ai reçu un appareil de massage de la part de [mon] fils pour la fête des parents *(je[-thème] fête-des-parents cadeau-comme fils[-COI] appareil-massage[-COD] recevoir-un-cadeau)*. Et toi Jaesun ?

Jaesun : J'ai reçu un parfum de la part de [ma] fille. Je reçois un parfum à toutes les fêtes des parents *(fête-des-parents-chaque toujours parfum[-COD] recevoir)*.

Euy hyung : J'ai reçu des fleurs de la part de [ma] belle-fille. *(je [-thème] belle-fille[-COI] fleur[-COD] recevoir)*. En vérité, je préfère une carte cadeau *(en-vérité carte-cadeau[-sujet] être-bien)*.

Jaesun : J'ai reçu une carte cadeau de la part de [mon] gendre. *(je[-thème] beau-fils[-COI] carte-cadeau[-COD] recevoir)*

Euy hyung : Ah ! Je t'envie. Et j'ai reçu du thé / une voiture *(et je[-thème] thé/voiture[-COD] recevoir-un-cadeau)*.

Jaesun : Waouh ! Vraiment ? De qui ?

Euy hyung : De la part de [mes] petits-enfants.

Jaesun : [C']est énorme ! Quelle voiture as-tu reçu ?

Euy hyung : Du thé vert.

Jaesun : Ah !… Du thé vert…

어버이날
OBO'INAL

의형 : 저는 어버이날 선물로 아들한테서 안마기를 선물받았어요. 재순 씨는요?
<u>Euy hyung</u> : djo-neun obo'inal sonmoul-lô adeul-hanthéso anma-gi-leul sonmoulbad-ass-oyô. Jaesun ssi-neun-yô

재순 : 저는 딸한테서 향수를 선물받았어요. 어버이날마다 항상 향수를 받았어요.
<u>Jaesun</u> : djo-neun ttal-hanthéso hyangsou-leul sonmoul-bad-ass-oyô. obo'inal-mada hangsang hyangsou-leul sonmoul-bad-ass-oyô

의형 : 저는 며느리에게서 꽃을 받았어요. 실은 상품권이 좋아요.
<u>Euy hyung</u> : djo-neun myoneuli-égéso kkôtch-eul bad-ass-oyô. sileun sangphoum'gwon-i djôh-ayô

재순 : 저는 사위한테서 상품권을 받았어요.
<u>Jaesun</u> : djo-neun sawi-hanthéso sangphoum'gwon-eul bad-ass-oyô

의형 : 아! 부러워요… 그리고 저는 차를 선물받았어요.
<u>Euy hyung</u> : a! boulow-oyô… geuligô djo-neun tcha-leul sonmoul-bad-ass-oyô

재순 : 와! 정말요? 누구한테서요?
<u>Jaesun</u> : wa! djongmal-yô? nougou-hanthéso-yô

의형 : 손주들한테서요.
<u>Euy hyung</u> : sôndjou-deul-hanthéso-yô

재순 : 대단해요! 무슨 차를 받았어요?
<u>Jaesun</u> : dèdanhèyô! mouseun tcha-leul bad-ass-oyô

의형 : 녹차요.
<u>Euy hyung</u> : nôgtcha-yô

재순 : 아!… 녹차요…
<u>Jaesun</u> : a!… nôgtcha-yô

■ COMPRENDRE LE DIALOGUE
FORMULES ET EXPRESSIONS

→ 안마기 **anmagi**, *appareil de massage* : le suffixe 기 **gi** accolé à un nom (안마 **anma**, *massage*) sert à indiquer l'appareil lié au champ lexical. Ex. : 청소 **tchongsô**, *ménage* → 청소기 **tchongsôgi**, *aspirateur* ; 전화 **djonhwa**, *appel* → 전화기 **djonhwagi**, *appareil de téléphone*.

→ 차 **tcha** est un nom polysémique, il a donc plusieurs sens (d'où le quiproquo dans le dialogue). Il signifie *véhicule, voiture, thé, décalage*, etc., ex. : 자동차 **djadôngtcha**, *véhicule à moteur* ; 차 **tcha**, *voiture* ; 차 **tcha**, *thé* ; 녹차 **nôgtcha**, *thé vert* ; 홍차 **hôngtcha**, *thé noir* (litt. « thé rouge »).

→ 실은 **sileun** est un adverbe qui signifie *en fait, en vérité*.

→ 으로 **eulô** / 로 **lô** est une particule spéciale se traduisant par *comme*. Elle vient en suffixe à une consonne (으로) ou une voyelle (로), à l'exception des mots qui se terminent par la consonne ㄹ l, tel que 선물로 **sonmoul-lô**, *comme cadeau*.

NOTE CULTURELLE

En Corée, **5월 ô-wol**, *mai*, surnommé 가정의 달 **gadjong'eui dal**, *mois familial* (litt. « foyer-de mois »), est le mois réservé aux fêtes familiales. Les Coréens célèbrent 어린이날 **olininal**, *la fête des enfants*, le 5 mai ; 어버이날 **obo'inal**, *la fête des parents*, le 8 mai, puis 부부의 날 **boubou'eui nal**, *la fête des époux* (litt. « conjoint-de jour ») le 21 mai. Il n'y a pas de fêtes distinctes pour la fête des mères, des pères, des grands-mères et des grands-pères mais une fête pour les parents (les mères, les pères, les grands-mères et les grands-pères) en même temps.

RÈGLE DE PRONONCIATION

La consonne finale ㅊ **tch**, ㄷ **d** se prononce [ᵀ] (à peine audible), comme dans les mots :

꽃 **kkôtch** [kkô^T]
받다 **bad-da** [ba^T-tta]

Quand elle est suivie d'une consonne muette ㅇ, la liaison s'applique et la consonne finale se prononce et s'entend, par ex. :

꽃을 **kkôtch-eul** [kkô-tcheul]
받았어요 **bad-ass-oyô** [ba-da-sso-yô]

◆ GRAMMAIRE
LA MARQUE DU PLURIEL

들 deul est la marque pluriel des noms, ex. : 손주 sôndjou, *petit-enfant* → 손주들 sôndjou-deul, *petits-enfants* ; 친구 tchin'gou, *ami* → 친구들 tchin'gou-deul, *amis*. Son emploi peut très souvent être omis dans une phrase s'il n'y a pas d'ambiguïté. C'est plutôt naturel de l'omettre, ex. : 꽃을 받았어요 kkôtch-eul bad-ass-oyô (on ne dirait pas 꽃들을 받았어요 kkôtch-deul-eul bad-ass-oyô).

LES MOTS POLYSÉMIQUES

Les mots polysémiques en français tels que « avocat » (fruit ou métier), « café » (boisson ou lieu), « opéra » (lieu ou gâteau), ont plusieurs sens et se comprennent en tenant compte du contexte. C'est le même principe en coréen !

Exemples :
배 bè, *ventre, poire* ou *bateau*
차 tcha, *voiture* ou *thé*
바람 balam, *vent, souhait* ou *infidélité*
눈 noun, *œil* ou *neige*
벌 bol, *guêpe* ou *punition*
다리 dali, *jambe* ou *pont*
병 byong, *bouteille* ou *maladie*
밤 bam, *nuit* ou *marron*
말 mal, *cheval* ou *parole*

LA PARTICULE DE COMPLÉMENT D'OBJET INDIRECT - PROVENANCE

- 에게서 *égéso* **ou** 한테서 *hant^{h}éso*

Les verbes d'action type « recevoir » (quelque chose de la part de quelqu'un), « entendre » (quelque chose de la part de quelqu'un), « recevoir un appel » (de quelqu'un) peuvent avoir un complément d'objet direct (que l'on marque par la P. COD 을 eul/를 leul), et/ou un complément d'objet indirect de provenance que l'on marque par les P. COI 에게서 égéso ou 한테서 hant^{h}éso sans différencier la dernière lettre du complément indirect. Les deux formes peuvent être employées indifféremment, seulement 한테서 hant^{h}éso s'emploie plus souvent à l'oral, ex. :

남편한테서 선물을 받아요 namp^{h}yon-hant^{h}éso sonmoul-eul bad-ass-oyô, *j'ai reçu un cadeau de la part de mon mari, mon mari m'a offert un cadeau* (mari[-COI-provenance] cadeau[-COD] recevoir)

친구에게서 들었어요 tchin'gou-égéso deul-oss-oyô, *je l'ai entendu de la part d'un(e) ami(e), un(e) ami(e) me l'a dit* (ami[-COI-provenance] entendre)

경찰한테서 전화받았어요 gyongtchal-hant^héso djonhwabad-ass-oyô, *j'ai reçu un appel de la police, la police m'a appelé* (police[-COI-provenance] recevoir-appel).

• **Complément d'objet indirect (에게 *ege*) vs complément d'objet indirect de provenance (에게서 *egeso*)**

Le verbe décide l'élément nécessaire à la construction d'une phrase. Par exemple :.
- le verbe 주다 djou-da, *donner*, a besoin de la particule 에게 égé pour signifier *donner à quelqu'un* : 친구에게 선물을 줘요 tchin'gou-égé sonmoul-eul djwoyô, *je donne un cadeau à un(e) ami(e)* (ami[-COI] cadeau[-COD] donner) ;
- le verbe 받다 bad-da, *recevoir*, s'emploie avec la particule 에게서 égéso pour marquer *de (la part de) quelqu'un* : 친구에게서 선물을 받아요 tchin'gou-égéso sonmoul-eul bad-ayô, *je reçois un cadeau de la part d'un ami* (ami[-COI-provenance] cadeau[-COD] recevoir).

L'ADJECTIF 무슨

무슨 mouseun, *quel*, est un adjectif interrogatif qui s'emploie devant un <u>nom</u>. A distinguer du pronom interrogatif 무엇 mou'os, *que*, qui s'emploie devant un <u>verbe</u>, ex. :
무슨 선물을 사요 ? mouseun sonmoul-eul s-ayô, *Quel cadeau achetez-vous ?* (quel cadeau[-COD] acheter)
무엇을 사요 ? mou'os-eul s-ayô, *Qu'achetez-vous ?* (quel[-COD] acheter)

LE VERBE 받다

Nous avons appris dans la leçon précédente que le verbe 하다 ha-da, *faire*, accolé à un mot peut former un verbe d'action actif où le sujet fait l'action, ex. :
선물 sonmoul, *cadeau* → 선물하다 sonmoulha-da, *faire un cadeau*, *offrir un cadeau*
전화 djonhwa, *appel* → 전화하다 djonhwaha-da, *téléphoner*.

Le verbe 받다 bad-da, *recevoir*, s'appuie sur le même principe. Accolé à un nom, il forme un verbe d'action passif où le sujet subit l'action. Si l'on reprend les mots :
선물 sonmoul, *cadeau* → 선물받다 sonmoulbad-da, *recevoir un cadeau*
전화 djonhwa, *appel* → 전화받다 djonhwabad-da, *recevoir un appel*.

▲ CONJUGAISON
LE VERBE IRRÉGULIER

Nous avons déjà appris le verbe irrégulier en b : 부러우 boulo'ou (부럽다 boulob-da, *envier*) + 어요 oyô = 부러워요 boulow-oyô, *je t'envie*.

● VOCABULAIRE

선물 sonmoul *cadeau*
어버이날 obo'inal *fête des parents*
안마기 anmagi *appareil de massage*
선물받다 sonmoulbad-da *recevoir un cadeau*
향수 hyangsou *eau de parfum*
며느리 myoneuli *belle-fille (femme de son fils)*
꽃 kkôtch *fleur*
받다 bad-da *recevoir*
사위 sawi *gendre*
상품권 sangpʰoum'gwon *bon cadeau*
차 tcha *voiture, thé*
누구 nougou *qui*
대단하다 dèdanha-da *être énorme*
무슨 mouseun *quel*
녹차 nôgtcha *thé vert*
자동차 djadôngtcha *véhicule à moteur*
홍차 hôngtcha *thé noir*
청소 tchongsô *ménage*
청소기 tchongsôgi *aspirateur*
5월 ô-wol *mai*
5 ô *cinq*
가정 gadjong *foyer*
가정의 달 gadjong-eui dal *mois familial*
어린이날 olini nal *fête des enfants*
부부 boubou *couple marié, époux*
부부의 날 boubou-eui nal *fête des époux*
배 bè *ventre ; poire ; bateau*
바람 balam *vent ; souhait, rêve ; infidélité*
눈 noun *œil ; neige*

벌 bol *guêpe ; punition, peine*
다리 dali *jambe ; pont*
병 byong *bouteille ; maladie*
밤 bam *nuit ; marron*
말 mal *cheval ; parole*

● EXERCICES

1. ÉCOUTEZ L'ENREGISTREMENT ET TROUVEZ LA BONNE INFORMATION.

a. C'est la fête des enfants.

b. C'est la fête des parents.

c. Les enfants donnent un cadeau aux parents.

2. ÉCOUTEZ L'ENREGISTREMENT ET TROUVEZ LA RÉPONSE ADAPTÉE À LA QUESTION.

a. 선물을 받았어요.

b. 꽃을 받았어요.

c. 딸한테서 받았어요.

3. CHOISISSEZ L'ÉLÉMENT ADAPTÉ POUR CHAQUE ESPACE ET CONJUGUEZ AU STYLE POLI SI C'EST UN VERBE.

에게   에게서   가   선물받다   선물하다

a. Papa offre les fleurs à maman. → 아빠………… 엄마………. 꽃을 줘요.

b. Maman reçoit un cadeau de papa. → 엄마………. 아빠………. 선물을 받아요.

c. J'offre un cadeau. → ....

d. On m'offre un cadeau. → ....

4. TRADUISEZ LES PHRASES EN FRANÇAIS.

a. 누구한테서 들었어요 ? → ....

b. 언제 선물을 받았어요 ? → ....

c. 무슨 선물을 좋아해요 ? → ....

d. 누구에게서 뽀뽀받았어 ? → ....

13. PRÉPARATION DE REPAS
식사 준비
SIGSA DJOUNBI

OBJECTIFS

- DÉSIGNER LA PRÉPARATION D'UN PLAT
- S'EXPRIMER AU PASSÉ

NOTIONS

- LA PARTICULE DE TEMPS 에 *É*
- LE CONNECTEUR 하지만 *HADJIMAN*
- LE CHAMPS LEXICAL DE LA CUISINE
- LE PASSÉ

BON APPÉTIT !

Juhwan *(entrant dans la cuisine)* : Mmmmm… Qu'est-ce que tu as cuisiné aujourd'hui ? *(aujourd'hui quoi cuisiner)*

Dani : Aujourd'hui, j'ai cuisiné toute la journée. Je me suis levée tôt ce matin *(matin[-temps] tôt se-lever)*. J'ai fait un œuf au plat pour le petit-déjeuner *(petit-déjeuner[-temps] œuf-au-plat[-COD] cuisiner)*. Je l'ai mangé avec du lait *(lait-avec ensemble manger)*. À midi, j'ai préparé du Kimchijjigae *(midi[-temps] kimchijjigae[-COD] cuisiner)*. C'était un peu pimenté mais c'était délicieux *(un-peu être-pimenté. mais être-délicieux)*. Pour le soir, j'ai préparé du Bulgogi *(soir[-temps] Bulgogi[-COD] cuisiner)*.

Juhwan : Ah ! C'est pour ça que tu m'as invité ? *(c'est-pour-ça moi [-COD] inviter)* Merci !

Dani : Oui, tiens ! Voici une cuillère et des baguettes *(ici cuillère-et baguette)*. Est-ce que c'est bon ? *(être-délicieux)*

Juhwan : Beurk ! C'est trop salé. Tu y as mis trop de sel *(en-fait trop être-salé. sel[-sujet] trop beaucoup contenir)*.

잘 먹겠습니다!
DJAL MOGGÉSSSEUBNIDA

주환 : 음... 오늘 뭐 요리했어 ?
Juhwan : eum… ôneul mwo yôlihèsso

다니 : 오늘 하루 종일 요리했어. 아침에 일찍 일어났어. 아침에 계란 프라이를 했어. 우유와 함께 먹었어. 점심에 김치찌개를 끓였어. 조금 매웠어. 하지만 맛있었어. 저녁에 불고기를 만들었어.
Dani : ôneul halou djông'il yôlihèsso. atchim-é iltsig ilon-ass-o. atchim-é gyélan p^{h}eula'i-leul hèsso. ouyou-wa hamkké mog-oss-o. djomsim-é gimtchitsigè-leul kkeulhy-oss-o. djôgeum mèw-oss-o. hadjiman masiss-oss-o. djonyog-é boulgôgi-leul mandeul-oss-o

주환 : 아 ! 그래서 날 초대했어 ? 고마워.
Juhwan : a ! geulèso na-l tchôdèhèsso ? gômawo

다니 : 응, 자 ! 여기 숟가락하고 젓가락. 맛있어 ?
Dani : eung, dja ! yogi soudgalag-hagô djosgalag. masiss-o

주환 : 왝 ! 그런데 너무 짜. 소금이 너무 많이 들어갔어.
Juhwan : wèg ! geulondé nomou tsa. sôgeum-i nomou manhi deulog-ass-o

COMPRENDRE LE DIALOGUE
FORMULES ET EXPRESSIONS

→ Il y a deux façons de dire « bon appétit » en coréen (selon le locuteur) :
  1. 맛있게 드세요 **masissgé deuséyô**, litt. « mangez savoureusement », s'emploie par la personne qui a préparé le repas en souhaitant bon appétit à la personne qui goûte.
  2. 잘 먹겠습니다 **djal moggéssseubnida**, litt. « je vais bien manger », s'emploie par la personne qui goûte le plat.

→ Pour désigner la préparation d'un plat, on peut utiliser les verbes 하다 **ha-da** ou 만들다 **mandeul-da** avec le nom du plat :
  (nom de plat) 을 **eul**/를 **leul** 하다 **ha-da** ou 만들다 **mandeul-da**, *cuisiner* (plat).
  Ainsi, 불고기를 하다 **boulgôgi-leul ha-da** ou 불고기를 만들다 **boulgôgi-leul mandeul-da**, *cuisiner le bulgogi*.

→ Pour dire *œuf*, il y a deux possibilités :
  1. Version sino-coréenne : 계란 **gyélan** (les mots sino-coréen viennent des mots dont l'écriture est chinoise mais la prononciation coréenne) ;
  2. Version coréenne : 달걀 **dalgyal** qui signifie *l'œuf de poule*.

→ 프라이 [pʰeula'i] est un mot anglais coréanisé, ***fry*** *(frire)*. Sachant qu'en coréen, il n'y a pas d'équivalence aux consonnes « f, v, z », on les transcrit par « ㅍ [pʰ], ㅂ [b], ㅈ [dj] ».

→ 하고 **hagô**, *et*, s'accole à un nom sans différencier selon la dernière lettre, comme dans 숟가락하고 젓가락 **soudgalag-hagô djosgalag**, *cuillère et baguettes*.

NOTE CULTURELLE

Le plat coréen se dit 한식 **hansig** [han-chiᵏ]. Traditionnellement, les Coréens mangent un repas complet le matin :

- 밥 **bab**, *riz*
- 국 **goug**, *soupe*
- 반찬 **bantchan**, *accompagnement*.

De plus en plus de Coréens mangent le petit-déjeuner à l'occidentale avec 빵 **ppang**, *pain* ; 계란 **gyélan**, *œuf* ; 커피 **kʰopʰi**, *café* ; 우유 **ouyou**, *lait*, etc.

Les plats coréens sont souvent très pimentés notamment le fameux 김치 **gimtchi** *kimchi* (chou chinois fermenté et pimenté) servi en accompagnement ou en ingrédient principale de certains plats, comme 김치찌개 **gimtchitsigè**, *ragoût de kimchi*. Aïe, aïe, attention à votre estomac si vous n'y êtes pas habitué(e) et préférez-lui un bon *barbecue coréen*, **bulgogi** dont la réputation n'est plus à faire !

RÈGLE DE PRONONCIATION

Comme vu dans le module 4 sur les centres d'intérêt, la consonne finale ㅎ h de première syllabe ne se prononce pas, ex. :
 끓이다 kkeulhi-da, *cuire*, se prononce **[kkeu-Ri-da]**
 많이 manhi, *beaucoup*, se prononce **[ma-ni]**.

La consonne composée ㄻ lm qui s'emploie en consonne finale ne se prononce que [m], ex. : 삶다 salm-da [sam-tta], *bouillir*.

La consonne finale ㄷ d et ㅅ s se prononce [T], et la consonne finale ㄱ g se prononce [k] : ainsi 숟가락 soudgalag se prononce [souT-kka-lak] et 젓가락 djosgalag se prononce [djoT-kka-lak].

Vous constaterez le passage du durcissement de g en kk : 숟가락 soudgalag → [souT-kka-lak] ; 젓가락 djosgalag → [djoT-kka-lak].

숟가락하고 젓가락 soudgalag-hagô djosgalag se prononce finalement : [souT-kka-la-kha-gô-djoT-kka-lak], aspiration entre ㄱ g et ㅎ h en [kT].

◆ GRAMMAIRE
LE CHAMP LEXICAL DE LA CUISINE

Voici une liste des verbes et ingrédients les plus utilisés dans la cuisine coréenne :

튀기다 thwigi-da, *(faire) frire* → 감자를 튀기다 gamdja-leul thwigi-da, *frire les pommes de terre*

굽다 goub-da, *griller* → 생선을 굽다 sèngson-eul goub-da, *griller le poisson*

찌다 tsi-da, *faire cuire à la vapeur* → 만두를 찌다 mandou-leul tsi-da, *cuire à la vapeur les raviolis*

부치다 boutchi-da, *cuire à la poêle* → 부침개를 부치다 boutchimgè-leul boutchi-da, *cuire à la poêle les galettes*

볶다 bôkk-da, *(faire) sauter* → 야채를 볶다 yatchè-leul bôkk-da, *(faire) sauter des légumes*

삶다 salm-da, *bouillir* → 계란을 삶다 gyélan-eul salm-da, *bouillir un œuf dur*

끓이다 kkeulhi-da, *cuire (les nouilles, bouillons, soupe)* → 라면을 끓이다 lamyon-eul kkeulhi-da, *cuire les nouilles instantanées.*

LA PARTICULE DE TEMPS 에

- **Quand ?**

Le complément de temps est un élément (un mot ou plusieurs mots) qui sert à répondre à la question « quand ? » et qui précise le moment du verbe (état ou action), ex. : je pars ce soir, il fait chaud en été, je vais en Corée l'année prochaine. Ce complément de temps est marqué par la particule de temps 에 **é** sans différence selon la dernière lettre du complément, ex. :

아침에 일찍 일어났어요 **atchim-é iltsig ilon-ass-oyô**, *je me suis levé tôt ce matin*
저녁에 불고기를 만들었어요 **djonyog-é boulgogi-leul mandeul-oss-oyô**, *j'ai cuisiné un bulgogi ce soir*
여름에 더워요 **yoleum-é dow-oyô**, *il fait chaud en été*.

Ici, les compléments de temps 아침 **atchim**, *matin* ; 저녁 **djonyog**, *soir*, et 여름 **yoleum**, *été*, sont marqués par la particule de temps 에 **é**. Ils peuvent signifier le repas : *petit-déjeuner, déjeuner, dîner*.

- **Particule de temps (에 e) vs particule de lieu (에 e)**

Les deux particules ont la même forme mais il n'est pas difficile de les distinguer :
- la particule de temps sert à identifier le complément de temps qui permet de répondre à la question « quand ? » ;
- la particule de lieu sert à identifier le complément de lieu (destination, lieu de présence) pour répondre à la question « où ? ».

한국에 가요 **han'goug-é g-ayô**, *je vais en Corée*
여름에 가요 **yoleum-é g-ayô**, *j'y vais en été*
여름에 한국에 가요 **yoleum-é han'goug-é g-ayô**, *je vais en Corée en été*.

Même si la particule est identique, on peut reconnaître sa nature en se demandant :
« Quand ? » → *en été* (**여름에 yoleum-é**) alors avec la particule de temps ;
« Où ? » → *en Corée* (**한국에 han'goug-é**) alors avec la particule de lieu.

- **Les mots dispensés de particule de temps (에 e)**

Certains mots sont dispensés de la particule de temps, comme 어제 **odjé**, *hier* ; 오늘 **ôneul**, *aujourd'hui* ; 내일 **nèil**, *demain* ; et 지금 **djigeum**, *maintenant*.

LE CONNECTEUR 하지만

Un connecteur sert à établir la relation entre les propositions : opposition, addition, cause, etc. Le connecteur **하지만 hadjiman**, *mais*, sert à introduire l'opposition. Attention à son emploi dans la phrase, il se positionne devant la deuxième phrase, ex. :

비싸다 bissa-da, *être cher*, 좋다 djôh-da, *être bien*

비싸요. 하지만 좋아요 biss-ayô. hadjiman djôh-ayô, *c'est cher, mais c'est bien.*

▲ CONJUGAISON
LE VERBE AU PASSÉ

Nous avons appris comment former un verbe au passé, il faut à présent choisir la marque du passé : **었 oss** ou **았 ass**. Le choix se fait selon la dernière voyelle du radical (revoir le module 11 au besoin), auquel est accolé la marque de style : **습니다 seubni-da**, **어요 oyô** ou **어 o**.

	Style ultra-formel 습니다 seubnida	Style poli 어요 oyô	Style familier 어 o
받다, *recevoir* bad-da	받았습니다 bad-ass-seubnida	받았어요 bad-ass-oyô	받았어 bad-ass-o
맛있다, *être délicieux* masiss-da	맛있었습니다 masiss-oss-seubnida	맛있었어요 masiss-oss-oyô	맛있었어 masiss-oss-o
만들다, *cuisiner* mandeul-da	만들었습니다 mandeul-oss-seubnida	만들었어요 mandeul-oss-oyô	만들었어 mandeul-oss-o

LA FORME CONTRACTÉE AU PASSÉ

Des contractions s'appliquent pour certains verbes une fois tous les éléments accolés, ex. :

끓이 kkeulhi (끓이다 kkeulhi-da, *bouillir*) + 었 oss + 어요 oyô = 끓였어요 kkeul-hyossoyô (ㅣ i et ㅓ o se sont contractés par ㅕ yo)

일어나 ilona (일어나다 ilona-da, *se lever*) + 았 ass + 습니다 seubnida = 일어났습니다 ilon-ass-seubnida (ㅏ a contracté).

	Style ultra-formel 습니다 seubnida	Style poli 어요 oyô	Style familier 어 o
끓이다, *bouillir* kkeulhi-da	끓였습니다 kkeulhyoss-seubnida	끓였어요 kkeulhyoss-oyô	끓였어 kkeulhyoss-o
일어나다, *se lever* ilona-da	일어났습니다 ilon-ass-seubnida	일어났어요 ilon-ass-oyô	일어났어 ilon-ass-o
들어가다, *contenir* deuloga-da	들어갔습니다 deulog-ass-seubnida	들어갔어요 deulog-ass-oyô	들어갔어 deulog-ass-o
짜다, *être salé* tsa-da	짰습니다 ts-ass-seubnida	짰어요 ts-ass-oyô	짰어 ts-ass-o

LE VERBE SE TERMINANT PAR 하다 AU PASSÉ

Les verbes se terminant par 하다 ha-da, *faire*, se conjuguent d'une manière irrégulière au passé quelque soit le style. En effet, quand un élément suit une consonne o dont le radical se termine par 하 ha, ce dernier se transforme en 해 hè, ex. : 어요 oyô/아요 ayô, terminaison de style poli, 어 o/아 a, terminaison de style familier, 었 oss/았 ass, marque du passé, etc.

하 ha (하다 ha-da, *faire*) + 았 ass + 습니다 seubnida = 했습니다 hèss-seubnida.

Ainsi, 하다 ha-da se conjugue de façon irrégulière au passé par 했습니다 hèss-seubnida au style ultra-formel, 했어요 hèssoyô au style poli et 했어 hèsso au style familier.

	Style ultra-formel 습니다 seubnida	Style poli 어요 oyô	Style familier 어 o
좋아하다, *aimer* djôhaha-da	좋아했습니다 djôhahèssseubnida	좋아했어요 djôhahèssoyô	좋아했어 djôhahèsso
초대하다, *inviter* tchôdèha-da	초대했습니다 tchôdèhèssseubnida	초대했어요 tchôdèhèssoyô	초대했어 tchôdèhèsso
전화하다, *téléphoner* djonhwaha-da	전화했습니다 djonhwahèssseubnida	전화했어요 djonhwahèssoyô	전화했어 djonhwahèsso
미안하다, *être désolé* mianha-da	미안했습니다 mianhèssseubnida	미안했어요 mianhèssoyô	미안했어 mianhèsso

LES VERBES SE TERMINANT PAR ㅂ

Les verbes dont le radical se terminant par ㅂ b se conjuguent d'une manière irrégulière au passé quelque soit le style. Le ㅂ b du radical verbal se transforme en 우 ou lorsqu'il est en contact avec la consonne ㅇ.

Ex. : 매우 (맵다 mèb-da, être pimenté) + 었 oss + 습니다 seubnida = 매웠습니다 mèwossseubnida (우 ou et 어 o se constracte par 워 wo).

	Style ultra-formel 습니다 seubnida	Style poli 어요 oyô	Style familier 어 o
고맙다, être désolé gômab-da	고마웠습니다 gômawossseubnida	고마웠어요 gômawossoyô	고마웠어 gômawosso
춥다, avoir froid tchoub-da	추웠습니다 tchou'wossseubnida	추웠어요 tchou'wossoyô	추웠어 tchou'wosso
덥다, avoir chaud dob-da	더웠습니다 dowossseubnida	더웠어요 dowossoyô	더웠어 dowosso
맵다, être pimenté mèb-da	매웠습니다 mèwossseubnida	매웠어요 mèwossoyô	매웠어 mèwosso

◆ EXERCICES

1. ÉCOUTEZ L'ENREGISTREMENT ET CHOISISSEZ LA BONNE RÉPONSE.

a. 요리했어요.

b. 김치가 매워요.

c. 빵을 먹었어요.

2. ÉCOUTEZ L'ENREGISTREMENT ET TROUVEZ LA BONNE TRADUCTION.

a. Je suis allé à la banque à midi.

b. J'ai pris mon déjeuner à la maison.

c. J'ai invité mes amis de l'école.

3. RELIEZ LA SUITE DE PHRASE LOGIQUE.

a. 학교에 가요. •   • 1. 하지만 맛있어요.

b. 짜요. •   • 2. 하지만 열쇠가 없어요.

c. 차가 있어요. •   • 3. 하지만 선생님이 없어요.

d. 비가 와요. •   • 4. 하지만 우산이 없어요.

4. METTEZ LA PHRASE AU PASSÉ EN GARDANT LE MÊME STYLE ET TRADUISEZ.

a. 누구를 초대합니까 ? → ....

b. 김치가 매워요 ? → ....

c. 언제 한국에 가 ? → ....

d. 커피가 맛있어요. → ....

VOCABULAIRE

식사 sigsa *repas*
준비 djounbi *préparation*
하루 종일 halou jông'il *toute la journée*
요리 yôli *cuisine*
요리하다 yôliha-da / 만들다 mandeul-da *cuisiner*
아침 atchim *matin*
일찍 iltsig *tôt*
일어나다 ilona-da *se lever*
계란 gyélan / 달걀 dalgyal *œuf*
우유 ouyou *lait*
함께 hamkké *ensemble*
점심 djomsim *midi*
끓이다 kkeulhi-da *cuire* (les nouilles, soupe...)
조금 djôgeum *un peu*
맵다 mèb-da *être pimenté*
하지만 hadjiman *mais*
맛있다 masiss-da *être délicieux*
저녁 djonyog *soir*
초대 tchôdè *invitation*
초대하다 tchôdèha-da *inviter*
너무 nomou *trop*
짜다 tsa-da *être salé*
소금 sôgeum *sel*
많이 manhi *beaucoup*
들어가다 deuloga-da *contenir*
튀기다 t^{h}wigi-da *frire*
감자 gamdja *pomme de terre*
굽다 goub-da *griller*
생선 sèngson *poisson* (aliment)
찌다 tsi-da *cuire à la vapeur*
부치다 boutchi-da *cuire dans une poêle*
부침개 boutchimgè *galette*
야채 yatchè *légume*
볶다 bôkk-da *sauter*
삶다 salm-da *cuire*

한식 hansig *plat coréen*
밥 bab *riz*
국 goug *soupe, ragoût, bouillon*
반찬 bantchan *accompagnement* (aliment)
빵 ppang *pain*
커피 k^{h}op^{h}i *café* (boisson)
지금 djigeum *maintenant*
비싸다 bissa-da *être cher*
숟가락 soudgalag *cuillère*
젓가락 djosgalag *baguettes* (couvert)
하고 hagô *et*

14.
UNE JOURNÉE
하루 일과
HALOU ILGWA

OBJECTIFS

- DIRE L'HEURE
- RACONTER UNE JOURNÉE

NOTIONS

- LE CHAMP LEXICAL DU TRAVAIL
- LES SYSTÈMES DE CHIFFRES CORÉEN ET SINO-CORÉEN
- L'EXPRESSION DE L'HEURE ET DU TEMPS

LA JOURNÉE DE HANEUL

La semaine, Haneul se lève généralement à 7 h *(...matin 7-heure [-temps] se-lever)*.

Elle se prépare pour aller au travail *(présence-au-travail préparation[-COD] faire)*.

Elle prend le métro à 8 h 15.

Elle travaille à son bureau de 9 h à 12 h *(9-heure-de 12-heure-jusqu'à bureau[-lieu] affaire[-COD] traiter)*.

Elle déjeune à la cantine avec ses collègues de 12 h à 13 h *(12-heure-de après-midi 1-heure-jusqu'à cantine[-lieu] collègue[-pluriel]-avec prendre-un-repas)*.

Elle quitte son bureau à 18 h *(6-heure[-temps] quitter-le-bureau)*.

Elle prend le repas du soir avec sa famille vers 18 h 30 *(soir 6-heure demi environ[-temps] famille-avec dîner)*.

Après le repas du soir, elle va sur Internet *(soir repas après...)*.

Généralement, elle se couche vers 23 h *(généralement nuit 11-heure environs [-temps]...)*.

Elle a beaucoup sommeil *(beaucoup avoir-sommeil)*.

Du lundi au vendredi, le quotidien est toujours pareil *(lundi-de vendredi-jusqu'à quotidien[-sujet] toujours être-pareil)*.

Le week-end, Haneul fait du sport *(week-end[-temp] haneul [-thème] faire-du-sport)*.

하늘 씨의 하루
HANEUL SSI-EUI HALOU

하늘 씨는 주중에 보통 오전 7시에 일어납니다.
Haneul ssi-neun djoudjoung-é bôt^{h}ong ôdjon ilgôb-si-é ilona-bnida

출근 준비를 합니다.
tchoulgeun djounbi-leul ha-bnida

8시 15분에 지하철을 탑니다.
yodolb-si sibô-boun-é djihatchol-eul t^{h}a-bnida

9시부터 12시까지 사무실에서 업무를 처리합니다.
ahôb-si-bout^{h}o yoldou-si-kkadji samousil-éso obmou-leul tcholiha-bnida

12시부터 오후 1시까지 구내식당에서 동료들과 식사합니다.
yoldou-si-bout^{h}o ôhou han-si-kkadji gounèsigdang-éso dônglyô-deul-gwa sigsaha-bnida

오후 6시에 퇴근합니다.
ôhou yosos-si-é t^{h}wégeunha-bnida

저녁 6시 반 정도에 가족들과 저녁 식사를 합니다.
djonyog yosos-si ban djongdô-é gadjôg-deul-gwa djonyog sig-sa-leul ha-bnida

저녁 식사 후 인터넷을 합니다.
djonyog sigsa hou int^{h}onés-eul ha-bnida

보통 밤 11시 정도에 잠을 잡니다.
bôtông bam yolhan-si djongdô-é djam-eul dja-bnida

많이 졸립니다.
manhi djôlli-bnida

월요일부터 금요일까지 일상이 항상 똑같습니다.
wolyôil-bout^{h}o geumyôil-kkadji ilsang-i ttôggat^h-seubnida

주말에 하늘 씨는 운동을 합니다.
djoumal-é haneul ssi-neun oundông-eul ha-bnida

■ COMPRENDRE LE DIALOGUE
FORMULES ET EXPRESSIONS

→ En coréen, certains mots spécifiques désignent les trajets pour se rendre et revenir du travail :

• Le nom 출근 **tchoulgeun** signifie littéralement « fait/action de se rendre à son travail ». Sa forme verbale est 출근하다 **tchoulgeunha-da**, *aller/se rendre au travail, aller travailler*. 출근 준비를 하다 **tchoulgeun djounbi-leul ha-da** peut se traduire par *se préparer à aller au travail*.

• Le nom 퇴근 **twégeun** signifie littéralement « sortie du travail » ; sa forme verbale est 퇴근하다 **t^{h}wégeunha-da**, *quitter son travail, rentrer du travail*.

→ Pour dire *manger*, plusieurs termes sont utilisés :

• 밥 **bab**, *riz, repas*, ex. : 밥을 먹다 **bab-eul mog-da**, *manger* ;
• 식사 **sigsa**, *repas* (plus formel), ex. : 식사하다 **sigsaha-da**, *prendre un repas*. Les trois repas sont : 아침 식사를 하다 **atchim sigsa-leul ha-da**, *prendre le petit-déjeuner* ; 점심 식사를 하다 **djomsim sigsa-leul ha-da**, *prendre le déjeuner* ; 저녁 식사를 하다 **djonyog sigsa-leul ha-da**, *prendre le dîner*.

NOTE CULTURELLE

Comme le précise le dialogue, on dîne tôt en Corée, vers 18 heures. C'est pour cette raison que 야식 **yasig**, *la collation du soir*, vers 22 heures, est très répandue : 치킨 **tchik^{h}in**, *poulet frit* ; 피자 **p^{h}idja**, *pizza* ; 햄버거 **hèmbogo**, *hamburger* ; 족발 **djôgbal**, *pieds de porc fumés* ; 떡볶이 **ttogbôkki**, *gâteau de riz avec la sauce pimentée*, 라면 **lamyon**, *nouilles instantanées*… Tous ces plats peuvent être livrés par simple commande via une application téléphonique.

RÈGLE DE PRONONCIATION

Il y a un effet d'assimilation lorsque les consonnes nasales (ㅁ m, ㄴ n, ㄹ l, ㅇ ng) se suivent, ex. : 업무 o**b**mou, *travail*, se prononce [o**m**-mou] : ㅂ b suivie par ㅁ m se prononce par [m] :

동료 dông**l**yô, *collègue*, se prononce [dông-**n**yô] : ㅇ ng suivie par ㄹ l s'articule en [n].

◆ GRAMMAIRE
LE CHAMP LEXICAL DE L'ENTREPRISE

La journée d'Haneul permet de découvrir certains mots courants du domaine du travail et plus spécifiquement de l'entreprise :

업무 **obmou**, *affaire*, *travail*
업무를 처리하다 **obmou-leul tcholiha-da**, *exercer un travail*, *accomplir sa tâche*, *travailler*
사무실 **samousil**, *bureau* (lieu de travail)
구내식당 **gounèsigdang**, *cantine* (d'entreprise, école, université, hôpital)
식당 **sigdang**, *restaurant*
동료 **dônglyô**, *collègue*, *confrère*

LE SYSTÈME DES NOMBRES

Deux séries de comptage coexistent : comptage coréen et le comptage sino-coréen. Chaque série sert à exprimer différents types de chiffres :
- le comptage coréen donne les heures, indique l'âge, dénombre les objets, personnes, animaux, etc., avec un classificateur adapté ;
- le comptage sino-coréen renseigne les minutes, les secondes, la date, le prix, etc.
Important : il faut savoir compter en coréen et en sino-coréen pour dire l'heure car elle se compose des heures, exprimées par comptage coréen et des minutes, exprimées par comptage sino-coréen.

- **Comptage coréen**

1	하나/한	[haha/han]	11	열하나/열한	[yolhana/yolhan]
2	둘/두	[doul/dou]	12	열둘/열두	[yoldoul/yoldou]
3	셋/세	[sé^T]	13	열셋/열세	[yolsé^T/yolsé]
4	넷/네	[né^T]	14	열넷/열네	[yolné^T/yolné]
5	다섯	[daso^T]	15	열다섯	[yoldaso^T]
6	여섯	[yoso^T]	16	열여섯	[yolyoso^T]
7	일곱	[ilgô^P]	17	열일곱	[yolilgô^P]
8	여덟	[yodol]	18	열여덟	[yolodol]
9	아홉	[ahô^P]	19	열아홉	[yolahô^P]
10	열	[yol]	20	스물/스무	[seumoul/seumou]

21	스물 하나/한	[seumoul hana/han]	60	예순	[yésoun]
22	스물 둘/두	[seumoul doul/dou]	70	일흔	[ilheun]
30	서른	[so-Reun]	80	여든	[yodeun]
40	마흔	[maheun]	90	아흔	[aheun]
50	쉰	[chwin]			

Pour certains chiffres, il y a deux formes distinctes, ex. : 1, 2, 3, 4, 20, adoptent la deuxième forme quand ils sont suivis d'un classificateur ex. : 1(한) 시 **han si**, *une heure*.

Ici, on fait suivre un nom/classificateur 시 **si**, *heure*, après le chiffre. Il faut donc lire 한 시 **han si** (non 하나 시 **haha si**).

Autre exemple, pour dire 21 les deux formes sont : 스물 하나/한 **seumoul hana/han**. Pour compter, on va utiliser la première forme : 스물 하나 **seumoul hana**. Quand on y ajoute un classificateur, comme l'âge (살 **sal**), la deuxième forme est : 스물 한 살 **seumoul han sal**, *21 ans*.

- **Comptage sino-coréen**

1	일	[il]	11	십일	[chipil]
2	이	[i]	12	십이	[chi-pi]
3	삼	[sam]	13	십삼	[chip-ssam]
4	사	[sa]	14	십사	[chip-ssa]
5	오	[ô]	15	십오	[chi-bô]
6	육	[youk]	16	십육	[chim-nyouk]
7	칠	[tchil]	17	십칠	[chip-tchil]
8	팔	[phal]	18	십팔	[chip-phal]
9	구	[gou]	19	십구	[chip-kkou]
10	십	[chip]	20	이십	[i-chip]

21	이십일	[ichipil]	40	사십	[sachip]
22	이십이	[ichipi]	50	오십	[ôchip]
30	삼십	[samchip]			

DIRE L'HEURE

Rappel : il faut savoir compter en coréen et en sino-coréen pour dire l'heure car elle se compose des *heures* (시 **si**) exprimées par comptage coréen et des *minutes* (분 **boun**), exprimées par comptage sino-coréen. Par exemple :

2 h 15 → **2시 15분** [dou-chi chibô-boun]
3 h 30 → **3시 30분** [sé-chi samsip-boun] ou **3시 반** [sé-chi ban]
4 h 50 → **4시 50분** [né-si ôchip-boun].

Les heures s'expriment par cycle de 12 heures avec le complément 오전 ôdjon, *matin(ée)*, ou 오후 ôhou, *après-midi*, si nécessaire.

오후 1시 ôhou han si, *13 h* (après-midi 1 heure)
오후 4시 ôhou né si, *16 h* (après-midi 4 heures).

Pour exprimer l'heure, la phrase se structure ainsi : moment de la journée - heure – particule de temps - verbe, ex. :

오후 6시에 퇴근합니다 ôhou yosos-si-é t^{h}wégeunha-bnida, *je quitte le bureau à 18 h* (après-midi 6-heure-P. temps).

L'EXPRESSION DU TEMPS

Voici une liste pour préciser le moment de la journée :
새벽 sèbyog, *aube*
아침 atchim, *matin*
점심 djomsim, *midi*
저녁 djonyog, *soir*
밤 bam, *nuit*
반 ban, *et demie*, etc.

En contexte :
새벽 2시 sèbyog dou-si, *deux heures du matin* (litt. « aube 2 heures »)
6시 반 yosos-si ban, *6 heures et demie.*

D'autres expressions sont associées au temps :
부터 bout^{h}o, *à partir, de* → 1시부터 han-si-bout^{h}o, *à partir d'une heure*
까지 kkadji, *jusqu'à, à* → 2시까지 dou-si-kkadji, *jusqu'à deux heures*
보통 bôt^{h}ông, *normalement, généralement* (adverbe qui précède des chiffres et des verbes) → 보통 7시에 일어나요 bôt^{h}ông ilgôb-si-é ilon-ayô, *je me lève généralement à 7 heures* ; 보통 자요 bôt^{h}ông dj-ayô, *normalement, je dors.*
정도 djongdô, *vers* → 4시 정도 né-si djongdô, *vers 4 heures.*

Attention, il ne faut pas oublier d'accompagner la particule de temps 에 é après l'heure, comme dans la phrase : 오후 6시에 퇴근합니다 ôhou yosos-si-é t^{h}wégeunha-bnida, *je quitte le bureau à 18 h* (après-midi 6-heure-P. temps).

◆ EXERCICES

1. ÉCOUTEZ L'ENREGISTREMENT ET CHOISISSEZ LA BONNE TRADUCTION.

a. Il est 16 heures.

b. Il est 3 heures du matin.

c. Il est 15 heures.

2. ÉCOUTEZ L'ENREGISTREMENT ET TROUVEZ LA BONNE TRADUCTION.

a. Papa est rentré du travail très tard.

b. Papa est allé au travail ce matin.

c. Généralement, papa va son bureau.

3. RELIEZ LA BONNE LECTURE DE L'HEURE.

a. 15 h 45   •   • 1. 여섯 시 정도

b. environ 18 h •   • 2. 두 시 반

c. 2 h 30   •   • 3. 세 시 사십오 분

d. 22 h 30   •   • 4. 열 시 삼십 분

4. TRADUISEZ LES PHRASES CORÉENNES EN FRANÇAIS.

a. 오전 아홉 시에 일어났어요. → ....

b. 점심에 식당에서 친구를 만났어요. → ....

c. 저녁 여섯 시에 회사에서 퇴근했어요. → ....

d. 삼십 분 후에 지하철을 타요. → ....

VOCABULAIRE

하루 halou *journée, jour*
보통 bôtʰông *normalement, généralement*
오전 ôdjon *matinée*
시 si *heure*
일어나다 ilona-da *se lever*
분 boun *minute*
지하철 djihatchol *métro*
타다 tʰa-da *prendre (voiture, métro, vélo…)*
부터 boutʰo *à partir de, de*
까지 kkadji *jusqu'à, à*
구내식당 gounèsigdang *cantine*
식사하다 sigsaha-da *prendre un repas*
오후 ôhou *après-midi*
퇴근하다 tʰwégeunha-da *quitter le bureau/travail*
정도 djongdô *environ*
후 hou *après*
인터넷 intʰonés *internet*
인터넷(을) 하다 intʰonés(eul) ha-da *aller sur internet*
밤 bam *nuit*
잠 djam *sommeil, somme*
잠을 자다 djam-eul dja-da *dormir*
졸리다 djôlli-da *avoir sommeil*
출근 tchoulgeun *fait/action de se rendre à son travail*

출근하다 tchoulgeunha-da *aller/se rendre au travail*
업무 obmou *affaire, travail*
업무를 처리하다 obmou-leul tcholiha-da *accomplir un travail*
사무실 samousil *bureau (lieu de travail)*
식당 sigdang *restaurant*
밥을 먹다 bab-eul mog-da *manger*
아침 식사를 하다 atchim sigsa-leul ha-da *prendre le petit-déjeuner*
점심 식사를 하다 djomsim sigsa-leul ha-da *prendre le déjeuner*
저녁 식사를 하다 djonyog sigsa-leul ha-da *prendre le dîner*
야식 yasig *collation du soir*
치킨 tchikʰin *poulet frit*
피자 pʰidja *pizza*
햄버거 hèmbogo *hamburger*
족발 djôgbal *pieds de porc fumés*
떡볶이 ttogbôkki *gâteau de riz avec la sauce pimentée*
라면 lamyon *nouilles instantanées*

III
EN
VILLE

15. LES MOYENS DE TRANSPORT
교통편
GYÔTʰÔNGPʰYON

OBJECTIFS	NOTIONS

OBJECTIFS
- DEMANDER L'HEURE
- EMPLOYER L'IMPÉRATIF
- S'ORIENTER
- DIRE AU REVOIR

NOTIONS
- LES MOYENS DE LOCOMOTION
- LA MARQUE DE POLITESSE 요 YÔ
- LES PHRASES EXCLAMATIVES ET NÉGATIVES
- LES VERBES IRRÉGULIERS

TAXI !

1. *(Dani est une grande fan de K-pop. Aujourd'hui, c'est le jour du concert de son groupe préféré. Elle est impatiente de le rencontrer mais sera-t-elle à l'heure ?)*

<u>Dani</u> : Papa, quelle heure est-il maintenant ?

<u>Papa</u> : Il est 17 h. Pourquoi ?

<u>Dani</u> : Mon dieu ! Je suis en retard ! Je suis en retard !

<u>Papa</u> : Tu es très en retard ? Alors, prends un taxi, vite !

2. *(Dans le taxi orange)*

<u>Le chauffeur de taxi</u> : Bonjour ! Attachez votre ceinture de sécurité [s'il vous plaît].

<u>Dani</u> : Monsieur, à *(vers)* la salle de concert Gangnam, s'il vous plaît. Rapidement, s'il vous plaît !

<u>Le chauffeur de taxi</u> : Voici, nous sommes arrivés. Allez par là-bas !

<u>Dani</u> : Oui, merci. Au revoir.

<u>Le chauffeur de taxi</u> : Un instant, s'il vous plaît ! Prenez vos gants blancs et votre bonnet vert !

3. *(Dani est soulagée de ne pas être en retard. Et quand elle voit l'arrivée de ses stars, elle s'extasie.)*

<u>Dani</u> : Enfin ! La chance ! Je ne suis pas en retard pour le concert de mes stars préférées. Ce sont mes chéris ! Ooooh ! Oppa ! Je t'aiiime !

택시 !
TʰÈGSI

▶ 17

1.
다니 : 아빠, 지금 몇 시야 ?
Dani : appa djigeum myotch si-ya

아빠 : 오후 5시야. 왜 ?
Appa : ôhou dasos-si-ya. wè

다니 : 아악 ! 늦었다 ! 늦었어 !
Dani : aag ! neudj-oss-da ! neudj-oss-o

아빠 : 많이 늦었어 ? 그럼 택시를 타 !
Appa : manhi neudj-oss-o ? geulom tʰègsi-leul tʰ-a

2.
택시 기사 : 어서 오십시오. 안전벨트를 매세요.
tʰègsi gisa : oso ô-sibsiô. andjonbeltʰeu-leul mèséyô

다니 : 아저씨, 강남 콘서트장으로요. 빨리요 !
Dani : adjossi, gangnam kʰônsotʰeudjang-eulô-yô. ppalli-yô

택시 기사 : 자, 도착했습니다. 저쪽으로 가세요.
tʰègsi gisa : dja, dôtchaghèss-seubnida. djotsôg-eulô ga-séyô

다니 : 네, 감사합니다. 안녕히 가세요.
Dani : né, gamsaha-bnida. annyonghi ga-séyô

택시 기사 : 잠깐만요 ! 흰색 장갑과 초록색 모자를 가져가세요 !
tʰègsi gisa : djamkkanman-yô ! heuinsèg djanggab-gwa tchôlôgsèg môdja-leul gadjyoga-séyô

3.
다니 : 휴, 다행이다 ! 우리 오빠들 콘서트에 안 늦었어. 오빠들이다 ! 꺄악 ! 오빠, 사랑해요 !
Dani : hyou, dahèng-i-da ! ouli ôppa-deul kʰônsotʰeu-é an neudj-oss-o. ôppa-deul-ida ! kkyaag ! ôppa, salanghèyô

COMPRENDRE LE DIALOGUE
FORMULES ET EXPRESSIONS

→ Pour dire « bonjour » ou « bienvenue » dans un lieu officiel comme un taxi (ou un aéroport, un accueil, dans un magasin), on emploie la forme 어서 오다 **oso ô-da**, littéralement « vite venir » :
어서 오십시오 **oso ô-sibsiô**, au style ultra-formel
어서 오세요 **oso ô-séyô**, au style poli
어서 와 **oso w-a**, au style familier.

→ Pour dire « au revoir » :
• 안녕히 가세요 **annyonghi ga-séyô** (style poli) / 안녕히 가십시오 **annyonghi ga-sibsiô** (style ultra-formel), signifie littéralement « partez paisiblement », venant de 안녕히 가다 **annyonghi ga-da**. Cette expression est employée par la personne qui ne part pas à la personne qui s'en va.
• 안녕히 계세요 **annyonghi gyéséyô** (style poli) / 안녕히 계십시오 **annyonghi gyésibsiô** (style ultra-formel) signifie littéralement « restez paisiblement », venant de 안녕히 계시다 **annyonghi gyési-da**. À l'inverse, cette expression est employée par la personne qui s'en va à la personne qui reste.

→ Le suffixe 장 **djang**, accolé à un nom, signifie souvent le lieu concerné, comme dans 콘서트 **consotʰeu**, *concert* → 콘서트장 **kʰônsotʰeudjang**, *salle de concert*.

→ La marque de politesse 요 **yô** accompagne chaque mot pour faire preuve de politesse, ex. :
콘서트장으로 **kʰônsotʰeudjang-eulô**, *vers la salle de concert* → 콘서트장으로요 **kʰônsotʰeudjang-eulô-yô**, *vers la salle de concert, svp*

빨리 **ppali**, *vite, rapidement* → 빨리요 **ppali-yô**, *rapidement, svp*

잠깐만 **djamkkan-man**, litt. « seulement un instant » → 잠깐만요 **djamkkan-man-yô**, *un instant, svp*.

→ En famille (entre les parents et les enfants par exemple), on peut utiliser ce qu'on appelle 반말 **banmal**, le *tutoiement*, avec le style familier ou 존댓말 **djôndèsmal**, le *vouvoiement*, avec le style poli ou le style ultra-formel. Dans le dialogue, Dani et son père se tutoient, ce qui est tout à fait naturel. En dehors de la famille, avec le chauffeur de taxi, on trouve 존댓말 **djôndèsmal**.

→ 오빠 **ôppa** est un terme qui signifie *grand-frère*. La locutrice l'emploie pour désigner ou appeler un homme plus âgé d'une façon intime, sa vedette masculine préférée en l'occurence. Attention, c'est une appellation très intime, il est fortement déconseillé d'y recourir dans un contexte professionnel.

NOTE CULTURELLE

Ce dialogue aborde les moyens de transport par l'intermédiaire du taxi. Nous en avons déjà rencontré certains dans les modules précédents, et en voici d'autres pour compléter la liste :
기차 gitcha, *train*
버스 boseu, *bus*
배 bè, *bateau*
비행기 bihènggi, *avion*
오토바이 ôt^hôba'i, *moto*
자전거 djadjon'go, *vélo…*

Pour tous ces moyens de transport, on applique le verbe 타다 t^ha-da, *prendre*, *monter* (moyen de locomotion), afin d'exprimer son utilisation : 오토바이를 타다 ôt^hôba'i-leul t^ha-da, *prendre la moto* ; 배를 타다 bè-leul t^ha-da, *monter dans un bateau*.

◆ GRAMMAIRE
S'ORIENTER

Pour indiquer la direction, on utilise les expressions suivantes avec le mot 쪽 tsôg, *direction*, *côté*, accolé : 저쪽 djotsôg, « *côté-là-bas* » ; 왼쪽 wéntsôg, *côté gauche* ; 오른쪽 ôleuntsôg, *côté droite* ; 이쪽 itsôg, *ce côté*. Dans une phrase, on accole la particule de direction 으로 eulô (après une consonne) / 로 lô (après une voyelle), comme dans 저쪽으로 djotsôg-eulô, *par là-bas* ; 이쪽으로 itsôg-eulô, *par ici*. Ex. :

강남콘서트장으로요 gangnamk^hônsot^heudjang-eulô-yô, *à la salle de concert Gangnam*.

DEMANDER L'HEURE

• **La phrase interrogative**

Pour rappel : aux styles poli et familier, il suffit d'ajouter le point d'interrogation et de monter l'intonation à la fin de la phrase pour signifier qu'il s'agit d'une question (revoir le module 3 au besoin).

Exception : au style ultra-formel, le radical du verbe se transforme (다 da en 까 kka).

늦었어 neudj-oss-o, *je suis en retard* → 늦었어 ? neudj-oss-o, *Es-tu en retard ?* (style familier)

도착했어요 dôtchaghèss-oyô, *je suis arrivé* → 도착했어요 ? dôtchaghèss-oyô, *Êtes-vous arrivés ?* (style poli)

사랑합니다 salangha-bni**da**, *je vous aime* → 사랑합니까 ? salangha-bni**kka**, *vous m'aimez ?* (style ultra-formel)

- **Quelle heure est-il ?**

Pour demander « quelle heure est-il ? », on dispose du mot interrogatif 몇 myotch, *combien*, *quel*, et du verbe 이다 i-da, *être* :

> 몇 시야 ? myotch si-ya (style familier)
> 몇 시예요 ? myotch si-yéyô (style poli)
> 몇 시입니까 ? myotch si-i-bnikka (style ultra-formel).

LA PHRASE IMPÉRATIVE

- **Le style familier**

Utilisez 어 o / 아 a selon la dernière voyelle du radical : indiquez 어 o si la dernière voyelle du radical du verbe est autre que ㅏ a ou ㅗ ô ; sinon 아 a.

택시를 타다 tʰègsi-leul tʰa-da, *prendre un taxi* → 택시를 타 tʰègsi-leul tʰa, *prends le taxi*.

- **Le style poli**

Employez 으세요 euséyô / 세요 séyô selon la dernière lettre du radical : accolez 으세요 euséyô si le radical du verbe se termine par une consonne ; 세요 séyô s'il se termine par une voyelle, ex. :

안전벨트를 매다 andjonbèltʰeu-leul mè-da, *attacher la ceinture de sécurité* → 안전벨트를 매세요 andjonbèltʰeu-leul mè-séyô, *attachez votre ceinture de sécurité*

모자를 가져가다 môdja-leul gadjyoga-da, *emporter/prendre le bonnet* → 모자를 가져가세요 môdja-leul gadjyoga-séyô, *prenez votre bonnet*.

On peut ajouter 어요 oyô / 아요 ayô sans présence de la marque honorifique 으시 eusi / 시 si, ex. :

저쪽으로 가다 djotsôg-eulô ga-da, *aller par là-bas* → 저쪽으로 가요 djotsôg-eulô g-ayô, *allez par là-bas*.

• **Le style ultra-formel**

Appliquez 으십시오 eusibsiô / 십시오 sibsiô selon la dernière lettre du radical : 으십시오 eusibsiô si le radical du verbe se termine par une consonne ; 십시오 sibsiô s'il se termine par une voyelle, ex. :

어서 오다 oso ô-da, *vite venir* → 어서 오십시오 oso ô-sibsiô, *Bonjour !* (litt. « venez vite »)

찾다 tchadj-da, *chercher* → 찾으십시오 tchadj-eusibsiô, *Cherchez.*

LA TERMINAISON ORALE - EXCLAMATION, DESCRIPTION

La terminaison orale 다 da, suffixe du radical du verbe, permet d'exprimer l'exclamation :

늦 (늦다 neudj-da, *être en retard*) + 었 oss, marque du passé + 다 ! = 늦었다 neudj-oss-da, *je suis en retard !* (vu que c'est un état rendu, on l'exprime avec la marque du passé)

다행 dahèng, *bonne chance* + 이 i (이다 i-da, *être*) + 다 da = 다행이다 ! dahèng-i-da, *la chance !*

LA PHRASE NÉGATIVE

La marque de négation 안 an, *ne pas*, se positionne devant le verbe.

늦었어요 neudj-oss-oyô, *je suis en retard* → 안 늦었어요 an neudj-oss-oyô, *je ne suis pas en retard*

갔어요 g-ass-oyô, *j'y suis allé* → 안 갔어요 an g-ass-oyô, *je n'y suis pas allé*

작아요 djag-ayô, *c'est petit* → 안 작아요 an djag-ayô, *ce n'est pas petit.*

▲ CONJUGAISON
LE VERBE 이다

Nous avons déjà appris que le verbe 이다 i-da, *être*, se conjugue d'une manière irrégulière en fonction de la dernière lettre du complément du verbe (revoir module 6) :

- 이야 iya / 야 ya au style familier : mettez 이야 iya si la dernière lettre du complément se termine par une consonne ; ajoutez 야 ya si elle se termine par une voyelle.

- 이에요 iéyô / 예요 yéyô au style poli : indiquez 이에요 iéyô si la dernière lettre du complément se termine par une consonne ; renseignez 예요 yéyô si elle se termine par une voyelle.

- 입니다 i-bnida au style ultra-formel : sans différencier sa dernière lettre.

Ainsi : 몇 myotch, *quel* + 시 si, *heure* + 야 ya = 몇 시야 ? myotch si-ya, *quelle heure est-il* ou 콘서트장 kʰônsotʰeudjang, *salle de concert* + 이에요 iéyô = 콘서트장이에요 kʰônsotʰeudjang-iéyô, *c'est une salle de concert.*

LES VERBES IRRÉGULIERS

Nous avons appris que le verbe formé à partir du verbe 하다 ha-da, *faire*, se conjugue d'une manière irrégulière au style familier (해 hè) et poli (해요 hèyô). Il en est de même pour :

- 사랑하다 salangha-da, *aimer*, qui se conjugue 사랑합니다 salangha-bnida au style ultra-formel, 사랑해요 salanghèyô au style poli, et 사랑해 salanghè au style familier ;

- 감사하다 gamsaha-da, *remercier*, qui se conjugue 감사합니다 gamsaha-bnida au style ultra-formel, 감사해요 gamsahèyô au style poli, 감사해 gamsahè au style familier.

● VOCABULAIRE

몇 myotch *quel*
늦다 neudj-da *être en retard*
안 an *ne pas*
기사 gisa *chauffeur*
안전벨트 andjonbélt^{h}eu *ceinture de sécurité*
매다 mè-da *attacher*
자 dja *voici, tenez*
도착하다 dôtchagha-da *arriver*
감사하다 gamsaha-da *remercier*
저쪽 djotsôg *l'autre côté, là-bas* litt. « *côté là-bas* »
왼쪽 wéntsôg *côté gauche*
오른쪽 ôleuntsôg *côté droite*
이쪽 itsôg *ce côté*
으로 eulô / 로 lô (*particule de direction*) *vers*
택시 tègsi *taxi*
기차 gitcha *train*
버스 boseu *bus*
배 bè *bateau*
오토바이 ôt^{h}ôba'i *moto*
모자 môdja *chapeau, bonnet*
주황색 djouhwangsèg *orange (couleur)*
빨리 ppali *vite, rapidement*
가져가다 gadjoga-da *apporter, prendre, emporter*
장갑 djanggab *gant*
흰색 heuinsèg *blanc (couleur)*
초록색 tchôlôgsèg *vert (couleur)*
작다 djag-da *être petit*

EXERCICES

1. ÉCOUTEZ L'ENREGISTREMENT ET CHOISISSEZ LA DESCRIPTION CORRESPONDANTE.

a. 수영장에 갑니다.

b. 버스를 안 탑니다.

c. 콘서트에 늦었습니다.

2. ÉCOUTEZ L'ENREGISTREMENT ET TROUVEZ LA BONNE TRADUCTION.

a. Prenez l'avion.

b. Montez dans le bateau.

c. Je monte dans l'avion.

3. RELIEZ LES EXPRESSIONS EN FRANÇAIS AUX TRADUCTIONS CORÉENNES.

a. Au revoir. *(par la personne qui s'en va)* • • 1. 어서 오세요 ?

b. Au revoir. *(par la personne qui reste)* • • 2. 안녕히 계세요.

c. Bonjour ! *(la vendeuse)* • • 3. 안녕히 가세요.

d. Bonjour ! *(entre voisins)* • • 4. 안녕하세요 ?

4. TRANSFORMEZ LES PHRASES À L'IMPÉRATIF AU STYLE DEMANDÉ ET TRADUISEZ-LES.

a. 아침에 일찍 일어나다. (style poli) → ....

....

b. 오후에 전화하다. (style ultra-formel) → ....

....

c. 차 키를 주다. (style familier) → ....

....

16.
FAIRE LES COURSES
장보기
DJANGBÔGI

OBJECTIFS

- PROPOSER DE FAIRE QQCH ENSEMBLE
- DEMANDER L'AVIS DE QQUN
- S'EXCLAMER

NOTIONS

- LES ONOMATOPÉES
- LA PHRASE EXHORTATIVE
- LA PARTICULE SPÉCIALE « AUSSI »
- LES VERBES IRRÉGULIERS

QU'EST-CE QU'ON MANGE CE SOIR ?

(Un jeune couple fait les courses au supermarché.)

Épouse : Chéri ! Tu as pris un sac de courses ?

Époux : Oui, chérie, notre réfrigérateur est complètement vide. Nous devons acheter *(achetons)* de la viande, du poisson, des fruits, des légumes, du riz…

Épouse : OK, chéri. Qu'est-ce qu'on mange ce soir ? As-tu une idée ?

Époux : Mmmm… J'ai bien une idée : le calamar est soldé. On achète le calamar ? Faisons le sauté de calamar ce soir !

Épouse : D'accord, et en plus, j'aime bien le calamar ! On achète de la bière aussi ?

Époux : Yeonsu ! Tu as déjà oublié la résolution de cette année ?

Épouse : Tu as raison ! Arrêtons de boire ! Arrêtons de fumer ! Faisons du sport ! Allez ! Allez !

Époux : Mais au fait… On prend aussi du chocolat, non ? C'est bon pour la santé !

저녁에 뭐 먹을까?
DJONYOGÉ MWO MOGEULKKA

신혼부부가 마트에서 장을 봅니다.
sinhônboubou-ga matʰeu-éso djang-eul bôb-nida

부인 : 자기야! 장바구니 챙겼어?
Bouin : djagi-ya! djangbagouni tchènggi-oss-o

남편 : 응, 여보. 우리 냉장고가 텅텅 비었어. 고기, 생선, 과일, 야채, 쌀을 사자...
Nampʰyon : eung, yobô. ouli nèngdjanggô-ga tʰongtʰong bi-oss-o. gôgi, sèngson, gwa'il, yatchè, ssal-eul sa-dja

부인 : 알았어, 오빠. 저녁에 뭐 먹을까? 아이디어 있어?
Bouin : al-ass-o, ôppa. djonyog-é mwo mog-eulkka? a'idio iss-o

남편 : 음... 방금 아이디어가 떠올랐어. 오징어가 세일이네. 오징어를 살까? 저녁에 오징어 볶음을 하자!
Nampʰyon : eum...banggeum a'idio-ga ttoôll-ass-o. ôdjing'o-ga séil-i-né. ôdjing'o-leul sa-lkka? djonyog-é ôdjingo bôkkeum-eul ha-dja

부인 : 그래, 그리고 나 오징어 볶음 정말 좋아해. 우리 맥주도 살까?
Bouin : geulè. geuligô na ôdjing'o bôkkeum djongmal djôhahè. ouli mègdjou-dô sa-lkka

남편 : 연수야! 새해 목표를 벌써 잊었어?
Nampʰyon : Yeonsu-ya! sèhè môgpʰyô-leul bolsso idj-oss-o

부인 : 맞다! 금주합시다! 금연합시다! 운동합시다! 아자! 아자!
Bouin : madj-da! geumdjouha-bsida! geumyonha-bsida! oundôngha-bsida! adja! adja

남편 : 그런데... 초콜릿도 살까? 건강에 좋아!
Nampʰyon : geulondé... tchôkʰôllis-dô sa-lkka? gon'gang-é djôh-a

■ COMPRENDRE LE DIALOGUE
FORMULES ET EXPRESSIONS

→ Pour dire *faire les courses*, on emploie **(시)장을 보다 (si)djang-eul bô-da**. Sa forme nominative est **장보기 djangbôgi**.

→ **슈퍼마켓 syouphomakés**, *supermarché*, peut se dire aussi **슈퍼 syoupho**. Le terme **마트 matheu** est également employé dans la vie quotidienne. Vous trouverez d'autres variations telles que : **대형 마트 dèhyong matheu**, *hypermarché*, avec le terme **대형 dèhyong** qui signifie littéralement « grande dimension » ; **동네 마트 dôngnè matheu**, *superette* avec le nom **동네 dôngnè**, *quartier*.

→ Les appellations suivantes traduisent *chéri(e)* en français :
  • **여보 yobô** (terme adopté entre conjoints et déjà rencontré au module 11) ;
  • **자기 djagi** (appellation non-officielle mais très couramment utilisée au sein d'un [jeune] couple) ;
  • **오빠 ôppa** (appellation intime employée par une locutrice envers son amoureux plus âgé, rencontrée dans le module précédent).
  Dans ce dialogue, le locuteur plus âgé peut appeler sa chérie par son prénom.
  Les appellations sont souvent accompagnées de la particule vocative **아 a** (après une consonne) / **야 ya** (après une voyelle) : **연수야 ! Yeonsu-ya**, *Yeonsu !* ; **자기야 ! djagi-ya**, *Chéri(e) !*

→ Pour dire *être bon pour la santé*, on emploie la forme **건강에 좋다 gon'gang-é djôh-da**, ainsi, *le chocolat est bon pour la santé*, se traduit par : **초콜릿이 건강에 좋아요 tchôkhôllis-i gon'gang-é djôg-ayô**.

NOTE CULTURELLE

En Corée, le mode de vie change mais traditionnellement un couple commence à vivre ensemble après le mariage. Le pacte civil de solidarité (PACS) n'existe pas en Corée. Avant le mariage, le couple commence à chercher un logement. On trouve trois types de logement : **매매 mèmè**, *vente* ; **월세 wolsé**, *location*, et **전세 jeonsé**. Ce dernier système est très complexe à traduire en français car c'est un système propre à la Corée. Il s'agit d'un contrat de location sur dépôt d'une caution d'une très grosse somme, qui dure deux ans et qui est renouvelable. Le locataire ne paie pas de loyer et le reste de la caution est restituée en cas de rupture de contrat.

Le marché de l'immobilier en Corée a connu une forte augmentation de prix. Actuellement, ce système propre à la Corée commence à décliner au vu de l'instabilité de l'immobilier.

◆ GRAMMAIRE
LES ONOMATOPÉES

Les onomatopées tiennent un rôle important dans la communication orale coréenne et sont très nombreuses. Elles permettent d'imiter les sons, de décrire les choses, d'exprimer les sentiments et sont à l'image de la société, elles évoluent avec le temps. On distingue deux sortes d'onomatopées :
- l'onomatopée sonore qui imite un son, ex. : plouf, piou-piou, hi-han ;
- l'onomatopée gestuelle qui imite un mouvement, geste, sentiment, etc., ex. : hop, saperlipopette, froufrou, snif, ZZZ.

Si vous êtes fan de manga, vous comprendrez plus facilement les onomatopées gestuelles. 아자 ! 아자 ! adja ! adja ! fait partie de l'onomatopée gestuelle qui imite le mouvement de soulever le poing pour encourager, et qui peut se traduire par *bon courage !*, *allez !* 텅텅 t^{h}ongt^{h}ong est un onomatopée gestuelle qui sert à décrire quelque chose qui est entièrement vide, ex. :

우리 ouli, *notre* + 냉장고 nèngdjanggô, *réfrigérateur* + 가 ga, P. sujet + 텅텅 t^{h}ongt^{h}ong + 비 bi (비다 bi-da, *être vide*) + 었 oss, *passé* + 어 o = 우리 냉장고가 텅텅 비었어, *notre réfrigérateur est complètement vide*.

LA TERMINAISON ORALE POUR DEMANDER L'OPINION

Pour demander l'avis de son interlocuteur, on peut appliquer la terminaison orale et interrogative 을까요 ? eulkkayô / ㄹ까요 ? lkkayô (selon la dernière lettre du radical verbal).

먹 mog (먹다 mog-da, *manger*) + 을까요 ? eulkkayô = 먹을까요 ? *On mange ?*

초콜릿 tchôk^{h}ôllis, *chocolat* + 도 dô, *aussi* + 사 sa (사다 sa-da, *acheter*) + ㄹ까요 ? lkkayô = 초콜릿도 살까요 ? *On achète aussi du chocolat ?*

Cette terminaison s'utilise uniquement avec la forme interrogative. Il relève du style poli. Au style familier, il suffit d'enlever 요 yô à la fin, ex. :

가 ga (가다 ga-da, *aller*) + ㄹ까 ? lkka = 갈까 ? *On y va ?*

LA PHRASE EXHORTATIVE

La langue représente la culture du peuple qui l'emploie. Les Coréens attribuent de l'importance à la vie en collectivité. C'est pour cette raison que le pronom personnel « je » et l'adjectif possessif « mon » (qui relèvent de l'esprit individualiste) sont quasiment toujours omis.

Dans le même esprit, en coréen, on trouve très souvent la phrase exhortative qui sert à inciter, inviter et proposer à son interlocuteur de faire quelque chose ensemble. Elle est com-

parable à **Let's** en anglais ou *-ons* en français, ex. : 합시다 hab-sida, ***Let's do it***, *Faisons-le !*
La phrase exhortative peut s'exprimer dans les trois styles : ultra-formel, poli, familier.

- **Style ultra-formel**

La phrase exhortative au style ultra-formel s'exprime par la terminaison 읍시다 **eubsida** / ㅂ시다 **bsida** selon la dernière lettre du radical verbal. Employez 읍시다 **eubsida** si le radical se termine par une consonne, ㅂ시다 **bsida** s'il se termine par une voyelle, ex. :

금주하 geumdjouha (금주하다 geumdjouha-da, *arrêter de boire*) + ㅂ시다 bsida = 금주합시다, *Arrêtons de boire de l'alcool !*

금연하 geumyonha (금연하다 geumyonha-da, *arrêter de fumer*) + ㅂ시다 bsida = 금연합시다, *Arrêtons de fumer !*

운동하 oundôngha (운동하다 oundôngha-da, *faire du sport*) + ㅂ시다 bsida = 운동합시다, *Faisons du sport !*

- **Style poli**

La phrase exhortative au style poli s'exprime par la terminaison 어요 **oyô** /아요 **ayô** selon la dernière voyelle du radical verbal. Accolez 어요 si elle se termine par autre que ㅏ a ou ㅗ ô ; accolez 아요 si elle se termine par ㅏ a ou ㅗ ô, ex. :

마시 masi (마시다 masi-da, *boire*) + 어요 oyô = 함께 마셔요, *Buvons ensemble !*

보 bô (보다 bô-da, *regarder, voir*) + 아요 ayô = 같이 봐요, *Regardons ensemble !*

Pour insister sur la caractéristique collective, on note la présence des adverbes 함께 **hamkké** et 같이 **gat**ʰ**i**, *ensemble*. Ce dernier se prononce d'une manière irrégulière par **[ga-tchi]**.

- **Style familier**

La phrase exhortative au style familier s'exprime par la terminaison 자 **dja** sans se soucier de la dernière lettre, ex. :

타 tʰa (타다 tʰa-da, *monter*) + 자 dja = 타자, *Montons !*

넣 noh (넣다 noh-da, *mettre (dedans)*) + 자 dja = 넣자, *Mettons (dedans) !*

하 ha (하다 ha-da, *faire*) + 자 = 하자, *Faisons !*

LA TERMINAISON ORALE - EXCLAMATION, DESCRIPTION

L'exclamation / description est représentée par la terminaison orale 네(요) **né(yô)**, suffixe du radical du verbe : 네요 **néyô** au style poli et 네 **né** au style familier.

세일이 séili (세일 séil, *solde*, 세일이다 séili-da, *être en solde*) + 네 né = 세일이네, *C'est soldé !*
날씨가 좋 nalssi-ga djôh (날씨가 좋다 nalssi-ga djôh-da, *le temps fait beau*) + 네요 néyô = 날씨가 좋네요 ! *Il fait beau !*

LA PARTICULE SPÉCIALE

도 dô, *aussi*, est une particule spéciale. On dit « particule » car elle est dépendante d'un nom, on dit « spéciale » car elle ne sert pas à identifier le rôle grammatical. Elle remplace la particule de sujet, de thème, de COD, ex. :

맥주를 사다 mègdjou-leul sa-da, *acheter de la bière*
맥주도 샀어요 mègdjou-dô s-ass-oyô, *j'ai aussi acheté de la bière*
저도 맥주를 샀어요 djo-dô mègdjou-leul s-ass-oyô, *moi aussi, j'ai acheté de la bière.*

Attention ! Elle est suffixe du nom qu'elle souhaite accentuer.

저도 djo-dô, *moi aussi*, 맥주도 mègdjou-dô, *de la bière aussi.*
초콜릿 tchôkʰôllis, *chocolat* + 도 dô, *aussi* + 사 sa (사다 sa-da, *acheter*) + ㄹ까요 ? lkkayô = 초콜릿도 살까요 ? *on achète aussi du chocolat ?*

▲ CONJUGAISON
LE VERBE SE TERMINANT PAR ㅎ

Le verbe dont le radical se termine par la consonne ㅎ h se conjugue d'une manière irrégulière aux styles poli et familier. Le radical perd la dernière consonne ㅎ h et la voyelle se conjugue ainsi : 그렇다 geuloh-da, *être comme ça, être ainsi.*

그러 geulo (그렇다 geuloh-da, *être ainsi*) + 어요 oyô se conjugue par 그래요 geulèyô
그러 geulo (그렇다 geuloh-da, *être ainsi*) + 어 o se conjugue par 그래 geulè.

Cette forme conjuguée s'emploie souvent dans la conversation pour indiquer qu'on est d'accord. Il peut ainsi se traduire par *d'accord*.

LE VERBE SE TERMINANT PAR 르

Le verbe dont le radical se termine par la syllabe 르 leu se conjugue d'une manière irrégulière quand on y fait suivre un élément qui commence par la consonne muette ㅇ. La syllabe 르 leu se transforme en ㄹㄹ ll, ex. :

아이디어 a'idio, *idée* + 가 ga, P.sujet + 떠오ㄹ ttoôll (떠오르다 ttoôleu-da, *venir à l'esprit*) + 았 ass + 어 o = 아이디어가 떠올랐어 a'idio-ga ttoôll-ass-o, *j'ai une idée* (litt. « une idée vient à l'esprit »)

르 leu du radical s'est transformé en ㄹㄹ ll au contact de 았 ass.

EXERCICES

1. ÉCOUTEZ L'AUDIO ET CHOISISSEZ LA BONNE TRADUCTION.
a. J'achète une bière.
b. Vous achetez de la bière.
c. Achetons de la bière.

2. ÉCOUTEZ L'AUDIO ET TROUVEZ CE QUE DANI PEUT DEMANDER À JUNI.
a. 콘서트장에 안 갑니다.
b. 택시를 탈까 ?
c. 저녁에 뭐 먹을까 ?

3. TRANSFORMEZ EN PHRASE EXHORTATIVE EN CORÉEN AU STYLE DEMANDÉ, PUIS TRADUISEZ LES PHRASES EN FRANÇAIS.

a. 장을 보다. (familier) → ....
→ ....

b. 안전벨트를 매다. (ultra-formel) → ....
→ ....

c. 저녁도 먹다. (familier) → ....
→ ....

d. 퇴근하다. (ultra-formel) → ....
→ ....

4. TRADUISEZ LES PHRASES EN CORÉEN AU STYLE DEMANDÉ.

a. Où va-t-on ? (familier avec la terminaison orale pour demander l'opinion)
→ ....

b. Allons en Corée ! (familier)
→ ....

c. Qui rencontrons-nous ? (poli avec la terminaison orale pour demander l'opinion)
→ ....

d. Faisons du sport ! (ultra-formel)
→ ....

VOCABULAIRE

신혼부부 sinhônboubou *jeune couple*
마트 matʰeu *supermarché*
(시)장을 보다 (si)djang-eul bô-da *faire ses courses*
부인 bou'in *épouse*
자기 djagi *chéri(e)*
저녁 djonyog *dîner* (nom)
오징어 ôdjing'o *calamar*
세일 séil *solde*
볶음 bôkkeum *sauté*
그렇다 geuloh-da *être ainsi*
우리 ouli *nous*
새해 sèhè *nouvelle année*
목표 môgpʰyô *objectif*
새해 목표 sèhè môgpʰyô *résolution du nouvel an*
벌써 bolsso *déjà*
잊다 idj-da *oublier*
금주하다 geumdjouha-da *arrêter de boire*
금연하다 geumyonha-da *arrêter de fumer*
운동하다 oundôngha-da *faire du sport*
아자 adja *allez, bon courage*
오빠 ôppa *chéri(e)* (appellation intime employée par la locutrice moins âgée envers un homme plus âgé)
슈퍼마켓 syoupʰomakés *supermarché*

슈퍼 syoupʰo *supermarché*
대형 마트 dèhyong matʰeu *hypermarché*
대형 dèhyong *grande dimension*
동네 dôngnè *quartier*
장보기 djangbôgi *faire les courses* (nom)
매매 mèmè *vente*
월세 wolsé *location*
전세 djonsé *location avec la caution importante*
마시다 masi-da *boire*
함께 hamkké / 같이 gatʰi *ensemble*
타다 tʰa-da *monter*
넣다 noh-da, *mettre* (dedans)
고기 gôgi *viande*
과일 gwa'il *fruit*
맥주 mègdjou *bière*
장바구니 djangbagouni *sac de courses*
쌀 ssal *riz* (grain)
알다 al-da *connaître, savoir*
아이디어 a'idio *idée*
방금 banggeum *à l'instant*
떠오르다 ttoôleu-da *traverser à l'esprit*
그리고 geuligô *et en plus*
건강 gon'gang *santé*
초콜릿 tchôkʰôllis *chocolat*

17.
AU GRAND MAGASIN
백화점
BÈGHWADJOM

OBJECTIFS

- FAIRE DES ACHATS
- SE DÉPLACER

NOTIONS

- LES ONOMATOPÉES GESTUELLES
- LE CONNECTEUR *EULYOGÔ/ LYOGÔ*
- LA PARTICULE SPÉCIALE *MAN*
- LA NÉGATION DANS LA PHRASE

JOYEUX NOËL !

1. (Maman est venue au grand magasin pour acheter les cadeaux des enfants.)

<u>Maman</u> : C'est déjà noël ! Il y a des bouchons *(voiture[-sujet] beaucoup être-bouché)*. Il y a vraiment trop de monde dans le grand magasin *(gens[-pluriel-sujet] fourmiller)*.

<u>Annonce</u> : La fermeture du magasin est imminente *(fermeture heure[-P. sujet] rester-ne-pas)*. On ferme à 20 h.

<u>Maman</u> : Quoi ? Ça ferme bientôt… Comment je fais ? S'il vous plaît ! Où se trouve le rayon de jouets ? C'est pour acheter les cadeaux des enfants.

<u>Employé</u> : Le rayon de jouets se trouve devant le rayon de vêtements. Allez vers la droite à partir du rayon des aliments.

<u>Maman</u> : Merci. Pfiou ! Enfin, je suis bien arrivée au rayon de jouets. Oh ? Il ne reste qu'un robot ? Ah ! Ne me poussez pas, madame ! Ouf ! Enfin je l'ai eu *(difficilement posséder)*.

2. (À la caisse)

<u>Maman, énervée</u> : Quoi ? il y a une longue queue même à la caisse *(caisse[-P. lieu]-aussi queue trop être-long)* ! Hem, hem, ne doublons pas la file !

메리 크리스마스 !
MÉLI KʰEULISEUMASEU

1.
엄마 : 벌써 곧 크리스마스네. 아 ! 차가 많이 막히네 ! 백화점에 사람이 바글바글하네.
Omma : bolsso gôd kʰeuliseumaseu-né. a ! tcha-ga manhi maghi-né ! bèghwadjom-é salam-i bageulbageulha-né

안내 방송 : 폐점 시간이 얼마 안 남았습니다. 8시에 문을 닫습니다.
Annè bangsông : pʰédjom sigan-i olma an nam-ass-seubnida. 8 si-é moun-eul dad-seubnida

엄마 : 뭐라고 ? 곧 문을 닫네… 어떡하지 ? 저기요 ! 실례지만 장난감 매장이 어디에 있어요 ? 아이들 선물을 사려고요.
Omma : mwolagô ? gôd moun-eul dad-né… ottogha-dji ? djogi-yô ! sillyé-djiman djangnan'gam mèdjang-i odi-é iss-oyô ? a'i-deul son-moul-eul sa-lyogô-yô

직원 : 장난감 매장은 의류 매장 앞에 있어요. 식품 매장에서 오른쪽으로 가세요.
Djigwon : djangnangam mèdjang-eun euilyou mèdjang apʰ-é iss-oyô. sigpʰoum mèdjang-éso ôleuntsôg-eulô ga-séyô

엄마 : 감사합니다. 휴 ! 장난감 매장에 잘 도착했다 ! 어 ? 로봇가 하나만 남았네. 아악 ! 밀지 마세요 ! 휴 ! 겨우 차지했네.
Omma : gamsaha-bnida. hyou ! djangnan'gam mèdjang-é djal dôt-chaghèss-da ! o ? lôbôtʰeu-ga hana-man nam-ass-né. aag ! mil-dji maséyô. hyou ! gyo'ou tchadjihèss-né

2.
엄마 : 뭐야 ? 계산대에도 줄이 너무 기네 ! 흠, 흠, 새치기하지 맙시다 !
Omma : mwo-ya ? gyésandè-é-dô djoul-i nomou gi-né ! heum, heum, sètchigiha-dji mabsida

■ COMPRENDRE LE DIALOGUE
FORMULES ET EXPRESSIONS

→ 바글바글 **bageulbageul** est une onomatopée gestuelle qui représente une situation d'agitation. Sa forme verbale est 바글바글하다 **bageulbageulha-da** et peut se traduire par *fourmiller*, *grouiller*.

→ 실례지만 장난감 매장이 어디에 있어요 ?, **sillyé djiman djangnan'gam mèdjang-i odi-é iss-oyô ?**, *S'il vous plaît ! Où se trouve le rayon de jouets ?* Pour héler quelqu'un, on emploie 실례지만 **sillyédjiman**. C'est une expression qui peut se traduire par *s'il vous plaît* ou *excusez-moi mais…* pour s'adresser à quelqu'un, pour attirer son attention afin de lui demander quelque chose (comme dans ce dialogue).

→ 줄 **djoul**, *la queue, la file d'attente* ; 줄을 서다 **djoul-eul so-da**, *faire la queue* ; 줄이 길다 **djoul-i gil-da**, *la file d'attente est longue* ; 새치기하다 **sètchigiha-da**, *couper la file*.

NOTE CULTURELLE

Il y a deux façons de dire *Noël* en coréen : 크리스마스 **kheuliseumaseu** (*Christmas* coréanisé) ou 성탄절 **songthandjol**. La fête de Noël n'est pas une fête traditionnelle en Corée mais elle est l'occasion de faire la fête. Les enfants croient néanmoins au *père Noël* 산타클로스 (*Santa Claus* coréanisé). Dans le langage enfantin, on trouve 산타 할아버지 **santha halabodji** (litt. « grand-père Noël »). Les parents préparent des cadeaux de Noël pour les enfants, s'ils ont été bien sages toute l'année, comme en France !

◆ GRAMMAIRE
LE CONNECTEUR 으려고 / 려고

Le connecteur sert à relier les propositions. Il s'ajoute au radical du verbe. Le connecteur 으려고 **eulyogô** / 려고 **lyogô** sert à nuancer l'objectif et se traduit par *pour*, *pour que*, *afin de…* On emploie 으려고 **eulyogô** si le radical se termine par une consonne et 려고 **lyogô** s'il se termine par une voyelle.

N'oubliez pas de mettre le terme de politesse 요 **yô** à la fin, ex. : 선물 **sonmoul**, *cadeau* + 을 **eul**, P. COD + 사 **sa** (사다 **sa-da**, *acheter*) + 려고 **lyogô**, *pour* + 요 **ô** = 선물을 사려고요, *(c'est) pour acheter un cadeau.*

S'ORIENTER

Pour éviter de se perdre (dans le magasin ou ailleurs), il est pratique de savoir demander son chemin : 장난감 **djangnan'gam**, *jouet* + 매장 **mèdjang**, *rayon* + 이 **i**, P. sujet + 어디 **odi**, *où* + 에 **é**, P. lieu + 있 **iss** (있다 **iss-da**, *se trouver*) + 어요 **oyô** = 장난감 매장이 어디에 있어요 ?, *Où se trouve le rayon de jouets ?*

Pour se déplacer, il est utile de savoir se diriger : 앞 ap^h, *devant* ; 뒤 dwi, *derrière* ; 옆 yop^h, *côté* ; 오른쪽 ôleuntsôg, *droite* ; 왼쪽 wéntsôg, *gauche*. Ex. :

의류 euilyou, *vêtement* + 매장 mèdjang, *rayon* + 앞 ap^h, *devant* + 에 é, P. lieu + 있 iss (있다 iss-da, *se trouver*) + 어요 oyô = 의류 매장 앞에 있어요, *ça se trouve devant le rayon de vêtements.*

식품 sigp^{h}oum, *aliment* + 매장 mèdjang, *rayon* + 에서 éso, P. lieu, *de* + 오른쪽 ôleuntsôg, *droite* + 으로 eulô, *vers* + 가 ga (가다 ga-da, *aller*) + 시 si, *honorifique* + 어요 oyô = 식품 매장에서 오른쪽으로 가세요, *allez vers la droite à partir du rayon des aliments.*

LA NÉGATION DANS LA PHRASE

En coréen, on trouve quatre types de phrase : déclarative, interrogative, exhortative et impérative. La négation s'exprime différemment selon le type de phrase.

- **La négation de la phrase déclarative et interrogative**

Les phrases déclaratives et interrogatives comprennent la marque de négation 안 an devant le verbe, ex. :

폐점 p^{h}yédjom, *fermeture* (magasin) + 시간 sigan, *heure* + 이 i, P. sujet + 얼마 olma + 안 an, *ne pas* + 남 nam (남다 nam-da, *rester*) + 았 ass, *passé* + 습니다 seubnida = 폐점 시간이 얼마 안 남았습니다, *il ne reste pas beaucoup de temps (avant) la fermeture* (litt. « heure de fermeture ne reste pas beaucoup »). 얼마 olma sert à indiquer un temps indéterminé.

안 추워요 ? an tchouw-oyô, *N'avez-vous pas froid ?*

- **La négation de la phrase exhortative**

La phrase exhortative ne se sert pas de la marque de négation 안 an mais elle prend le verbe auxiliaire 지 말다 dji mal-da avec la terminaison, ex. :

사 sa (사다 sa-da, *acheter*) + 지 마 dji ma (지 말다 dji mal-da, *ne pas*) + ㅂ시다 bsida = 사지 맙시다, *ne l'achetons pas*

새치기하 sètchigiha (새치기하다 sètchigiha-da, *couper la file*) + 지 마 dji ma (지 말다 dji mal-da, *ne pas*) + ㅂ시다 bsida = 새치기하지 맙시다, *ne coupons pas la file.*

Le verbe auxiliaire (지 말다 dji mal-da) et la terminaison (ex. : ㅂ시다 bsida) s'agglutinent de manière irrégulière : ㄹ l du verbe auxiliaire <u>tombe</u>.

Méthode plus simple : ajoutez 지 맙시다 dji mabsida (ultra-formel), 지 마요 dji mayô (poli), 지 말자 dji maldja (familier) au radical du verbe selon le style souhaité.

Verbe à l'infinitif	Ultra-formel	Poli	Familier
	지 맙시다 dji mabsida	지 마요 dji mayô	지 말자 dji maldja
늦다 neudj-da	늦지 맙시다 neudj-dji mabsida	늦지 마요 neudj-dji mayô	늦지 말자 neudj-dji maldja
être en retard	ne soyons pas en retard		

- **La négation de la phrase impérative**

On ne retrouve pas la marque de la négation 안 an dans la phrase impérative mais le verbe auxiliaire 지 말다 dji mal-da avec la terminaison.

Au style poli, pour prouver la déférence, on accole souvent la marque honorifique 시 si devant la terminaison. Les éléments se contractent ainsi selon le style : 지 마십시오 dji masibsiô (ultra-formel), 지 마세요 dji maséyô (poli), 지 마 dji ma (familier).

Verbe à l'infinitif	Ultra-formel	Poli	Familier
	지 마십시오 dji masibsiô	지 마세요 dji maséyô	지 마 dji ma
밀다 mil-da	밀지 마십시오 mil-dji masibsiô	밀지 마세요 mil-dji maséyô	밀지 마 mil-dji ma
pousser	ne me poussez pas		
사다 sa-da	사지 마십시오 sa-dji masibsiô	사지 마세요 sa-dji maséyô	사지 마 sa-dji ma
acheter	ne l'achetez pas		

LA PARTICULE SPÉCIALE 만

만 **man**, *ne que, seulement*, est une particule spéciale. On dit « particule » car elle s'attache au nom, on dit « spéciale » car elle ne sert pas à identifier le rôle grammatical, ex. :

로봇 lôbôtʰeu, *robot* + 가 ga, P. sujet + 하나 hana, *un* + 만 man, *seulement* + 남 nam (남다 nam-da, *rester*) + 았 ass, passé + 네 né = 로봇가 하나만 남았네, *il ne reste qu'un robot* (litt. « robot restait seulement un »).

LA TERMINAISON ORALE 지

La terminaison orale 지 ? dji ? se positionne à la suite du radical du verbe pour traduire une question : 어떡하 ottogha (어떡하다 ottogha-da, *comment faire*) + 지 ? dji = 어떡하지 ?, *Comment je fais ?*

▲ CONJUGAISON
LE VERBE SE TERMINANT PAR ㄹ ㅣ

Le verbe dont le radical se termine par la consonne ㄹ ㅣ perd cette dernière lettre quand on lui fait suivre un élément qui commence par les lettres ㄴ n, ㅂ b.

줄이 기 djoul-i gi (줄이 길다 djoul-i gil-da, *la queue est longue*) + 네요 néyô = 줄이 기네요, *la queue est longue*

줄이 기 djoul-i gi (줄이 길다 djoul-i gil-da, *la queue est longue*) + ㅂ니다 bnida = 줄이 깁니다, *la queue est longue.*

● VOCABULAIRE

폐점 pʰyédjom *fermeture* (magasin)
시간 sigan *temps, heure*
닫다 dad-da *fermer*
크리스마스 kʰeuliseumaseu *noël*
백화점 bèghwadjom *grand magasin*
막히다 maghi-da *être embouteillé* (circulation)
장난감 djangnangam *jouet*
매장 mèdjang *rayon*
도착하다 dôtchagha-da *arriver*
바글바글하다 bageulbageulha-da *fourmiller*
로보트 lôbôtʰeu *robot*
남다 nam-da *rester*
밀다 mil-da *pousser*
겨우 gyo'ou *difficilement*

차지하다 tchadjiha-da *posséder*
계산대 gyésandè *caisse*
줄 djoul *queue*
길다 gil-da *être long*
성탄절 songtʰandjol *noël*
산타클로스 santaklôseu *père Noël* (**Santa Claus** coréanisé)
산타 할아버지 santʰa halabodji *père Noël*
식품 매장 sigpʰoum mèdjang *rayon d'aliments*
의류 매장 euilyou mèdjang *rayon de vêtements*

◆ **EXERCICES**

🔊 **1. ÉCOUTEZ L'ENREGISTREMENT ET CHOISISSEZ LA BONNE TRADUCTION.**
19
a. Ne prenez pas de voiture.
b. Je vais chez moi en voiture.
c. Je prends ma voiture pour aller au travail.

🔊 **2. ÉCOUTEZ LA QUESTION ET TROUVEZ LA RÉPONSE ADAPTÉE.**
19
a. 한국에 가려고 한국어를 공부해요.
b. 한국어를 공부하지 마세요.
c. 한국 영화를 보세요.

3. TRANSFORMEZ LA PHRASE EN EMPLOYANT LA NÉGATION TOUT EN GARDANT LE STYLE EMPLOYÉ.
a. 마트에서 장을 봐요. → ....
b. 사람이 많아요 ? → ....
c. 우산을 사 ! → ....
d. 오늘 전화합시다. → ....

4. TRADUISEZ LES PHRASES EN FRANÇAIS.
a. 다니는 오늘 학교에 안 갑니다. 내일도 학교에 안 갑니까 ?
→ ....
b. 새해 목표를 잊지 마.
→ ....
c. 저쪽으로 가지 마세요.
→ ....
d. 차를 타지 말자. 자전거를 타자.
→ ....

18.
AU PARC
공원
GÔNG'WON

OBJECTIFS

- ÉMETTRE UNE IDÉE
- DONNER DES REPÈRES SPATIAUX
- DEMANDER UNE CONFIRMATION

NOTIONS

- LES ONOMATOPÉES SONORES
- LES POINTS CARDINAUX
- LE VERBE « VOULOIR »
- LA PARTICULE DE MOYEN

J'AI ENVIE DE FAIRE LA SIESTE

1. *(Au téléphone)*

<u>Dani</u> : Allô, Juho, tu viens te promener à la forêt de Séoul avec moi aujourd'hui ? J'ai envie de me promener !

<u>Juho</u> : D'accord ! RDV à 17 h devant l'entrée ouest.

2. *(Au parc)*

<u>Dani</u> : On a trop marché… Le parc est très grand ! Juho ! Ce n'est pas dur ? On s'assoit quelques minutes sur un banc ?

<u>Juho</u> : Bien sûr ! Le soleil est doux. On se met à l'ombre des ginkgos ? C'est beau ! Tu entends le chant des oiseaux ? Qu'en penses-tu ? La promenade au parc est plutôt intéressante, non ?

<u>Dani</u> : Cette musique est vraiment bien, écoute avec mon casque. Oh ! Comme je suis de bonne humeur !

<u>Juho</u> *(avec le casque)* : Oh ! La musique est vraiment chouette ! On va au lac ? Il y a les canards au lac. Le lac se trouve près de l'entrée sud.

<u>Dani</u> *(baillement)* : J'ai envie mais je suis très fatiguée… j'ai sommeil… je veux faire la sieste… *ZZZZzzz*

<u>Juho</u> : Dani ? Tu t'es déjà endormie ?

낮잠을 자고 싶어요
NADJDJAMEUL DJAGÔ SIPʰOYÔ

1.
다니 : 여보세요 ? 주호야 ! 오늘 나하고 서울숲 공원에서 산책할까 ? 산책하고 싶어.
Dani : yobôséyô ? Juho-ya ! ôneul na-hagô so'oulsoupʰ gông'won-éso santchègha-lkka ? santchègha-gô sipʰ-o

주호 : 좋아 ! 동쪽 입구 앞에서 오후 5시에 만나자 !
Juho : djôh-a ! dôngtsôg ibgou apʰ-éso ôhou dasos si-é manna-dja

2.
다니 : 너무 많이 걸었어. 공원이 정말 크다 ! 주호야 ! 힘들지 않아 ? 벤치에 조금만 앉을까 ?
Dani : nomou manhi gol-oss-o. gông'won-i djongmal kʰeu-da ! juho-ya ! himdeul-dji anh-a ? bèntchi-é djôgeum-man andj-eulkka

주호 : 그래. 햇살이 참 따뜻하다. 은행 나무 그늘에 앉을까 ? 아 ! 아름다워 ! 새 노래 소리 들려 ? 어때 ? 공원 산책 재미있지 ?
Juho : geulè. hèssal-i tcham ttatteusha-da. eunhèng namou geuneul-é andj-eulkka ? a! aleumdawo. sè nôlè sôli deullyo ? ottè ? gông'won santchèg djèmiiss-dji

다니 : 이 음악 정말 좋아. 내 헤드폰으로 들어. 아 ! 기분 좋다 !
Dani : i eumag djongmal djôh-a. nè hédeupʰôn-eulô deul-o. a ! giboun djôh-da

주호 : 오 ! 음악 괜찮다 ! 호수에 갈까 ? 호수에 오리가 있어. 호수는 남쪽 입구 근처에 있어.
Juho : ô ! eumag gwèntchanh-da ! hôsou-é ga-lkka ? hôsou-é ôli-ga iss-o. hôsou-neun namtsôg ibgou geuntcho-é iss-o

다니 : 가고 싶어. 하지만 지금 많이 피곤해. 아 ! 졸리다…. 낮잠을 자고 싶어. (쿨쿨)
Dani : ga-gô sipʰ-o. hadjiman djigeum manhi pʰigônhè. a ! djôl-li-da… nadjdjam-eul dja-gô sipʰ-o

주호 : 다니야 ? 벌써 잠들었어 ?
Juho : dani-ya ? bolsso djamdeul-oss-o

■ COMPRENDRE LE DIALOGUE
FORMULES ET EXPRESSIONS

→ 하고 hagô, *avec*, s'accole au nom 나 na, *moi* + 하고 hâgô, *avec* = 나하고 *avec moi*.
→ 헤드폰 hèdeupʰôn, *casque* et 벤치 béntchi, *banc*, proviennent des mots anglais **headphone** et **bench**, coréanisés.
→ 어때 ? ottè vient du verbe 어떻다 ottoh-da, *être comment*, et sert à demander *qu'en pensez-vous ?* : 어떻습니까 ? ottoh-seubnikka (ultra-formel), 어때요 ? ottèyô, (poli), 어때 ? ottè (familier).
→ 쿨쿨 kʰoulkʰoul est une onomatopée sonore qui imite le bruit du ronflement. Elle s'emploie souvent avec les termes 잠 djam, *sommeil* ; 자다 dja-da, *dormir* ; 잠들다 djamdeul-da, *s'endormir*.
→ Profitons de ce dialogue pour apprendre les 4 points cardinaux :
동 dông, *est*
서 so, *ouest*
남 nam, *sud*
북 boug, *nord*.
Un suffixe lui fait en général suite : 쪽 tsôg, *côté*, *direction* comme 동쪽 dôngtsôg, *côté est*.

NOTE CULTURELLE

La forêt de Séoul est un lieu idéalement situé dans le quartier de Seongdong-gu pour flâner (ou faire la sieste) à l'écart de l'agitation de la ville. Historiquement, c'était un terrain de chasse privilégié par la royauté durant la dynastie Joseon (1390-1897), qui fut un terrain de golf et d'équitation jusqu'en 2005, avant de devenir un terrain de relaxation pour les Coréens et les touristes. On s'y promène, à pieds ou à vélo, on vient profiter d'un *pique-nique* (피크닉 pikʰeunig) sous les *arbres* (나무 namou) ou *faire du sport* (운동(을) 하다 oundông-eul ha-da), on se retrouve pour un *café* (커피 kʰopʰi) ou du lèche-vitrine (il y a aussi une galerie commerciale), on vient profiter de la faune et de la flore…

RÈGLE DE PRONONCIATION

La consonne aspirée ㅎ h influence sa consonne voisine : 따뜻해요 ttatteushèyô, *être chaud, être doux* → [tta-tteu-tʰè-yô] : la consonne ㅎ h précédée de la consonne ㅅ s, devrait se prononcer [ᵀ], mais on les prononce finalement par [tʰ].

◆ GRAMMAIRE
LE VERBE AUXILIAIRE 지 않다

On dit « verbe », car grammaticalement c'est un verbe et on dit « auxiliaire », car ce n'est pas le verbe principal. Il existe en forme agglutinée au radical du verbe principal. Il ne faut pas oublier de le conjuguer au style souhaité, ex. :

힘들 himdeul (힘들다 himdeul-da, *être dur*) + 지 않 dji anh (지 않다 dji anh-da, *ne pas*) + 아 ? a = 힘들지 않아?, *ce n'est pas dur ?*

• **Comparaison avec la marque de négation 안 *an*, « ne pas »**

La marque de négation 안 an et le verbe auxiliaire 지 않다 dji anh-da ont tous les deux la même fonction. En revanche, la marque de négation 안 an se trouve devant le verbe, alors que le verbe auxiliaire 지 않다 dji anh-da s'ajoute au radical du verbe :

안 an, *ne pas* + 궁금하 gounggeumha (궁금하다 gounggeumha-da, *être curieux*) + 아요 ayô = 안 궁금해요, *je ne suis pas curieux*

궁금하 gounggeumha (궁금하다 gounggeumha-da, *être curieux*) + 지 않 dji anh (지 않다 dji anh-da, *ne pas*) + 아요 ayô = 궁금하지 않아요, *je ne suis pas curieux.*

• **La position de la marque de négation 안 *an*, « ne pas »**

La marque de négation 안 an, *ne pas*, se trouve devant le verbe. Quand il s'agit du verbe 하다 ha-da, *faire*, formé avec un nom, c'est un peu plus complexe.

Quand il s'agit d'un verbe d'action, la marque de négation se positionne devant le verbe 하다 ha-da, *faire*, ex. :

운동 oundông, *sport* ; 운동(을) 하다 oundông-eul ha-da, *faire du sport* → 운동 안 하다 oundông an ha-da, *ne pas faire du sport*

일 il, *travail*, 일하다 ilha-da, *travailler* → 일 안 하다 il an ha-da, *ne pas travailler*

산책 santchèg, *promenade* ; 산책하다 santchègha-da, *se promener* → 산책 안 하다 santchèg an ha-da, *ne pas se promener.*

Quand il s'agit d'un verbe d'état, la marque de la négation se positionne tout devant la partie verbale car ils sont inséparables.

피곤 pʰigôn, *fatigue* ; 피곤하다 pʰigônha-da, *être fatigué* → 안 피곤하다 an pʰigônha-da, *ne pas être fatigué.*

LE VERBE AUXILIAIRE 고 싶다

Le verbe auxiliaire 고 싶다 gô sip^h-da, *vouloir*, *avoir envie de*, sert à formuler un souhait ou une volonté. Le verbe auxiliaire s'emploie souvent avec la marque du passé, du futur, honorifique, connecteur, etc.

낮잠을 자 nadjdjam-eul dja (낮잠을 자다 nadjdjam-eul dja-da, *faire la sieste*) + 고 싶 gô sip^h (고 싶다 gô sip^h-da, *vouloir*) + 어 o = 낮잠을 자고 싶어, *je veux faire la sieste*

산책하 santchègha (산책하다 santchègha-da, *se promener*) + 고 싶 gô sip^h (고 싶다 gô sip^h-da, *avoir envie de*) + 어 = 산책하고 싶어, *j'ai envie de me promener.*

LA PARTICULE DE MOYEN 으로/로

La particule spéciale 으로 eulô/로 lô, *en*, *par*, *avec* sert à exprimer le moyen ou la modalité. Ajoutez 으로 eulô au nom quand il se termine par une consonne, ajoutez 로 lô, s'il se termine par une voyelle :

내 nè, *mon*, *ma* + 헤드폰 hédeup^{h}ôn, *casque* + 으로 eulô, *avec* + 들 deul (듣다 deud-da, *écouter*) + 어 o = 내 헤드폰으로 들어, *écoute avec mon casque* (나 na, *moi* (forme familier de 저 djo) + 의 eui, *de*, s'accolent par 내 nè, *mon*, *ma*)

버스 boseu, *bus* + 로 lô, *en* + 가 ga (가다 ga-da, *aller*) + 요 yô = 버스로 가요, *je vais en bus.*

LE CONNECTEUR 하지만

Le connecteur 하지만 hadjiman, *mais*, sert à présenter une idée opposée. Il s'emploie au début de la deuxième phrase, ex. :

가고 싶어 gagô sip^h-o, *j'ai envie d'y aller* + 하지만 hadjiman, *mais* + 지금 djigeum, *maintenant* + 많이 manhi, *beaucoup* + 피곤하 p^{h}igônha (피곤하다 p^{h}igônha-da, *être fatigué*) + 아 a = 가고 싶어. 하지만 지금 많이 피곤해, *j'ai envie d'y aller mais maintenant je suis très fatigué*

많이 걸어요 manhi gol-oyô, *je marche beaucoup* + 하지만 hadjiman, *mais* + 힘들 himdeul (힘들다 himdeul-da, *être dur*) + 지 않 dji anh (지 않다 dji anh-da, *ne pas*) + 아요 ayô = 많이 걸어요. 하지만 힘들지 않아요, *je marche beaucoup mais ce n'est pas dur.*

LA TERMINAISON ORALE 지 ?

La terminaison orale 지(요) ?, *n'est-ce pas ?*, sert à demander la confirmation, ex. :

재미있 djèmiiss (재미있다 djèmiiss-da, *être intéressant, amusant*) + 지 ? dji, *n'est-ce pas* = 재미있지?, *c'est intéressant, n'est-ce pas ?*

▲ CONJUGAISON
LE VERBE SE TERMINANT PAR ㄷ

Quand le radical du verbe se termine par la consonne ㄷ d, ce dernier se transforme en ㄹ l, suffixe d'un élément qui commence par la consone ㅇ. C'est le cas quand on le conjugue avec la terminaison de style poli ou familier, ex. :

걸 gol (걷다 god-da) + 었 oss, passé + 어 o = 걸었어, *j'ai beaucoup marché*

음악 eumag, *musique* + 을 eul, P. COD + 들 deul (듣다 deud-da) + 어요 oyô = 음악을 들어요, *j'écoute de la musique.*

LE VERBE SE TERMINANT PAR ㅣ

Quand le radical du verbe se termine par la voyelle ㅣ i, ce dernier se contracte avec la terminaison par ㅕ yo, ex. :

들리 deuli (들리다 deulli-da, *entendre*) + 어 ? o = 들려 ? deullyo, *tu entends ?*

NB : Avez-vous remarqué ? La translittération phonétique du coréen ne vous est plus renseignée systématiquement au niveau des phrases exemples, et vous vous en sortez très bien ! Vous assimilez progressivement la langue coréenne, 환호 *(Bravo)* !

● VOCABULAIRE

공원 gông'won *parc*
산책 santchèg *promenade*
산책하다 santchègha-da *se promener*
걷다 god-da *marcher*
하지만 hadjiman *mais*
힘들다 himdeul-da *être dur*
벤치 béntchi *banc*
앉다 andj-da *s'asseoir*
햇살 hèssal *rayon de soleil*
따뜻하다 ttatteusha-da *être chaud, doux*
기분 giboun *humeur*
낮잠 nadjdjam *sieste*
자다 dja-da *dormir*
쿨쿨 k^{h}oulk^{h}oul *zzz*
잠들다 djamdeul-da *s'endormir*
피크닉 pik^{h}eunig, *pique-nique*
궁금하다 gounggeumha-da *être curieux*
피곤 p^{h}igôn *fatigue*
피곤하다 p^{h}igônha-da *être fatigué*
으로/로 nè-da *en, par, avec*
기분이 좋다 giboun-i djôh-da *être bonne de humeur*
숲 soup^h *forêt*
그늘 geuneul *ombre*
나무 namou *arbre*
새 sè *oiseau*

노래 nôlè *chant*
들리다 deulli-da *entendre*
재미있다 djèmiiss-da *être amusant, intéressant*
괜찮다 gwèntchanh-da *être bien*
호수 hôsou *lac*
오리 ôli *canard*
입구 ibgou *entrée*
커피 k^{h}op^{h}i, *café*

● EXERCICES

1. ÉCOUTEZ, ÉCRIVEZ ET TRADUISEZ.

a. ....
....

b. ....
....

c. ....
....

d. ....
....

e. ....
....

2. APPLIQUEZ LA MARQUE DE LA NÉGATION 안 AUX VERBES SOULIGNÉS ET TRADUISEZ LES PHRASES EN FRANCAIS.

a. 오늘 회사에서 <u>일해요</u>.

→ ....,
....

b. 친구하고 공원에서 <u>산책했어요</u>.

→ ....,
....

c. 일이 <u>많았어요</u>. <u>피곤했어요</u>.

→ ....,
....

d. 시험이 <u>있어요</u>. <u>공부했어요</u>.

→ ....,
....

3. TRADUISEZ LES PHRASES EN FRANÇAIS.

a. 차가 많이 막혔어요. 하지만 백화점에 갔어요.
→ ....

b. 음악을 듣지 않았어요.
→ ....

c. 피곤해요. 커피를 마시고 싶어요.
→ ....

d. 커피를 마시고 싶었어요. 하지만 마시지 않았어요.
→ ....

4. RENSEIGNEZ LES MOTS EN CORÉEN (EN TRANSCRIPTION LITTÉRALE OU GRAPHIE AU CHOIX) :

Séoul est la capitale de la *Corée* (........................). La ville se situe au *Nord* (........................) du pays. Les Coréens aiment *se promener* (........................) *au parc* (........................) avec leurs amis (........................) ou en famille (........................), pour faire un *pique-nique* (........................) ou *faire du sport* (........................).

19.
AU CAFÉ
커피숍에서
KʰOPʰISYÔBÉSO

OBJECTIFS

- PASSER UNE COMMANDE
- DÉNOMBRER LA QUANTITÉ
- EXPRIMER UNE SUPPOSITION
- EXPRIMER LE PRIX

NOTIONS

- LES CLASSIFICATEURS
- LA MONNAIE CORÉENNE
- LA TERMINAISON ORALE D'ENGAGEMENT
- LE PRÉSENT PROGRESSIF

UN CAFÉ, S'IL VOUS PLAÎT !

1. *(Juni est en train d'attendre son amie dans un café.)*

<u>Juni</u> : S'il vous plaît ! Je vais commander. Je voudrais un café allongé et un muffin au chocolat *(café-allongé une tasse-et chocolat muffin un donnez)*.

<u>Employée</u> : Oui, monsieur. En tout cela fait 7 500 won.

<u>Juni</u> : Je vais vous régler par carte.

<u>Employée</u> : Merci. Bonne dégustation. Excusez-moi, monsieur, puis-je prendre la chaise svp *(ici il y a une place)* ?

<u>Juni</u> : Euh… non, j'attends *(oui, je suis en train d'attendre)* une amie. Il semble qu'elle soit un peu en retard.

2. *Juni sort un livre dans son sac.*

<u>Employée</u> : Voulez-vous boire un autre café, monsieur ? *(client, je vous sert un café plus)*

<u>Juni</u> : Oui s'il vous plaît *(donnez)*. Il semble que mon amie me pose un lapin ! Mais, il pleut dehors, je vais lire ici tout seul *(ici seul pour lire un livre)*.

<u>Employée (s'adressant de nouveau à Juni)</u> : Vous vous ennuyez ? Vous pouvez prendre votre café avec moi *(prenons alors un café avec moi)*.

커피 한 잔 주세요.
Kʰopʰi HAN DJAN DJOUSÉYÔ

1.
쥬니 : 여기요 ! 주문할게요. 아메리카노 한 잔하고 초콜릿 머핀 한 개 주세요.
Juni : yogi-yô ! djoumounha-lgéyô. amélikʰanô han djan-hagô tchôkʰôllis mopʰin han gè djouséyô.

점원 : 네, 고객님. 모두 7 500 원입니다.
Djomwon : né, gôgèg-nim. môdou tchil-tchon-ô-bèg-won-i-bnida

쥬니 : 카드로 계산할게요.
Juni : kʰadeu-lô gyésanha-lgéyô

점원 : 감사합니다. 맛있게 드세요. 실례지만 여기 자리가 있어요 ?
Djomwon : gamsaha-bnida. masissgé deuséyô. sillyédjiman yogi djali-ga iss-oyô

쥬니 : 네, 친구를 기다리고 있어요. 친구가 조금 늦는 것 같아요.
Juni : né, tchin'gou-leul gidali-gô iss-oyô. tchin'gou-ga djôgeum neudj-neun gos gatʰ-ayô

2. 가방에서 책 한 권을 꺼냅니다.
gabang-éso tchèg han gwon-eul kkonè-bnida

점원 : 손님, 커피 한 잔 더 드릴까요 ?
Djomwon : sônnim, kʰopʰi han djan do deuli-lkkayô

쥬니 : 네, 주세요. 바람맞은 것 같아요. 하지만 밖에는 비가 오고 있네요. 여기에서 혼자 책을 읽으려고요.
Juni : né, djouséyô. balammadj-eun gos gatʰ-ayô. hadjiman bakk-é-neun bi-ga ô-gô iss-néyô. yogi-éso hôndja tchèg-eul ilg-eulyo-gô-yô

점원 : 심심하세요 ? 그럼 저랑 같이 커피 마셔요 !
Djomwon : simsimha-séyô ? geulom djo-lang gatʰi kʰopʰi masyoyô

COMPRENDRE LE DIALOGUE
FORMULES ET EXPRESSIONS

→ Pour appeler ou désigner un client, on accole 님 **nim** au mot *client* 고객 **gôgèg** par respect : 고객님 ! **gôgègnim**, *monsieur, madame !* (litt. « client »). On peut aussi se servir du terme 손님 **sônnim**.

→ Afin d'appeler quelqu'un ou attirer son attention, on utilise l'expression : 여기요 ! **yogi-yô**, *s'il vous plaît* (litt. « ici-politesse »). 여기 **yogi** signifie *ici* auquel on ajoute 요 **yô** pour la politesse. Pour remercier, on emploie les verbes 감사하다 **gam-saha-da**, *remercier*, ou 고맙다 **gômab-da**, *être reconnaissant*, ex. : 감사합니다 **gamsaha-bnida** (ultra-formel), 고마워요 **gômawoyô** (poli), *merci*.

→ 맛있게 드세요 **masissgé deuséyô** signifie *bon appétit* (litt. « mangez d'une façon savoureuse »).

→ 바람을 맞다 **balam-eul madj-da**, *on me pose un lapin* (litt. « recevoir un vent »).

→ 자리가 있다 **djali-ga iss-da** signifie littéralement « avoir un place » et sert à demander s'il y a quelqu'un : 자리가 있어요 ? **djali-ga iss-oyô ?**, *il y a quelqu'un ?* ; la réponse 네, 있어요 **né, iss-oyô**, *oui, il y a quelqu'un* donc la place est prise ; ou 아니요, 없어요 **aniyô, obs-oyô**, *non il n'y a personne* (donc la place est vide).

NOTE CULTURELLE

Symbole de la culture occidentale, le premier café a ouvert ses portes en Corée du Sud en 1902 pour les diplomates étrangers. Ce lieu est aujourd'hui bien adopté des Coréens avec un nombre de cafés estimé à plus de 100 000 et une consommation annuelle par personne estimée à 500 tasses par personne. Certains cafés sont ouverts 24h/24.

RÈGLE DE PRONONCIATION

• **Assimilation**

늦는 것 같아요 **neudj-neun** … se prononce [**neun-neun**…] car la consonne finale ㅈ **dj** apparentée à la consonne nasale ㄴ **n** se prononce assimilée, nasalisée en [**n**].

• **Aspiration**

책 한 권 **tchèg han gwon**, *un livre*, se prononce [**tchè-k^{h}an-gwon**] car la consonne finale ㄱ **g** suivie de la consonne aspirée ㅎ **h**, se prononce, influencée, aspirée : [**k^h**].

• **Palatalisation**

La consonne ㅌ **t^h** contractée par 이 **i** se prononce [**tchi**], ex. : 같이 **gat^{hi}** [**ga-tchi**].

◆ GRAMMAIRE
PASSER COMMANDE

Pour commander quelque chose, on utilise le verbe 주다 **djou-da**, *donner*, à la forme impérative avec la marque honorifique : …주세요 **djouséyô**, *je voudrais…* (litt. « donnez-moi… »).

Le verbe 드리다 **deuli-da** (forme honorifique de 주다 **djou-da**, *donner*) se traduit par *offrir*, *servir quelqu'un*. Ex. : 드리 **deuli** (드리다 **deuli-da**) + ㄹ까요 ? **lkkayô** = 드릴까요 ?, *je vous sers ?* Nous allons aborder prochainement en détail la notion de marque honorifique.

LES CLASSIFICATEURS

Le classificateur est un nom qui sert à dénombrer des choses (personne, objet, animal, etc.). On peut rapprocher cette notion de la précision du contenant en français comme une goutte de vin, un verre de vin, une bouteille de vin, un carton de vin, une caisse de vin… ou encore une feuille A4, une ramette A4, un carton A4… Ici, goutte, verre, bouteille, caisse, et ramette ont la même fonction que les classificateurs coréens qui servent à quantifier les choses (vin, papier).

En coréen, on trouve des classificateurs pour tout ce qui peut se compter, même pour les animaux, les véhicules, les personnes, etc.

• **Les différentes catégories**

On emploie différents classificateurs selon la nature de l'objet à dénombrer :

잔 **djan** : classificateur pour compter le verre ou la tasse → 아메리카노 한 잔 **amélik^{h}anô han djan**, *une tasse de café allongé* ; 와인 세 잔 **wa'in sé djan**, *trois verres de vin…*

개 **gè** : classificateur pour compter des petits objets → 머핀 한 개 **mop^{h}in han gè**, *un muffin* ; 가방 네 개 **gabang né gè**, *quatre sacs…*

권 **gwon** : classificateur pour compter les livres → 책 한 권 **tchèg han gwon**, *un livre* ; 사전 다섯 권 **sadjon dasos gwon**, *cinq dictionnaires…*

마리 **mali** : classificateur pour compter les animaux → 고양이 여섯 마리 **gôyang'i yosos mali**, *six chats* ; 개 일곱 마리 **gè ilgôb mali**, *sept chiens…*

명 **myong** : classificateur pour compter les personnes → 학생 여덟 명 **hagsèng yodolb myong**, *huits élèves* ; 선생님 아홉 명 **sonsèngnim ahôb myong**, *neuf professeurs…*

대 dè : classificateur pour compter les véhicules, les machines → 차 두 대 tcha dou dè, *deux voitures* ; 청소기 열 대 tchongsôgi yol dè, *dix aspirateurs* ; 오토바이 일곱 대 ôtʰôba'i ilgôb dè, *sept motos*…

- **Emploi**

Dans le groupe nominal employant un classificateur, celui-ci se situe en dernière position : article - chiffre coréen - classificateur.

차 두 대 tcha dou dè (litt. « voiture deux classificateur »), *deux voitures*

책 한 권 tchèg han gwon (litt. « livre un classificateur »), *un livre.*

Ensuite, il faut attribuer une particule sur ce groupe de mots pour identifier son rôle grammatical dans la phrase, ex. :

책 한권을 꺼냅니다. tchèg han gwon-eul kkonè-bnida, *il sort un livre.*

Ici, 책 한 권 tchèg han gwon, *un livre* est le COD du verbe 꺼내다 kkonè-da, *sortir (qqch), déloger*, on lui accole donc la particule COD (si ce dernier n'est pas omis).

LA PARTICULE DE THÈME POUR L'EMPHASE

La particule de thème 은 eun/는 neun est employée pour l'emphase de l'élément, ex. : 밖 bakk, *dehors, extérieur* + 에, P. lieu + 는, P. thème = 밖에는, *à l'extérieur, dehors.*

LE PRÉSENT PROGRESSIF

- **Le verbe auxiliaire 고 있다 gô iss-da, « être en train de »**

Le verbe auxiliaire 고 있다 gô iss-da, *être en train de*, sert à exprimer le présent progressif. Il s'accole au radical du verbe, à laquelle s'ajoute une terminaison : 기다리 gidali (기다리다 gidali-da, *attendre*) + 고 있 gô iss (고 있다 gô iss-da, *être en train de*) + 어요 oyô = 기다리고 있어요, *je suis en train d'attendre.*

손님 비가 오 biga ô (비 bi, *pluie*, 비가 오다 biga ô-da, *pleuvoir*) + 고 있 gô iss (고 있다 gô iss-da, *être en train de*) + 네요 néyô = 비가 오고 있네요, *il est en train de pleuvoir.*

- **Le verbe auxiliaire 은/는/ㄴ 것 같다 eun /neun/n gos gatʰ-da, « sembler »**

Le verbe auxiliaire 는 것 같다 neun gos gatʰ-da, *sembler*, s'accole au radical du verbe d'action pour exprimer une supposition, une hypothèse au présent : *je pense que…, il me semble que…* La terminaison s'ajoute ensuite :

늦 neudj (늦다 neudj-da, *retarder*) + 는 것 같 neun gos gat^h (는 것 같다 neun gos gat^h-da, hypothèse) + 아요 ayô = 늦는 것 같아요, *je pense qu'elle est en retard*.

Pour l'exprimer au passé, on emploie la forme 은/ㄴ 것 같다 eun/n gos gat^h-da, *sembler*. Employez 은 eun quand le radical se termine par une consonne ; et ㄴ n quand il se termine par une voyelle, ex. :

바람맞 balammadj (바람맞다 balammadj-da, *poser un lapin*) + 은 것 같 eun gos gat^h (은 것 같다 eun gos gat^h-da, hypothèse) + 아요 ayô = 바람맞은 것 같아요, *je pense qu'on m'a mis un vent*.

비가 오 biga ô (비가 오다 bi-ga ô-da, *pleuvoir*) + ㄴ 것 같 n gos gat^h (ㄴ 것 같다 n gos gat^h-da, hypothèse) + 아요 ayô = 비가 온 것 같아요, *je pense qu'il a plu*.

LA TERMINAISON ORALE D'ENGAGEMENT 을/ㄹ 게(요)

La terminaison 을/ㄹ게요 eul/lgéyô s'accole au radical du verbe pour exprimer l'engagement : *je vous promets…, Il est certain que…* Il ne sert qu'avec un sujet à la première personne (« je » ou « nous »). Accolez 을 eul si le radical se termine par une consonne, accolez ㄹ l s'il se termine par une voyelle. Pour le style familier, il suffit d'enlever 요 yô :

주문하 djoumunha (주문하다 djoumunha-da, *commander*) + ㄹ게요 lgéyô = 주문할게요, *je vais commander* (maintenant) ; 계산하 gyésanha (계산하다 gésan-ha-da, *payer*) + ㄹ게요 lgéyô = 계산할게요, *je vous règle* (sans faute maintenant) ; 안 an, *ne pas* + 늦 neudj (늦다 neudj-da, *retarder*) + 을게 eulgé = 안 늦을게, (je te promets que) *je ne serai pas en retard*.

LA MARQUE HONORIFIQUE 으시/시

La marque honorifique 으시 eusi /시 si s'accole au radical pour faire la preuve de déférence. Accolez 으시 eusi si le radical se termine par une consonne, accolez 시 si s'il se termine par une voyelle, ex. :

심심하 simsimha (심심하다 simsimha-da, *s'ennuyer*) + 시 si, honorifique + 어요 ? = 심심하세요 ?, *vous vous ennuyez ?*

EXPRIMER LE PRIX

La monnaie coréenne est le 원 won, ₩. Il faut connaître les nombres 백 bèg, *cent* ; 천 tchon, *mille*, et 만 man, *dix mille*, car un euro équivaut à environ **1 400 원** tchon sa-bèg won, *1 400 won*. Le verbe 이다 i-da, *être*, permet de renseigner le prix ex. : **7 500 원입니다** tchil-tchon ô-bèg won-i-bnida, *cela fait 7 500 won*.

● EXERCICES

1. ÉCOUTEZ, ÉCRIVEZ ET TRADUISEZ.
21
a. ....
....

b. ....
....

c. ....
....

d. ....
....

2. AJOUTEZ LA TERMINAISON ORALE D'ENGAGEMENT 을/ㄹ게요 ET TRADUISEZ LES PHRASES EN FRANÇAIS.

a. 공부하다 → ....,
....

b. 지금 가다 → ....
....

c. 운동하다 → ....,
....

d. 걷다 → ....,
....

3. TRADUISEZ LES PHRASES EN FRANÇAIS.

(Banque de mots : 예쁘다 **yéppeu-da**, *être joli*, 비싸다 **bissa-da**, *être cher*)

a. 비가 오는 것 같아요.
→ ....

b. 예쁜 것 같아요.
→ ....

c. 비싼 것 같아요.
→ ....

d. 비싸졌어요.
→ ....

● VOCABULAIRE

커피숍 kʰopʰisyôb *café* (lieu)
기다리다 gidali-da *attendre*
늦다 neudj-da *retarder*
먼저 mondjo *d'abord*
자리 djali *place*
드리다 deuli-da *donner* (honorifique)
주문 djoumoun *commande*
주문하다 djoumounha-da *commander*
아메리카노 amélikʰanô *café allongé*
잔 djan classificateur pour compter les tasses ou les verres
머핀 mopʰin *muffin*
개 gè classificateur pour compter les animaux
모두 môdou *tout*
원 won (₩) *monnaie coréenne*
계산 gyésan *calcul*
계산하다 gyésanha-da *payer*
권 gwon classificateur pour compter les livres
꺼내다 kkonè-da *sortir, déloger* (qqch)
밖 bakk *dehors*
심심하다 simsimha-da *s'ennuyer*
고맙다 gômab-da *être reconnaissant*
백 bèg *cent*
천 tchon *mille*
만 man *dix mille*
와인 wa'in *vin*

마리 mali classificateur pour compter les animaux
고양이 gôyang'i *chat*
개 gè *chien*
명 myong classificateur pour compter les gens
대 dè classificateur pour compter les voitures, appareils éléctriques ou les instruments musicaux

20.
AU RESTAURANT
식당에서
SIGDANGÉSO

OBJECTIFS

- EXPRIMER LE FUTUR
- ÊTRE EN RETARD
- EXPRIMER LE PRIX (SUITE)

NOTIONS

- LE CONNECTEUR DE CAUSE
- LA MARQUE D'IMPOSSIBILITÉ
- « AUSSI »
- LA FORME IRRÉGULIÈRE DE « JE »

UN CAFÉ S'IL VOUS PLAÎT (SUITE)

1. (Juni attend toujours son amie au café...)

Minji : Juniiii ! Je suis désolée d'être en retard. Je suis en retard car j'ai loupé le bus. Je ne pouvais pas t'appeler car j'ai perdu mon téléphone portable.

Juni : Mince ! Ça va ? Je te comprends. Tu vas prendre un café ? Moi, ça va car j'en ai pris déjà deux avec un muffin.

Minji : Merci, mais pour me faire pardonner, je t'invite à dîner au restaurant *(en-échange, moi[-sujet] dîner acheter)*. Tu as faim, non ? Qu'est-ce que tu veux manger ? Où veux-tu aller ?

Juni : Oh merci ! Oui, j'ai vraiment faim. Mangeons la cuisine italienne. Je connais un restaurant italien prés d'ici. Je vais beaucoup manger car j'ai vraiment faim.

Minji : Oui, d'accord, allons-y ! Commande autant que tu veux.

2. (Après avoir mangé)

Le propriétaire/patron : Cela fait 18 000 won pour des spaghettis pour une personne, 25 000 won pour une pizza, 19 000 won pour une salade, 35 000 won pour un steak et 60 000 won pour une bouteille de vin. En tout cela fait 157 000 won.

Minji *(murmurant)* : C'est cher… (Minji cherche son porte-feuille dans le sac. Minji commence à être embarrassée) Juni… comment je fais ? Mon porte-feuille a disparu aussi !

커피 한 잔 주세요 (다음)
K^hOP^hI HAN DJAN DJOUSÉYÔ (DA'EUM)

1. 민지 : 쥬니야! 늦어서 정말 미안해. 버스를 놓쳐서 늦었어. 핸드폰도 잃어버려서 전화 못 했어.
Minji : juni-ya ! neudj-oso djongmal mianhè. boseu-leul nôhtchyoso neudj-oss-o. hèndeup^{h}ôn-dô ilhobolyoso djonhwa môs hèss-o

쥬니 : 그랬구나. 괜찮아? 이해해. 커피 마실 거야? 난 벌써 두 잔이랑 머핀 하나를 먹어서 괜찮아.
Juni : geulèss-gouna. gwèntchanh-a ? ihèhè. k^{h}op^{h}i masi-l goya ? na-n bolsso dou djan-ilang mop^{h}in hana-leul mog-oso gwèntchah-a

민지 : 고마워. 대신 내가 저녁 살게. 배고프지? 뭐 먹고 싶어? 어디에 가고 싶어?
Minji : gômawo. dèsin nèga djonyog sa-lgé. bègôp^{h}eu-dji ? mwo mog-gô sip^h-o ? odi-é ga-gô sip^h-o

쥬니 : 오! 고마워. 응, 정말 배고파. 이탈리아 음식을 먹자. 이 근처 이탈리아 식당을 알아. 배고파서 정말 많이 먹을 거야.
Juni : o ! gômaw-o. eung, djongmal bègôp^h-a. it^{h}alia eumsig-eul mog-dja. i gentcho it^{h}alia sigdang-eul al-a. bègôp^h-aso djongmal manhi mog-eul goya

민지 : 그래. 그래. 가자. 많이 시켜.
Minji : geulè. geulè. ga-dja. manhi sik^{h}y-o

2. 주인 : 스파게티 일 인분 18 000 원, 피자 한 판 25 000 원, 샐러드 한 접시 19 000 원, 스테이크 일 인분 35 000원, 와인 한 병 60 000 원입니다. 총 157 000 원입니다.
djouin : seup^{h}agét^{h}i il inboun man-p^{h}altchon won, p^{h}idja han p^{h}an i-man-ô-tchon won, sèllodeu han djobsi man-gou-tchon won, seut^{h}éik^{h}eu il inboun sam-man-ô-tchon won, wa'in han byong youg-man won-i-bnida. tchông sib-ô-man-tchil-tchon won-i-bnida

민지 : 꽤 비싸네... (민지는 가방에서 지갑을 찾습니다. 민지가 갑자기 당황하기 시작합니다.) 쥬니야... 어쩌지? 지갑도 없어졌어!
Minji : kkwè bissa-né. (Minji-neun gabang-éso djigab-eul tchadj-seub-nida. Minji-ga gabdjagi danghwangha-gi sidjagha-bnida) Juni-ya… otso-dji ? djigab-dô obs-odjy-oss-o

■ COMPRENDRE LE DIALOGUE
FORMULES ET EXPRESSIONS

→ 그랬구나 **geulèss-gouna**, *mince, je suis navré pour cela…* Le verbe 그렇다 **geuloh-da**, *être comme cela, être ainsi*, sert souvent à manifester l'empathie dans une conversation (그러 **geulo** (그렇다 **geuloh-da**, *être comme cela*) + 어 **o** = 그래 **geulè**, *oui, d'accord*).

→ 괜찮다 **gwèntchanh-da**, *être bon*, s'emploie pour demander l'état ou tolérer comme dans 괜찮아 **gwèntchanh-a**, *ça va*.

→ 어쩌다 **otso-da**, *faire comment*, s'utilise pour demander l'opinion : 어쩌 **otso** (어쩌다 **otso-da**) + 지 **dji** ? = 어쩌지 ? *Comment fait-on ?*

→ La particule spéciale 도 **dô** peut se traduire par *aussi* dans le contexte affirmatif et par *même* dans un contexte négatif : 핸드폰도 잃어버려서 **hèndeup^hôn-dô ilhoboli-oso**, *parce que j'ai même perdu mon téléphone portable…* ; 지갑도 없어졌어 **djigab-dô obs-odji-oss-o**, *j'ai même perdu mon porte-feuille*.

NOTE CULTURELLE

En Corée, toutes les occasions sont bienvenues pour un repas collectif. Les Coréens commandent le plus souvent un plat unique pour tout le monde, un type de grillade ou un ragoût à partager, tel que 삼겹살 **samgyobsal**, *poitrine de porc*, 닭갈비 **dal-ggalbi**, *poulet mariné à la sauce pimentée*, 소고기 **sôgôgi**, *viande de bœuf*, 감자탕 **gamdjat^hang**, *ragoût pimenté avec pommes de terre et échine de porc*, etc. Le plat est servi au milieu de la table et les convives partagent, chacun dans leur assiette.

RÈGLE DE PRONONCIATION

Quand on voit la consonne ㅀ **lh** ou ㄶ **nh** en consonne finale, on ne prononce pas ㅎ **h**, ex. :

잃어버려서 il**h**-o-bo-lyo-so se prononce par [i-Ro-bo-Ryo-so]

괜찮아 gwèn-tchan**h**-a se prononce par [gwèn-tcha-na]

많이 man**h**-i se prononce par [ma-ni].

◆ GRAMMAIRE
LE CONNECTEUR DE CAUSE 어서/아서

Le connnecteur 어서 oso /아서 aso s'accole au radical du verbe pour exprimer la raison et se traduit par *parce que, comme, car, puisque*. Utilisez 아서 aso si la dernière voyelle est ㅏ a ou ㅗ ô ; 어서 oso pour toutes les autres voyelles :

늦 neudj (늦다 neudj-da, *retarder, être en retard*) + 어서 oso, *parce que* = 늦어서, *parce que je suis en retard*

바빠 bappeu (바쁘다 bappeu-da, *être occupé*) + 아서 aso, *puisque* = 바빠서, *puisque je suis occupée.*

La concordance des temps s'applique à la grammaire française mais non à la grammaire coréenne. En coréen, il suffit de marquer le temps passé à la fin de phrase :

버스를 놓치 boseu-leul nôhtchi (놓치다 nôhtchi-da, *manquer, louper*) + 어서 oso, *parce que* + 늦 neudj (늦다 neudj-da, *être en retard*) + 었 oss, *passé* + 어 o = 버스를 놓쳐서 늦었어, *je suis en retard parce que j'ai manqué le bus.* (litt. « parce que je manque le bus, je suis en retard »)

LA MARQUE D'IMPOSSIBILITÉ

La marque d'impossibilité 못 môs, *ne pas pouvoir*, se trouve devant le verbe pour exprimer l'impossibilité, ex. :

술을 마시다 soul-eul masi-da, *boire de l'alcool* → 술을 못 마시다 soul-eul môs masi-da, *ne pas pouvoir boire de l'alcool.*

Quand il s'agit du verbe d'action formé à partir du verbe 하다 ha-da, *faire*, avec un nom, comme 전화하다 djonhwaha-da, *téléphoner*, la marque d'impossibilité s'insère devant le verbe 하다 ha-da, ex. :

전화하다 djonhwaha-da, *téléphoner* → 전화 못 하다 djonhwa môs ha-da, *ne pas pouvoir téléphoner.*

Comparaison : la marque de négation 안 an, *ne pas*, sert tout simplement à nier le verbe et 못 môs, *ne pas pouvoir*, sert à représenter l'impossibilité : 전화를 안 하다 djonhwa-leul an ha-da, *je ne téléphone pas* (car je n'ai pas envie) ; 전화를 못 하다 djonhwa-leul môs ha-da, *je ne peux pas téléphoner* (car je suis dans l'impossibilité de le faire).

L'EXPRESSION 후, ET 은/ㄴ 후

Pour évoquer la suite d'un événement, on peut employer 후 hou, *après*, ou 은/ㄴ 후 eun/n hou, *après avoir*, selon la structure de la phrase et des éléments qui la composent. On utilise 후 hou, après un nom et on utilise 은/ㄴ 후 eun/n hou, après avoir, après un radical du verbe. Pour ce dernier, utilisez 은 후 eun hou si le radical du verbe se termine par une consonne ; et ㄴ 후 n hou s'il se termine par une voyelle.

> 식사 sigsa, *repas* + 후 hou, *après* = 식사 후, *après le repas*
>
> 40분 sasib boun, *40 minutes* + 후 hou, *après* = 40분 후, *40 minutes plus tard*
>
> 먹 mog (먹다 mog-da, *manger*) + 은 후 eun hou (은/ㄴ 후 eun/n hou, *après avoir*) = 먹은 후, *après avoir mangé*.

LE CLASSIFICATEUR POUR LES PLATS

Pour commander un plat au restaurant, on peut employer plusieurs classificateurs selon le type de plat servi, ex. :

> 판 p^{h}an, *plateau*, pour le plat servi dans un plateau, ex. pizza, galette : 피자 한 판 pidja han p^{h}an, *une pizza*
>
> 접시 djobsi, *assiette*, pour le plat servi dans une assiette : 샐러드 한 접시 sèllodeu han djobsi, *une salade.*

Pour commander un plat par portion, on emploie le classificateur 인분 inboun, *portion*. Ce dernier ne s'emploie pas avec le chiffre coréen mais avec le chiffre sino-coréen, comme dans 스파게티 일 인분 seup^{h}agét^{h}i il inboun, *spaghetti pour une personne* ou 스테이크 일 인분 seut^{h}éik^{h}eu il inboun, *steak pour une personne.*

LE VERBE AUXILIAIRE 기 시작하다

Le verbe auxiliaire 기 시작하다 gi sidjaghada signifie *commencer à*, ex. :

> 당황하 danghwangha (당황하다 danghwangha-da, *se troubler, être embarrassé*) + 기 시작하 gi sidjagha (기 시작하다 gi sidjagha-da, *commencer à*) + ㅂ니다 bnida = 당황하기 시작합니다, *elle commence à être embarrassée*
>
> 눈물이 나 nounmoul-i na (눈물이 나다 nounmoul-i na-da, *avoir des larmes*) + 기 시작하 gi sidjagha (기 시작하다 gi sidjagha-da, *commencer à*) + 았 ass, passé + 어요 oyô = 눈물이 나기 시작했어요, *j'ai commencé à avoir les larmes aux yeux.*

LA FORME IRRÉGULIÈRE DU PRONOM PERSONNEL « JE »

Dès le deuxième module, vous avez appris que le pronom personnel « je » existe sous deux formes : 저 djo ou 나 na. La première s'applique avec les styles ultra-formel ou poli ; la seconde s'emploie avec le style familier. Le pronom (저 djo ou 나 na) associé à la particule de sujet 가 ga produit une forme irrégulière : 저 djo + 가 ga = 제가 djéga ; 나 na + 가 ga = 내가 nèga => 내가 저녁 살게 nèga djonyog sa-lgé, *je t'invite à/pour le dîner* (litt. « c'est moi qui achète le dîner »).

À l'oral, **저 djo** + **는 neun** (P. thème) = **저는 djo-neun** peut être utilisé par **전 djo-n** ; **나 na** + **는 neun** (P. thème) = **나는 na-neun** peut être utilisé par **난 na-n** dans **난 벌써 na-n bolsso**, *j'ai déjà…*

EXPRIMER LE PRIX (SUITE)

Déjà abordé dans le module précédent, l'unité de prix en coréen est un peu complexe, notamment avec l'emploi du système **만 man**, *dix-mille*. Il faut retenir que :

18 000 se dit **만 팔 천 man pʰal tchon** (litt. « dix-mille huit mille »)

25 000 se dit **이 만 오 천 i man ô tchon** (litt. « deux dix-mille cinq mille »)

19 000 se dit **만 구 천 man gou tchon** (litt. « dix-mille neuf mille »)

35 000 se dit **삼 만 오 천 sam man ô tchon** (litt. « trois dix-mille cinq mille »)

60 000 se dit **육 만 youg man** (litt. « six dix-mille »)

157 000 se dit **십오 만 칠 천 sibô man tchil tchon** (litt. « quinze dix-mille sept mille »).

▲ CONJUGAISON
EXPRIMER LE FUTUR

Le verbe auxiliaire **을/ㄹ 거다 eul go-da** sert à exprimer le futur. Il se place à la suite du radical du verbe. Accolez **을 거다 eul go-da** si le radical se termine par une consonne, accolez **ㄹ 거다 l go-da** s'il se termine par une voyelle. La formation de ce verbe auxiliaire est irrégulière.

	Ultra-formel	Poli	Familier
radical se terminant par une consonne : **먹다 mog-da**, *manger*	을 겁니다 **eul gobnida** 먹을 겁니다 **mog-eul gobnida**, *je vais manger*	을 거예요 **eul goyéyô** 먹을 거예요 **mog-eul goyéyô**, *je vais manger*	을 거야 **eul goya** 먹을 거야 **mog-eul goya**, *je vais manger*
radical se terminant par une voyelle : **마시다 masi-da**, *boire*	ㄹ 겁니다 **l gobnida** 마실 겁니다 **masi-l gobnida**, *je vais boire*	ㄹ 거예요 **l goyéyô** 마실 거예요 **masi-l goyéyô**, *je vais boire*	ㄹ 거야 **lgoya** 마실 거야 **masi-l goya**, *je vais boire*

En coréen, on ne distingue pas le futur du futur simple, proche ou antérieur comme c'est le cas en français.

EXERCICES

1. ÉCOUTEZ, ÉCRIVEZ ET TRADUISEZ.
a. ....
b. ....
c. ....
d. ....

2. ÉCOUTEZ ET TROUVEZ LE BON MONTANT.
a. 4 900 원
b. 39 000 원
c. 136 000 원

3. RELIEZ LES PROPOSITIONS ADAPTÉES.
a. 비싸서 • • 1. 많이 먹을 겁니다.
b. 전화 못 해서 • • 2. 못 사요.
c. 기차를 놓쳐서 • • 3. 못 탔어요.
d. 배고파서 • • 4. 미안해.

4. TRADUISEZ LES PHRASES EN CORÉEN AU STYLE DEMANDÉ.

a. Il commence à pleuvoir. (style ultra-formel)
→ ....

b. Désolé d'être en retard, je t'invite à dîner. (style familier)
→ ....

c. Je vais prendre le bus. (style poli avec le verbe auxiliaire 을 거다)
→ ....

d. Je ne vais pas appeler. (style familier avec le verbe auxiliaire 을 거다)
→ ....

VOCABULAIRE

미안하다 mianha-da *être désolé, être navré*
놓치다 nôhtchi-da *manquer, rater (bus, train…)*
잃어버리다 ilhoboli-da *perdre (qqch)*
못 môs *ne pas pouvoir*
그렇다 geuloh-da *être ainsi, être comme ça*
괜찮다 gwèntchanh-da *être bon, être ça va*
이해하다 ihèha-da *comprendre*
배고프다 bègôpʰeu-da *avoir faim*
대신 dèsin *à la place de, en échange, en retour*
스파게티 seupʰagétʰi *spaghetti*
인분 inboun *portion*
피자 pʰidja *pizza*
판 pʰan *plateau, classificateur pour compter la pizza, galette*
샐러드 sèllodeu *salade*
접시 djobsi *assiette*
스테이크 seutʰéikʰeu *steak*
총 tchông *en tout, au total*
지갑 djigab *porte-feuille*
갑자기 gabdjagi *soudain*
없어지다 obsodji-da *disparaître*
비싸다 bissa-da *être cher*
이탈리아 itʰallia, *Italie, italien*
꽤 kkwè *assez, suffisamment*

21.
AU BUREAU
사무실에서
SAMOUSILÉSO

OBJECTIFS

- DONNER UN ORDRE
- UTILISER LE CONDITIONNEL
- DÉSIGNER UNE PERSONNE MORALE

NOTIONS

- L'IMPORTANCE DE LA HIÉRARCHIE AU TRAVAIL
- LA MARQUE DU FUTUR
- LA MARQUE DU CONDITIONNEL
- « ET » / « AVEC »

CONVERSATIONS AU TRAVAIL

1. *(Conversation entre M. CHO et Mme KIM)*

M. CHO : Madame KIM ! Avez-vous envoyé l'e-mail au responsable marketing des éditions Assimil ?

Mme KIM : Non chef, je ne l'ai pas encore envoyé parce que mon ordinateur est en panne.

M. CHO : Pas encore ? Ah ! Mince ! Puisque c'est urgent, contactez-le vite, s'il vous plaît.

Mme KIM : Oui, Monsieur CHO. Je vais le contacter tout de suite…

2. *(Conversation entre M. KIM et la nouvelle employée.)*

M. KIM : C'est vous la nouvelle employée ?

Dani : Oui, enchantée. Je m'appelle Dani. Par quoi je commence ?

M. KIM : La carte de visite du responsable marketing a disparu. Où est-ce que vous l'avez posée ? Elle était sûrement sur mon bureau.

Dani : Je ne sais pas trop, monsieur. Je vais essayer de la trouver !

M. KIM : Vite !! Bon, je vais également demander à toute l'équipe ! L'équipe ! Cherchons tous ensemble car c'est important !

3. *(Conversation entre Dani et un membre de l'équipe.)*

Dani : Si on ne la trouve pas maintenant, peut-on quitter le travail à l'heure ?

Taeho : Euh… Ah, je ne sais pas… J'ai prévu un rendez-vous amoureux avec ma copine ce soir… Je vais avoir des ennuis !

직장에서 대화
DJIGDJANG-ÉSO DÈHWA

◀ 23

1. 조 이사 : 김 대리 ! 아씨밀사 마케팅 담당자에게 메일 보냈나 ?
Cho isa : Kim dèli ! assimil-sa makʰétʰing damdangdja-égé méil bônè-ss-na

김 대리 : 아니요, 조 이사님. 컴퓨터가 고장이 나서 아직 못 보냈습니다.
Kim dèli : aniyô, cho isa-nim. kʰompʰyoutʰo-ga gôdjang-i n-aso adjig môs bonè-ss-seubnida

조 이사 : 아직도요 ? 어허 ! 이런... 급하니까 빨리 연락하세요.
Cho isa : adjig-dô-yô ? oho! ilon... geubha-nikka ppalli yonlagha-séyô

김 대리 : 네, 이사님. 바로 연락해 보겠습니다.
Kim dèli : né, isa-nim. balô yonlaghè bô-géss-seubnida

2. 김 대리 : 신입 사원이세요 ?
Kim dèli : sinib sawon-i-séyô

신입 사원 다니 : 네, 잘 부탁드립니다. 김다니입니다. 뭐부터 시작할까요 ?
Sinib sawon dani : né, djal boutʰagdeuli-bnida. kim-dani-i-bnida. mwo-boutʰo sidjagha-lkkayô

김 대리 : 다니 씨 ! 담당자 명함이 없어졌어요. 명함을 어디에 두었나요 ? 명함이 분명히 제 책상 위에 있었는데요.
Kim dèli : dani ssi ! damdangdja myongham-i obsodjyoss-oyô. myongham-eul odi-é dou-oss-nayô. myongham-i bounmyonghi djé tchègsang wi-é iss-oss-neundéyô

신입 사원 다니 : 잘 모르겠는데요, 대리님... 찾아 볼게요.
Sinib sawon dani : djal môleu-géss-neundéyô, dèli nim... tchadj-a bô-lgéyô

김 대리 : 빨리요 ! 그럼 팀원들에게도 물어 볼게요. 팀원들 ! 중요하니까 다 같이 찾아 봅시다 !
KIM dèli : ppalli-yô ! geulom tʰimwon-deul-égé-dô moul-o bô-lgéyô. tʰimwon-deul ! djoungyôha-nikka da gatʰi tchadj-a bô-bsida

3. 다니 : 지금 못 찾으면 제시간에 퇴근할 수 있을까 ?
Dani : djigeum môs tchadj-eumyon djé sigan-é tʰwégeunha-l sou iss-eulkka

태호 : 글쎄... 아... 저녁에 여자 친구랑 데이트하기로 했는데... 큰일이 났네.
Taeho : geulssé... a djonyog-é yodja tchingou-lang déitʰeuha-gilô hèss-neundé... kʰeunil-i n-ass-né

COMPRENDRE LE DIALOGUE
FORMULES ET EXPRESSIONS

- → Dans le cadre professionnel, on désigne ou on n'est désigné selon son titre professionnel : **이사** isa, *administrateur* ; **대리** dèli, *chef en second*… Le supérieur hiérarchique peut désigner son subalterne par son nom de famille suivi de son titre : **김 대리** Kim dèli.
  대리 dèli étant inférieur à **이사** isa, il faut ajouter le suffixe honorifique **님** nim après le titre professionnel : **네** né, **이사님** isa-nim, *oui, monsieur l'administrateur*. Dans ce dialogue, la nouvelle employée désigne bien son supérieur ainsi : **대리**dèli → **대리님** dèli-nim.
- → **사원** sawon signifie *employé* et **신입 사원** sinib sawon signifie *un nouvel employé*.
- → Quand un supérieur s'adresse à son nouvel employé, il le désigne par son prénom accompagné de **씨** ssi suffixe honorifique employé après un (nom +) prénom : **다니** Dani → **다니 씨** Dani ssi ; **태호** Taeho → **태호 씨** Taeho ssi.
  Le suffixe honorifique **씨** ssi ne s'emploie que par un supérieur envers un subalterne.
- → Pour désigner une personne morale comme une entreprise, on emploie le nom de la société avec le suffixe **사** sa, ex. : **아씨밀** Assimil → **아씨밀사** Assimilsa, *entreprise Assimil*.
- → **큰일이 나다** k^{h}eunil-i na-da, *avoir de gros ennuis, se heurter à de grosses difficultés*, est une expression employée souvent au passé pour insister sur la gravité de l'événement : **큰일이 나** k^{h}eunil-i na (**큰일이 나다** k^{h}eunil-i na-da, *avoir de gros ennuis*) + **았** ass, passé + **네** né, marque exclamative = **큰일이 났네**, *j'ai de gros ennuis*.
- → **잘 부탁드립니다** djal bout^{h}agdeuli-bnida (style ultra-formel), signifie littéralement « prenez bien soin de moi », vient du verbe **잘 부탁드리다** djal bout^{h}agdeuli-da. Nous pouvons le repérer sous les formes **잘 부탁드려요** djal bout^{h}agdeulyoyô (style poli) ou **잘 부탁해** djal bout^{h}aghè (style familier). Cette expression s'emploie souvent pour dire « enchanté ».
- → **이랑** ilang (après une consonne) / **랑** lang (après une voyelle) vient s'ajouter au nom pour dire *et* ou *avec* : **여자 친구랑** yodja tchin'gou-lang, *avec ma copine* (traduit par *avec* après un nom) ; **엄마랑 아빠** omma-lang appa, *maman et papa* (traduit par *et* entre deux noms). Il est interchangeable avec **과** gwa (après une consonne)/**와** wa (après une voyelle).

NOTE CULTURELLE

Beaucoup de Coréens sont employés de bureau. La culture du travail est réelle en Corée du Sud avec une durée légale de travail actuellement fixée à 52 heures par semaine. Le taux de chômage est très bas. Comme vous avez pu découvrir au fil des modules, la hiérarchie (selon l'âge, le statut professionnel, la relation…) est prégnant. L'entreprise est un exemple typique représentant la hiérarchisation dans le groupe. Le responsable peut éventuellement utiliser le 반말 banmal, *tutoiement*, et le style familier, lorsqu'il s'adresse à ses salariés mais jamais à l'inverse. Néanmoins, son usage reste très prudent pour ne pas manquer de respect.

Pour rappel, désigner et se désigner en coréen demande l'analyse de la situation et du contexte. C'est pour cela qu'il est très important de les repérer : l'équivalent « Monsieur, Madame » en coréen se détermine en fonction du contexte. En cas de doute, employez 선생님 sonsèng-nim, litt. « professeur ».

RÈGLE DE PRONONCIATION

- **Nasalisation**

La consonne nasale ㄴ **n** influence la consonne voisine précédente, qui prend la même forme :

데이트하기로 했는데 déit^heuha-gilô hè**ss-n**eundé se prononce [hè**n-n**eun-dé]

보냈나 bônè**ss-n**a se prononce [bô-nè**n-n**a]

두었나요 dou-o**ss-n**ayô se prononce [dou-o**n-n**a-yô].

- **Assimilation**

La consonne ㄴ **n** et ㄹ **l** fusionnent quand elles sont l'une à côté de l'autre en ㄹ **l** :

연락하세요 yo**nl**agha-séyô se prononce [yo**l-l**ag-ha-sé-yô].

◆ GRAMMAIRE
LE CONNECTEUR DE CAUSE 으니까/니까

Le connecteur 으니까 eunikka / 니까 nikka s'accole au radical du verbe pour introduire la raison : *parce que, car, comme, puisque*… Accolez 으니까 eunikka si le radical se termine par une consonne, accolez 니까 nikka, s'il se termine par une voyelle :

급하 geubha (급하다 geubha-da, *être urgent*) + 니까 nikka (으니까 eunikka / 니까 nikka, *parce que*) = 급하니까, *parce que c'est urgent* ; 늦 neudj (늦다 neudj-da, *être en retard*) + 었 oss, *passé* + 으니까 eunikka (으니까 eunikka / 니까 nikka, *parce que*) = 늦었으니까, *parce qu'on est en retard.*

C'est exactement le même sens avec le connecteur 어서 **oso** /아서 **aso**. La différence réside au niveau du mode de la phrase. Employez 어서 **oso** /아서 **aso** s'il s'agit d'une phrase <u>déclarative et interrogative</u>. Choisissez 으니까 **eunikka** /니까 **nikka** pour les phrases <u>exhortative et impérative</u>. Exemples :

늦어서 빨리 가요 neudj-oso ppali ga-yô, *Je m'en vais vite car je suis en retard.* (phrase déclarative)

컴퓨터가 고장이 나서 못 보냈어요 ? komp^hyouth^o-ga gôdjang-i n-aso môs bôbèss-oyô, *Vous n'avez pas pu envoyer l'e-mail parce que l'ordinateur était en panne ?* (phrase interrogative)

급하니까 빨리 연락하세요 geubha-nikka ppali yonlagha-séyô, *Contactez-le vite car c'est urgent !* (phrase impérative)

중요하니까 다 같이 찾아 봅시다 djoung'yôha-nikka da gat^hi tchadj-a bô-bsi-da, *Cherchons tous ensemble parce que c'est important.* (phrase exhortative)

LE CONNECTEUR CONDITIONNEL 으면/면

Le connecteur 으면 **eumyon** /면 **myon** permet d'exprimer le conditionnel en s'accolant au radical du verbe. Utilisez 으면 **eumyon** si le radical se termine par une consonne, 면 **myon** s'il se termine par une voyelle :

못 môs, *ne pas* + 찾 tchadj (찾다 tchadj-da, *chercher*) + 으면 eumyon (으면 eumyon /면 myon, *si*) = 못 찾으면, *si je ne le trouve pas…*

피곤하 p^higônha (피곤하다 p^higônha-da, *être fatigué*) + 면 myon (으면 eumyon/ 면 myon, *si*) + 쉬 swi (쉬다 swi-da, *se reposer*) + 세요 séyô = 피곤하면 쉬세요, *si vous êtes fatigué, reposez-vous.*

LA MARQUE DE FUTUR/HYPOTHÈSE 겠

La marque 겠 **géss** permet d'indiquer le futur. Le futur étant un événement qui n'a pas encore eu lieu, il peut éventuellement être considéré comme une supposition.

연락하 yonlagha (연락하다 yonlagha-da, *contacter*) + 아 보 a bô (어/아 보다 o/a bô-da, *essayer de*) + 겠 géss (futur) + 습니다 seubnida = 연락해 보겠습니다, *je vais essayer de contacter*

La marque 겠 **géss** sert aussi pour adoucir une expression.

잘 djal, *bien* + 모르 môleu (모르다 môleu-da, *ignorer*) + 겠 géss (adoucissement) + 는데요 neundéyô = 잘 모르겠는데요, *je ne sais pas trop.*

LES VERBES AUXILIAIRES

• 어/아 보다 *o/a bô-da*

Ce verbe auxiliaire se traduit littéralement par « essayer de, tenter de », ex. :

연락하 yonlagha (연락하다 yonlagha-da, *contacter*) + 아 보 a bô (어/아 보다 o/a bô-da, *essayer*) + 겠 géss, futur + 습니다 seubnida = 연락해 보겠습니다, *je vais essayer de le contacter*

찾 tchadj (찾다 tchadj-da, *chercher*) + 아 보 a bô (어/아 보다 o/a bô-da, *essayer*) + ㄹ게요 lgéyô = 찾아 볼게요, *je vais essayer de le chercher*

찾 tchadj (찾다 tchadj-da, *trouver*) + 아 보 a bô (어/아 보다 o/a bô-da, *essayer*) + ㅂ시다 bsida = 찾아 봅시다, *essayons de trouver*

물 moul (묻다 moud-da, *interroger, demander*) + 어 보 o bô (어/아 보다 o/a bô-da, *essayer*) + ㄹ게요 lgéyô = 물어 볼게요, *je vais essayer d'interroger* (irrégulier en ㄷ d).

• 을/ㄹ 수 있다 *eul/l sou iss-da*, « pouvoir »

Le verbe auxiliaire 을/ㄹ 수 있다 eul/l sou iss-da, *pouvoir*, s'accole au radical du verbe pour exprimer la possibilité. Utilisez 을 수 있다 eul sou iss-da si le radical se termine par une consonne ; ㄹ 수 있다 l sou iss-da s'il se termine par une voyelle :

찾 tchadj (찾다 tchadj-da, *chercher*) + 을 수 있 eul sou iss (을/ㄹ 수 있다 eul/l sou iss-da, *pouvoir*) + 어요 oyô = 찾을 수 있어요, *je peux le trouver*

퇴근하 tʰwégeunha (퇴근하다 tʰwégeunha-da, *quitter le travail*) + ㄹ 수 있 eul sou iss (을/ㄹ 수 있다 eul/l sou iss-da, *pouvoir*) + 을까 ? eulkka = 퇴근할 수 있을까 ?, *peut-on quitter le bureau ?*

• 기로 하다 *gilô ha-da*, « décider »

Le verbe auxiliaire 기로 하다 gilô ha-da s'accole au radical du verbe pour représenter une décision et ainsi correspondre au verbe *décider* en français. Il ne faut pas oublier d'ajouter une terminaison !

데이트하 déitʰeu ha (데이트하다 déitʰeuha-da, *faire un rendez-vous amoureux*) + 기로 하 gilô ha (기로 하다 gilô ha-da, *avoir prévu*) + 었 oss, passé + 는데 neundé = 데이트하기로 했는데… *j'avais prévu un rendez-vous amoureux…*

LA TERMINAISON ORALE 은/는/ㄴ데요...

La terminaison orale 은/는/ㄴ데요 eun/neun/ndéyô permet de souligner une interaction entre l'interlocuteur et le locuteur. Elle s'utilise également pour décrire une condition préalable. Adjoindre 은/ㄴ데요 eun/ndéyô au radical du verbe d'état (은데요 eundéyô si le radical se termine par une consonne ; ㄴ데요 ndéyô quand il se termine par une voyelle) ; affecter 는데요 neundéyô après le radical du verbe d'action ou après la marque de temps (passé, futur…). Au style familier, il suffit d'enlever 요 yô.

책상 tchègsang + 위 wi, *dessus* + 에 é, P. lieu + 있 iss (있다 iss-da, *exister, il y a*) + 었 oss, *passé* + 는데요 neundéyô = 책상 위에 있었는데요, *c'était sur mon bureau mais…*

잘 djal, *bien* + 모르 môleu (모르다 môleu-da, *ne pas savoir*) + 겠 géss + 는데요 neundéyô = 잘 모르겠는데요, *je ne sais pas trop…*

LA TERMINAISON ORALE 나요 ?

나요 ? nayô ? est une terminaison orale utilisée pour accentuer la phrase interrogative. Elle est exploitée dans le cadre d'une conversation entre un supérieur hiérarchique et un subalterne. Dans une grande entreprise, par exemple, nous pouvons citer le cas d'un chef s'adressant à son employé. Au style familier, il faut enlever la dernière lettre 요 yô.

메일 보내 méil bônè (보내다 bônè-da, *envoyer*) + 었 oss, *passé* + 나 ? na = 메일 보냈나 ?, *avez-vous envoyé l'e-mail ?*

VOCABULAIRE

대화 dèhwa *conversation*
마케팅 mak^héth ing *marketing*
담당자 damdangdja *personne en charge, responsable*
고장이 나다 gôdjang-i na-da *être en panne*
아직 adjig *encore*
이런 ilon *zut !, Mon Dieu !*
급하다 geubha-da *être urgent*
연락 yonlag *contact*
연락하다 yonlagha-da *contacter*
바로 balô *tout de suite*
명함 myongham *carte de visite*
두다 dou-da *poser*
모르다 môleu-da *ignorer*
자! dja *Bon ! Allez !*
팀 t^him *équipe*
팀원 t^himwon *membre de l'équipe*
중요하다 djoung'yôha-da *être important*
다 da *tout*
제시간 djésigan *à l'heure*
글쎄… geulssé *euh…, eh bien…*
데이트하다 déit^heuha-da *avoir un rendez-vous amoureux*
큰일이 나다 k^heunil-i na-da *avoir des ennuis*
쉬다 swi-da *se reposer*

시작하다 sidjagha-da *commencer*
분명히 bounmyonghi *certainement, sûrement*
책상 tchègsang *bureau (meuble)*
위 wi *dessus*
찾다 tchadj-da *chercher, trouver*

● EXERCICES

1. ÉCOUTEZ ET CHOISISSEZ CE QUE DANI PEUT DEMANDER AU VENDEUR.
(Banque de mots : 원피스 **wonpʰiseu**, *robe*)

a. 원피스예요.

b. 원피스를 입나요 ?

c. 입기로 해요.

d. 한번 입어 보고 싶어요.

2. ÉCOUTEZ, TRANSCRIVEZ ET TRADUISEZ.

a. ....

....

b. ....

....

c. ....

....

d. ....

....

3. RELIEZ À LA PROPOSITION ADAPTÉE POUR FORMER UNE PHRASE.

a. 싸니까 •　　•　1. 빨리 사세요.

b. 차가 막히니까 •　　•　2. 빨리 퇴근할게요.

c. 데이트가 있어서 •　　•　3. 연락했어요.

d. 급해서 •　　•　4. 지하철을 타자.

4. AJOUTEZ LA TERMINAISON ORALE 은/는/ㄴ데요 ADAPTÉE ET TRADUISEZ LES PHRASES EN FRANCAIS.

a. 피곤하다. → ....

b. 컴퓨터가 고장이 났다 ? → ....

c. 명함을 찾다 ? → ....

d. 기분이 좋다. → ....

IV

LES

LOISIRS

22.
LE CINÉMA
영화
YONGHWA

OBJECTIFS	NOTIONS
• EXPRIMER UNE HYPOTHÈSE	• LES VERBES AUXILIAIRES
• FAIRE UNE DEMANDE	• LES TERMINAISONS ORALES
• DÉCRIRE UNE ACTION / UN ÉTAT	• LES CONJONCTIONS DE COORDINATION

SILENCE, ÇA TOURNE !

1. *(Un couple se promène en ville et voit une foule. L'homme et le femme sont très curieux…)*

<u>Jung</u> : Là-bas, il y a foule. Qu'est-ce qui se passe ?

<u>Dani</u> : On va *(aller le)* voir ?

<u>Jung</u> : Ok, allons-y !

2. *(Dans la foule)*

<u>Réalisateur</u> *(dans un haut-parleur)* : Écoutez ! Mettez-vous tous sur le côté, s'il vous plaît. Nous sommes en train de tourner un film. Action !

<u>Dani</u> : On est sur le tournage d'un film ? Ouahou ! Ça tombe bien car j'adore regarder les films coréens.

<u>Jung</u> : Oh ! On voit Gong Yoo et Song Hye-kyo là-bas ! Je suis un vrai fan de ces deux acteurs ! Je pense qu'ils sont tous les deux les les acteurs principaux. Ils tournent une scène où ils se serrent dans les bras.

<u>Dani</u> : C'est quel genre de film ? Les deux acteurs tournent un film d'amour, tu crois ? Un thriller ? Une comédie ?

<u>Jung</u> : Au fait, connais-tu Gong Yoo ?

<u>Dani</u> : Je le connais évidemment ! Il a joué dans plusieurs films et séries télévisées : **Coffee Prince** et **Dernier train pour Busan**. Il joue bien, il est beau et il a une bonne réputation. Gong Yoo ! Une signature, s'il vous plaît !

◀ 24 조용히 해 주세요. 영화 촬영 중입니다.
DJÔYÔNGHI HÈ DJOUSÉYÔ. YONGHWA TCHWALYONG DJOUNG'IBNIDA.

1.
주환 : 저기에 사람이 많이 몰려 있네. 무슨 일이지 ?
<u>Juhwan</u> : djogi-é salam-i manhi môllyo iss-né. mouseun il-i-dji

다니 : 한번 가 볼까 ?
<u>Dani</u> : hanbon g-a bô-lkka

주환 : 그래, 가 보자.
<u>Juhwan</u> : geulè, g-a bô-dja

2.
감독 : 자 ! 다들 좀 비켜 주세요. 영화 촬영 중입니다. 액션 !
<u>Gamdôg</u> : dja ! da-deul djôm bikʰyo djouséyô. yonghwa tchwalyong djoung-i-bnida. ègsyon !

다니 : 영화 촬영 중이라고 ? 와우 ! 내 취미가 한국 영화 감상인데 정말 잘 됐다.
<u>Dani</u> : yonghwa tchwalyong djoung-i-lagô ? wa'ou ! nè tchwimi-ga han'goug yonghwa gamsang-i-ndé djongmal djal dwèss-da

주환 : 어 ! 저기 공유랑 송혜교가 보인다. 나 저 두 배우 완전 팬인데.... 둘이 시나리오 주인공인가 봐. 포옹 신을 찍는 것 같아.
<u>Juhwan</u> : o ! djogi Gong Yoo-lang Song Hye-kyo-ga bôi-nda. na djo dou bèou wandjon pʰèn-i-ndé… doul-i sinaliô djouin'gông-i-nga bwa. pʰôông sin-eul tsig-neun gos gatʰ-a

다니 : 무슨 장르지 ? 두 배우가 이번에 로맨스 영화를 찍나 ? 스릴러 ? 코미디 ?
<u>Dani</u> : mouseun djangleu-dji ? dou bèou-ga ibon-é lômènseu yonghwa-leul tsig-na ? seulillo ? kʰômidi ?

주환 : 너 그런데 공유를 알아 ?
<u>Juhwan</u> : No geulondé Kongyou-leul al-a

다니 : 당연히 알지. '커피프린스'하고 '부산행' 등 여러 드라마와 영화에 출연했잖아. 연기도 잘하고 잘생기고 평판도 정말 좋아. 공유 오빠 ! 사인해 주세요.
<u>Dani</u> : dang'yonhi al-dji. kʰopʰipʰeulinseu-hagô 'bousanhèng' deung yolo deulama-wa yonghwa-é tchoulyonhèss-djanh-a. yon'gi-dô djalha-gô djalsènggi-gô pʰyongpʰan-dô djongmal djôh-a. Gong Yoo ôppa ! sa'inhè djouséyô

COMPRENDRE LE DIALOGUE
FORMULES ET EXPRESSIONS

→ 중 **djoung**, *en cours*, s'emploie après un nom pour signifier que l'action est en train de se dérouler : 촬영 중 **tchwalyong djoung**, *tournage en cours*.
→ Pour rappel, 나 **na**, *je*, est la version non polie de 저 **djo**, *je*. 나 **na** + 의 **eui**, particule possessive *de*, s'accolent ainsi : 내 **nè**, *mon, ma, mes*, ex. : 내 취미 **nè tchwimi**, *mes loisirs*.
→ 잘되 **djaldwé** (잘되다 **djaldwé-da**, *bien devenir*) + 었 **oss**, passé + 다 **da** = 잘됐다, litt. « c'est bien devenu ». Cette expression s'emploie pour manifester la bonne occasion qui se présente. On pourrait traduire par *tant mieux, ça tombe bien*.
→ Le mot 신 **sin**, *scène*, vient de l'anglais ***scene*** coréanisé et s'emploie ainsi : 포옹 신 **p^hôông sin**, *scène où on se serre dans les bras*, 키스 신 **k^hiseu sin**, *scène de baiser*. Ce mot en version sino-coréen est 장면 **djangmyon**, *scène*.
→ Les verbes 찍다 **tsig-da** et 촬영하다 **tchwalyongha-da** servent à signifier *tourner* (film), *filmer*.
→ 잘생기다 **djalsènggi-da**, *être beau*, ne s'emploie pas pour les femmes mais plutôt pour les hommes, les objets, etc.
→ On recourt souvent au terme 완전 **wandjon** à l'oral pour dire *vraiment*.
→ 오빠 **ôppa** est une appellation intime, employée par la locutrice pour désigner son acteur préféré.

NOTE CULTURELLE

Le cinéma sud-coréen est très dynamique. Plusieurs écoles se distinguent : les films classiques sur la culture coréenne traditionnelle et la nouvelle vague de jeunes réalisateurs proposant des sujets contemporains et sociaux. La culture populaire sud-coréenne est appelée actuellement 한류 **hanlyou** [hal-lyou]. Ce terme désigne le phénomène culturel coréen dans le cinéma, la musique k-pop et les séries TV dans les autres pays. Le succès croissant du cinéma sud-coréen à l'étranger est démontré par les distinctions remportées à l'international du film 기생충 **gisèngtchoung**, *Parasite*, de 봉준호 **Bong Joon-ho** (Palme d'or au Festival de Cannes en 2019 et Oscar du meilleur film en 2020).

De nombreux termes coréens relatifs au champ lexical du 7e art sont empruntés au vocabulaire français et anglais :
장르 **djangleu**, *genre* (mot français coréanisé)

액션 ègsyon *action* ou 코미디 kʰômidi *comédie* (mots d'origine française ou américaine coréanisés)
스릴러 seulillo *thriller* (mot anglais coréanisé)
시나리오 sinaliô *scénario* (mot italien coréanisé)

RÈGLE DE PRONONCIATION

La consonne nasale ㄴ n rend sa voisine nasalisée : 찍는 것 같아 tsig-neun gos gatʰ-a se prononce par [tsing-neun goᵀ ga-tʰa] ; 찍나 tsig-na se prononce par [tsing-na].

◆ GRAMMAIRE
LES VERBES AUXILIAIRES

• 어/아 있다 *o/a iss-da*

Le verbe auxiliaire 어/아 있다 o/a iss-da s'adjoint au radical du verbe pour décrire une action ou un état qui continue. Accolez 아 a si la dernière voyelle du radical se termine par ㅏ a ou ㅗ ô ; 어 o pour toutes les autres voyelles.

Ex. : 사람 salam, *gens* + 이 i, P.sujet + 몰리 (몰리다 môlli-da, *se réunir, se rassembler*) + 어 있 o iss (어/아 있다 o/a iss-da) + 네 né = 사람이 몰려 있네, *il y a foule* (litt. « gens restent rassemblés »).

• 어/아 보다 *o/a bô-da*

Comme nous avons appris dans le module précédent, le verbe auxiliaire 어/아 보다 o/a bô-da, *essayer de*, se jouxte au radical du verbe d'action afin de souligner l'essai, la tentative. On peut éventuellement insérer 한번, *une fois* :

한번 hanbon, *une fois* + 가 (가다 ga-da, *aller*) + 아 보 (어/아 보다) + ㄹ까 ? lkka = 한번 가 볼까 ?, *On y va ?* (litt. « on essaie d'aller une fois »)

가 (가다 ga-da, *aller*) + 아 보 (어/아 보다) + 자 dja = 가 보자, *allons-y* (litt. « essayons aller »).

FAIRE UNE DEMANDE AVEC LE VERBE AUXILIAIRE 어/아 주다

Afin d'adoucir la demande, on emploie très souvent le verbe auxiliaire 어/아 주다 o/a djou-da, littéralement « faire qqch pour qqn ». Accolez 어 o si la dernière voyelle du radical se termine par autres que ㅏ a ou ㅗ ô ; ajoutez 아 a si elle se termine par ㅏ a ou ㅗ ô. Voici sa formation avec la terminaison de style :

어/아 주(어/아 주다) + 십시오 o/a djousibsiô (style ultra-formel)
어/아 주세요 o/a djouséyô (style poli)
어/아 줘 o/a djwo (style familier).

Exemples :

비키 (비키다 bik^hi-da, *se pousser, se mettre de côté*) + 어 주 (어/아 주다) + 시 + 어요 = 비켜 주세요, *mettez-vous sur le côté, s'il vous plaît* (litt. « vous vous mettez sur le côté pour moi, svp »)

사인하 (사인하다 sa'inha-da, *signer*) + 아 주 (어/아 주다) + 시 + 어요 = 사인해 주세요, *une signature, s'il vous plaît* (litt. « vous signez pour moi, svp »)

조용히 하 (조용히 하다 djôyônghi ha-da, *se taire*) + 아 주 (어/아 주다) + 시 + 어요 = 조용히 해 주세요, *silence* ou *on se tait* (litt. « vous vous taisez pour moi, svp »).

LE VERBE AUXILIAIRE DE SUPPOSITION 은/는/ㄴ 가 보다

Le verbe auxiliaire 은/는/ㄴ 가 보다 eun/neun/n ga bô-da, *sembler, supposer*, fait suite au radical du verbe pour exprimer la supposition ou l'hypothèse. Mettez 은 eun (après une consonne) / ㄴ n (après une voyelle) au radical du verbe d'état ; et 는 neun (après une consonne) / ㄴ n (après une voyelle) au radical du verbe d'action, ex. :

주인공이 (주인공이다 djouin'gông-i-da, *être protagoniste*) + ㄴ가 보 (은/는/ㄴ가 보다, *supposer*) + 아 = 주인공인가 봐, *on dirait que / je suppose qu'il a le rôle principal du film*

영화를 찍 (영화를 찍다 yonghwa-leul tsig-da, *tourner un film*) + 는가 보 (은/는/ㄴ가 보다) + 아요 = 영화를 찍는가 봐요, *je devine/suppose qu'on tourne un film.*

LES TERMINAISONS ORALES

- 으라고/라고(요) ? eulagô/lagô(yô) ?

La terminaison orale 으라고/라고(요) ? eulagô/lagô(yô) ? s'accole au radical du verbe d'action pour confirmer. 으라고 eulagô lorsque le radical se termine pas une consonne ; 라고 lagô quand il se termine par une voyelle. On peut ajouter 요 yô à la fin au registre poli, ex. : 촬영 중이 (촬영 중이다 tchwalyong djoung-i-da, *être en cours de tourner*) + 라고 ? lagô = (Quoi ? ça veut dire que) *c'est en cours de tournage ?*

- 나 ? *na ?*

La terminaison orale 나 ? na ? s'emploie avec le radical du verbe afin de se poser des questions (en monologue), ex. :

영화를 찍 (찍다 tsig-da, *tourner*) + 나 ? = 영화를 찍나 ? *on tourne un film ?*

- 지(요) *dji(yô)*

La terminaison orale 지(요) dji(yô) s'accole au radical dans le contexte d'une phrase déclarative et interrogative, ex. :

무슨 mouseun, *quel* + 일 il, *affaire* + 이 (이다 i-da, *être*) + 지 ? = 무슨 일이지 ?, *Qu'est-ce qui se passe ?* (litt. « quel affaire-être »)

무슨 mouseun, *quel* + 장르 djangleu, *genre* + 이 (이다 i-da, *être*) + 지 ? = 무슨 장르지 ?, *c'est quel genre ?* (litt. « quel genre-être »)

당연히 dang'yonhi, *évidemment* + 알 (알다 al-da, *connaître*) + 지 = 당연히 알지, *évidemment, je le connais.*

- 잖아(요) *djanha(yô)*

La terminaison orale 잖아(요) djanha(yô) s'accole au radical du verbe. Elle implique que son interlocuteur est censé connaître l'information communiquée dans la conversation. On peut le traduire, par *comme vous le savez, vous savez bien que…*, ex. :

'부산행'에 출연하(…에 출연하다 é tchoulyonha-da, *jouer dans* …) + 았 ass+ 잖아요 = '부산행'에 출연했잖아요, (comme vous le savez) *il a joué dans* Dernier train pour Busan

저는 한국 사람이 아니(아니다 ani-da, *ne pas être*) + 잖아요 = 저는 한국 사람이 아니잖아요, (vous devrez savoir que/ vous savez bien que) *je ne suis pas coréen.*

LA TERMINAISON 는/ㄴ 다

La terminaison 는/ㄴ 다 neun/nda fait suite au radical du verbe d'action pour décrire une action au présent. On trouve 는 neun si le radical se termine par une consonne, et ㄴ n s'il se termine par une voyelle, ex. :

송혜교가 보이 (보이다 bôi-da, *apparaître*) + ㄴ다 = 송혜교가 보인다, *on voit Song Hye-Kyo* (litt. « Song Hyekyo apparaît »)

지금 영화를 찍(찍다 tsig-da, *filmer*) + 는다 = 지금 영화를 찍는다, *maintenant on tourne un film.*

LES CONJONCTIONS DE COORDINATION

- 은/는/ㄴ데 ...*eun/neun/ndé*

은/는/ㄴ데 eun/neun/ndé se connecte au radical du verbe afin de relier la suite de la phrase. Il est comparable au signe de ponctuation « ; » qui s'emploie à montrer l'existence d'une liaison logique entre deux phrases. Il peut se traduire par *alors, mais, donc*, etc., selon le contexte. Accolez 은 (après une consonne) / ㄴ (après une voyelle) / 데 eun/ndé au radical du verbe d'état et 는데 neundé après un radical du verbe d'action.

내 취미가 한국 영화 감상이 (이다 i-da, *être*) + ㄴ데 (은/는/ㄴ데) + 정말 잘 됐다 djongmal djal dwèssda = 내 취미가 한국 영화 감상인데 너무 잘됐다, *j'aime beaucoup regarder des films coréens alors ça tombe bien* (litt. « mon loisir est de regarder des films coréens ; ça tombe bien »).

- 고 *gô*

Le connecteur 고 gô, *et* relie/coordonne les phrases en une seule, ex. :

연기도 잘하(잘하다 djalha-da, *jouer bien*) + 고, *et* + 잘생기 (잘생기다 djal-sènggi-da, *être beau*) + 고, *et* + 평판도 좋 (평판이 좋다 pʰyongpʰan-i djôh-da, *réputation être bien*) + 아 a = 연기도 잘하고 잘생기고 평판도 좋아, *il joue bien, il est beau et il a aussi une bonne réputation*

저는 프랑스 사람이(프랑스 사람이다 pʰeulangseu salam-i-da, *être français*) + 고 + 파리에 살(살다 sal-da, *vivre*) + 아요 ayô = 저는 프랑스 사람이고 파리에 살아요, *je suis français et j'habite à Paris*.

VOCABULAIRE

몰리다 môlli-da *se réunir, se grouper*
일 il *affaire, événement*
들 deul *marque pluriel*
비키다 bikʰi-da *se mettre de côté*
영화 yonghwa *cinéma, film*
촬영 tchwalyong *tournage*
중 djoung *en cours*
보이다 bôi-da *apparaître, se voir*
주인공 djouin'gông *protagoniste, personnage principal*
포옹 pʰôông *baiser*
신 sin *scène*
찍다 tsig-da *tourner*
배우 bèou *acteur*
이번 ibon *cette fois-ci*
로맨스 lômènseu *romantique*
그런데 geulondé *au fait*
당연히 dang'yonhi *évidemment*
출연하다 tchoulyonha-da *jouer, interpréter (film, radio, drama...)*
연기를 잘하다 djalha-da *jouer bien (film, drama)*
잘생기다 djalsènggi-da *être beau*
평판이 좋다 pʰyongpʰan-i djôh-da *avoir bonne réputation*
사인하다 sa'inha-da *signer*
장르 djangleu, *genre*
액션 ègsyon *action*

스릴러 seulillo *thriller*
코미디 kʰômidi *comédie*
시나리오 sinaliô *scénario*
감독 gamdôg *réalisateur*
연기하다 yon'giha-da, *jouer, interpréter (film, drama)*
아니다 ani-da *ne pas être*
여러 yolo *plusieurs*
드라마 deulama *feuilleton télévisée, série télévisée*
팬 pʰèn *fan*
조용히 하다 djôyônghi ha-da *se taire*
한번 hanbon *une fois*

● EXERCICES

1. ÉCOUTEZ, ÉCRIVEZ ET TRADUISEZ.

a. ....

b. ....

c. ....

d. ....

e. ....

2. TRANSFORMEZ LE VERBE AVEC LE CONNECTEUR 은/는/ㄴ데 ET TRADUISEZ LES PHRASES EN FRANÇAIS.

a. 날씨가 (좋다) .... 산책할까 ? → ....

b. (배고프다) .... 식당이 없네. → ....

c. 영화를 (찍다) .... 좀 비켜 주세요. → ....

d. 선물을 (사다) .... 같이 갈까 ? → ....

3. ADOUCISSEZ LA DEMANDE AVEC LE VERBE AUXILIAIRE 어/아 주다 EN GARDANT LE MÊME STYLE.

a. 차에서 내리세요. → .... ,
....

b. 열쇠를 찾으세요. → .... ,
....

c. 저에게 메일을 보내십시오. → .... ,
....

d. 사인하세요. → .... ,
....

23. SPORT
운동
OUNDÔNG

OBJECTIFS

- TRAITER QQN AVEC DÉFÉRENCE
- SOULIGNER LE CHANGEMENT D'ÉTAT
- INTRODUIRE UNE DURÉE

NOTIONS

- LA MARQUE HONORIFIQUE
- LES ADVERBES
- LES VERBES AUXILIAIRES

QUEL SPORT PRATIQUEZ-VOUS ?

<u>Un collègue</u> : Dani, vous êtes devenue très mince ces jours-ci. Quel sport pratiquez-vous ?

<u>Dani</u> : Ça fait environ un an que je pratique le yoga et le taekkyon. C'est vraiment amusant. !

<u>Un collègue</u> : Bravo ! Vos efforts paient !

<u>Dani</u> : Merci ! Toute ma famille est sportive. Mon grand-père fait de la randonnée en montagne le week-end. Il habite à la campagne et il est en très bonne santé. Ma grand-mère fait du jogging au parc près de chez elle avec ses amis. Avant, elle était un peu malade mais maintenant elle va beaucoup mieux. Ma mère fait du tennis régulièrement. Elle prend tous les jours des vitamines. Mon père fait souvent du vélo sur des pistes cyclables.

<u>Un collègue</u> : Haaaa… Je n'en demandais pas tant… *(merci pour l'information)*

무슨 운동을 하세요?
MOUSEUN OUNDÔNG-EUL HA-SÉYÔ

회사 동료 : 다니 씨, 요즘 많이 날씬해지셨네요. 무슨 운동을 하세요 ?
Hwésa dônglyô : dani ssi, yôdjeum manhi nalssinhèdji-syoss-néyô. mouseun oundông-eul ha-séyô

다니 : 요가와 택견을 한 지 1년 정도 됐어요. 정말 재미있어요.
Dani : yôga-wa tʰèggyon-eul ha-n dji il-nyon djongdô dwèss-oyô. djongmal djèmiiss-oyô.

회사 동료 : 브라보 ! 효과가 있네요.
Hwésa dônglyô : beulabô ! hyôgwa-ga iss-néyô

다니 : 고마워요. 저희 가족은 모두 운동을 좋아해요. 저희 할아버지께서는 주말마다 등산을 하세요. 시골에 사시는데 아주 건강하세요. 할머니께서는 친구분들과 근처 공원에서 조깅을 하세요. 예전에는 조금 편찮으셨는데 지금은 많이 나아지셨어요. 어머니는 꾸준히 테니스를 치세요. 날마다 비타민을 드세요. 아버지는 종종 자전거길에서 자전거를 타세요.
Dani : gômawoyô. djoheui gadjôg-eun môdou oundông-eul djôhahèyô. djoheui halabodji-kkésoneun djoumal-mada deung-san-eul ha-séyô. sigôl-é sa-si-neundé adjou gon'gangha-séyô. halmoni-kkésoneun tchin'gou-boun-deul-gwa geuntcho gông'won-éso djôging-eul ha-séyô. yédjon-é-neun djôgeum pʰyontchaneusi-oss-neundé djigeum-eun manhi na'adji-syoss-oyô. omoni-neun kkoudjounhi tʰéniseu-leul tchi-séyô. nalmada bitʰamin-eul deuséyô. abodji-neun djôngdjông djadjon'gogil-éso djadjon'gô-leul tʰa-séyô

회사 동료 : 아... 정보 감사합니다.
Hwésa dônglyô : a… djongbô gamsaha-bnida

■ COMPRENDRE LE DIALOGUE
FORMULES ET EXPRESSIONS

→ *Bravo* s'exprime par la version coréanisée : 브라보 **beulabô**.
→ Pour exprimer l'efficacité, on peut utiliser 효과, *effet*, 효과가 있다, *avoir de l'effet*, *être efficace*, ex. : 효과가 있 (효과가 있다 **hyôgwa-ga iss-da**, *être efficace*) + 네요 **néyô** = 효과가 있네요, *vos efforts paient* (litt. « c'est efficace, il y a de l'effet »).
→ La langue coréenne s'appuie sur trois verbes (en fonction de l'activité) : 하다 **ha-da**, *faire*, 타다 **tʰa-da**, *monter*, 치다 **tchi-da**, *frapper*.

• Avec 하다, *faire* (pour plupart des sports) :
운동을 하다 **oundông-eul ha-da**, *faire du sport*
등산을 하다 **deungsan-eul ha-da**, *faire de la randonnée en montagne*
조깅을 하다 **djôging-eul ha-da**, *faire du jogging*.

• Avec 타다 **tʰa-da**, *monter* (pour les sports avec équipement) :
자전거를 타다 **djadjon'go-leul tʰa-da**, *faire du vélo*.

• Avec 치다 **tchi-da**, *frapper* (pour les sports avec un équipement tenu à la main) :
테니스를 치다 **tʰéniseu-leul tchi-da**, *jouer au tennis*.

À noter : on dit 야구를 하다 **yagou-leul ha-da**, *jouer au baseball*, même si on tient une batte.

NOTE CULTURELLE

Le 택견 **tèggyon**, *taekkyon* est un art martial ancestral et traditionnel de Corée, qui ressemble à une danse. Il est considéré comme un élément fondateur des arts martiaux coréens contemporains, comme le 태권도 **tègwondô**, *taekwondo* par exemple. En 1983, le *taekyon* fût reconnu au patrimoine culturel intangible par la Corée du Sud. En 2011, l'Unesco a inscrit cette pratique dans sa liste représentative du patrimoine culturel immatériel de l'humanité.

RÈGLE DE PRONONCIATION

• **Nasalisation**

Avec la consonne nasale ㄴ **n**, la voyelle voisine se nasalise, comme dans 날씬해지셨네요 **nalssinhèdjisyossnèyô** qui se prononce [nal-ssi-né-tchi-chyon-nè-yô].

- **Assimilation**

Les consonnent ㄹ l et ㄴ n fusionnent en [ll] :

1 년 il-nyon se prononce [il-lyon]

신라 sinla se prononce [chil-la].

Les consonnes ㅇ ng et ㄹ l se prononcent [ng n] :

동료 dônglyô se prononce [dông-nyô].

◆ GRAMMAIRE
L'EXPRESSION HONORIFIQUE

Pour présenter la déférence envers le sujet de la phrase, ex. : « Mon grand-père habite en France », on peut compléter le verbe, la particule, le pronom possessif, de la marque honorifique.

- **Les verbes avec 으시 eusi/시 si**

La marque honorifique permet de témoigner son respect envers le sujet de la phrase qui peut être une personne âgée, un tiers ou un supérieur hiérarchique. Il faut ajouter la marque honorifique 으시/시 eusi/si au radical du verbe. Choisissez 으시 eusi si le radical se termine par une consonne ; et 시 si s'il se termine par une voyelle :

할아버지께서는 등산을 하(등산을 하다 deungsan-eul ha-da, *faire de la randonnée en montagne*) + 시 + 어요 = …등산을 하세요, *mon grand-père fait de la randonnée en montagne*

건강하(건강하다 gon'gangha-da, *être en bonne santé*) + 시 + ㅂ니다 = 건강하십니다, *il est en bonne santé*

조깅을 하(조깅을 하다 djôging-eul ha-da, *faire du jogging*) + 시 + 어요 = 조깅을 하세요, *elle fait du jogging*

자전거를 타 (자전거를 타다 djadjon'go-leul tʰa-da, *faire du vélo*) + 시 + 어요 = 자건거를 타세요, *il fait du vélo*

안녕하 (안녕하다 annyongha-da, *être en paix*) + 시 + 어요 = 안녕하세요?, *bonjour !* (litt. « vous êtes en paix ? »)

- **Cas particuliers**

Lorsque le radical du verbe se termine par la consonne ㄹ l, elle disparaît au moment de l'association avec la marque honorifique :

시골에 사 sa (살다 sal-da, *habiter, vivre*) + 시 + 는데 neudé = 시골에 사시는데, mon grand-père habite à la campagne et… (la consonne finale ㄹ tombe)

On trouve d'autres formes irrégulières notamment les verbes qui se terminent par les consonnes ㅂ b et ㄷ d. La consonne ㅂ b se transforme en ㅜ ou sous l'effet de la marque honorifique 으시/시 : 무서우 mouso'ou (무섭다 mousob-da, *avoir peur, faire peur*) + 시 + ㅂ니다 = 무서우십니다, (ma grand-mère me) *fait peur*. La marque honorifique 으시/시 entraîne une mutation de la terminaison du verbe dont la dernière consonne est ㄷ d (en ㄹ l), ex. : 음악을 들 deul (듣다 deud-da, *écouter*) + 으시 + 어요 = 들으세요, (ma grand-mère) *écoute de la musique*.

- **La transformation des verbes sans la marque honorifique**

Certains verbes se transforment radicalement avec ou sans marque honorifique. Par exemple, 아프다, *être malade* peut avoir deux formes qui sont interchangeables : 아프시다 apʰeu-si-da (avec la marque honorifique) et 편찮으시다 pʰyontchaneu-si-da (transformation sans marque honorifique).

Le verbe 먹다 mog-da, *manger* opère une transformation pour témoigner d'une considération que l'on porte à quelqu'un : 비타민을 드시(드시다 deusi-da, *manger*) + ㅂ니다 = 비타민을 드십니다, (ma mère) *prend des vitamines*.

- **La transformation des noms avec la marque honorifique**

Certains mots (particule, nom, expression) peuvent également subir une transformation avec la marque honorifique.

- 우리 ouli, *notre*, se transforme en 저희 djoheui : 우리 할아버지 ouli halabodji → 저희 할아버지 djoheui halabodji, *mon grand-père* (litt. « notre grand-père »)

- La particule de thème 은/는 eun/neun se transforme en 께서는 kkésoneun : 할머니는 halmoni-neun → 할머니께서는 halmoni-kkésoneun, *grand-mère*…

- La particule de sujet 이/가 i/ga se transforme en 께서 kkéso : 할아버지가 halabodji-ga → 할아버지께서 halabodji-kkéso, *grand-père*…

- 친구 tchin'gou, *ami*, accompagne 분 boun, ex. : 친구 → 친구분 tchin'gouboun, *amis*.

LA MARQUE HONORIFIQUE VS LE STYLE DE LA PHRASE

La marque honorifique et le style de la phrase sont deux notions bien distinctes. L'une sert à manifester la déférence envers le sujet de la phrase (grand-père, grand-mère, supérieur/e hiérarchique, etc.) ; l'autre représente la voix du locuteur selon le contexte (ultra-formel, poli, familier).

Ces deux notions grammaticales ont le point commun de signifier le respect, chacune à sa façon.

Dans la phrase 할아버지가 아프다 halabodji-ga ap^{h}eu-da, *grand-père est malade*, la forme honorifique se matérialisera ainsi : 할아버지께서 아프시다 halabodji-kkéso ap^{h}eu-si-da (afin de présenter la déférence envers le sujet « grand-père »).

Selon le contexte (ultra-formel, poli, familier), le radical du verbe est accompagné d'une terminaison de style, que le locuteur choisit en fonction de la personne à qui il s'adresse :

①할아버지께서 아프 (아프다) + 시 +ㅂ니다 = 할아버지께서 아프십니다, *grand-père est malade* (style ultra-formel)

②할아버지께서 아프 (아프다) + 시+ 어요 = 할아버지께서 아프세요, *grand-père est malade* (style poli)

③할아버지께서 아프(아프다)+ 시 + 어 = 할아버지께서 아프셔, *grand-père est malade* (style familier).

Dans la phrase ①, le locuteur a choisi le style ultra-formel pour parler dans un contexte formel et officiel, comme quand on parle à l'hôpital pour décrire l'état d'un malade. Dans la phrase ②, le locuteur a choisi le style poli pour parler lors d'une situation décontractée tout en restant poli, tel un ami qui parlerait de son grand-père malade. Dans la phrase ③, le locuteur a choisi le style familier pour parler telle une mère qui parlerait à son enfant de son grand-père.

LES ADVERBES

Les adverbes s'emploient généralement devant le verbe pour éclaircir ce dernier, ex. :

아주 adjou, *très* + 건강하 (건강하다 gon'gangha-da, *être en forme*) + 시 + ㅂ니다 = 아주 건강하십니다, *il est très en forme*.

Voici les adverbes employés dans la conversation : 조금 djôgeum, *un peu* ; 많이 man-hi, *beaucoup* ; 꾸준히 kkoudjounhi, *régulièrement* ; *avec persistance,* 종종 djông-djông, *souvent* ; 요즘 yôdjeum, *actuellement* ; 정말 djongmal, *vraiment.*

마다 mada, *chaque* jouxté au nom se transforme en adverbe comme dans : 날 nal, *jour* + 마다, *chaque* = 날마다, *tous les jours* ou 주말 djoumal, *week-end* + 마다, *chaque* = 주말마다, *chaque week-end, le week-end.*

LE VERBE AUXILIAIRE POUR SOULIGNER LE CHANGEMENT D'ÉTAT

Le verbe auxiliaire 어/아지다 o/adji-da, *devenir*, s'accole au radical du verbe d'état afin de souligner le changement d'état. Ajoutez 아 a quand la dernière voyelle du radical est ㅏ a ou ㅗ ô ; 어 pour toutes les autres voyelles.

Exemples :

날씬하 (날씬하다 nalssinha-da, *être mince*) + 아지 adji (어/아지다, *devenir*) + 시 + 었 + 네요 = 날씬해지셨네요, *vous êtes devenue mince*

건강하 (건강하다 gon'gangha-da, *être en bonne santé*) + 아지 adji (어/아지다, *devenir*) + 었 + 어 = 건강해졌어, (avant j'étais malade mais maintenant) *je suis en forme* (litt. « je suis devenu être en bonne santé »).

LE VERBE AUXILIAIRE POUR INTRODUIRE UNE DURÉE

Pour introduire la durée d'une action ou d'un état qui a commencé dans le passé et qui continue dans le présent, on emploie le verbe auxiliaire 은/ㄴ 지 (temps) 되다 eun/n dji (temps) dwé-da, *ça fait (temps) que…*, ex. :

요가를 하 (요가를 하다 yoga-leul ha-da, *faire du yoga*) + ㄴ 지 1년 정도 되 (은/ㄴ 지 (temps) 되다, *ça fait…*) + 었 + 어요 = 요가를 한지 1년 정도 됐어요, *ça fait environ 1 an que je fais du yoga.* (1 년, *un an*, se lit avec le chiffre sino-coréen [il-nyon].)

등산하 (등산하다 deungsanha-da, *faire de la randonnée en montagne*) + ㄴ 지 얼마나 되 (은/ㄴ 지 (temps) 되다, *ça fait…*) + 시 + 었 + 어요 ? = 등산한 지 얼마나 되셨어요 ?, *Depuis combien de temps pratiquez-vous la randonnée en montagne ?* (litt. « ça fait[-temps] que vous avez fait de la randonnée en montagne »)

VOCABULAIRE

저희 djoheui *notre*
께서는 kkésoneun *forme honorifique de thème* 은/는
마다 mada *chaque*
등산 deungsan *randonnée en montagne*
등산을 하다 deungsan-eul ha-da *faire de la randonnée en montagne*
시골 sigôl *campagne*
살다 sal-da *habiter, vivre*
근처 geuntcho *proximité*
조깅 djôging *jogging*
조깅을 하다 djôging-eul ha-da *faire du jogging*
예전 yédjon *avant, autrefois*
조금 djôgeum *un peu*
편찮으시다 p^{h}ontchaneusi-da *forme honorifique de* 아프다 *être malade*
나이지다 na'adji-da *s'améliorer*
꾸준히 kkoudjounhi *patiemment, régulièrement*
날마다 nalmada *tous les jours*
비타민 bit^{h}amin *vitamine*
드시다 deusi-da *forme honorifique de* 먹다 *manger*
종종 djôngdjông *souvent*
자전거길 djadjon'gogil *piste cyclable*
전 djon *avant*
부터 bout^{h}o *à partir de*

택견 t^{h}èggyon *taekkyon*
요가 yôga *yoga*
재미있다 djèmiiss-da *être amusant*
요즘 yôdjeum *ces jours-ci*
날씬하다 nalssinha-da *être mince*
테니스를 치다 t^{h}éniseu-leul tchi-da *jouer au tennis*
정보 djongbô *information*
많이 manhi *beaucoup*
요즘 yôdjeum *actuellement*
정말 djongmal *vraiment*

● EXERCICES

1. ÉCOUTEZ, ÉCRIVEZ ET TRADUISEZ.

a. ....
....

b. ....
....

c. ....
....

d. ....
....

e. ....
....

2. COMPOSEZ UNE PHRASE AVEC LES ÉLÉMENTS ET TRADUISEZ-LA :

으시/시 – 어요/아요 – 께서 – 아프다 – 못 – 어서/아서 – 할아버지 – 오다 – 으시/시 – 었/았

→ (phrase) ....

  (traduction) ....

3. RELIEZ LA SUITE POUR COMPLÉTER LA PHRASE.

a. 남동생은 • • 1. 운동을 좋아하십니다.

b. 할아버지께서는 • • 2. 등산을 합니다.

c. 저는 주말에 가족과 • • 3. 누나와 자전거를 탑니다.

4. TRADUISEZ LES PHRASES.

a. 컴퓨터가 고장난지 얼마나 됐어요 ?
→ ....

b. 아 ! 운동을 많이 해서 배고파졌어.
→ ....

c. 아버지께서는 친구분들과 주말마다 근처 공원에서 축구를 하십니다.
→ ....

24.
VOYAGE
여행
YOHÈNG

OBJECTIFS

- SE DÉPLACER
- PRÉSENTER UN PROJET (FUTUR)

NOTIONS

- LA NOMINALISATION DES VERBES
- LES PAYS
- LES VERBES « ALLER » ET « VENIR »

AIMEZ-VOUS VOYAGER ?

<u>Sylvain</u> : Aimez-vous voyager ?

<u>Mina</u> : Oui, j'aime beaucoup voyager.

<u>Sylvain</u> : Où êtes-vous allée ?

<u>Mina</u> : Vous parlez de voyage à l'étranger ? Hum… l'année dernière, je suis allée en France, à Paris pour voir la tour Eiffel, puis aux États-Unis, voir la Statue de la Liberté. L'année prochaine, je vais aller en Italie pour visiter la tour Pise. Et vous, Sylvain, quel pays avez-vous visité ?

<u>Sylvain</u> : Moi, je suis allé seulement au Japon et en Chine. Au fait, pourquoi aimez-vous tant voyager ?

<u>Mina</u> : J'aime bien découvrir de nouvelles choses. Surtout, j'adore rencontrer les gens lors de mes voyages, goûter des plats, écouter des langues étrangères…

<u>Sylvain</u> : Je n'ai pas pu beaucoup voyager à l'étranger parce que je n'avais pas le temps à cause de mon travail, de mes études et de ma situation personnelle. Mais, je suis souvent allé à Gyeongju. J'ai prévu d'aller au Maroc la prochaine fois. Je vous envie tellement de souvent voyager à l'étranger !

여행을 좋아하세요 ?
YOHÈNG-EUL DJÔHAHA-SÉYÔ

26

실방 : 여행하는 것을 좋아하세요 ?
Sylvain : yohèngha-neun gos-eul djôhaha-séyô

미나 : 네, 저는 여행하는 것을 무척 좋아해요.
Mina : né, djo-neun yohèngha-neun gos-eul moutchog djôhahèyo

실방 : 어디에 가 보셨어요 ?
Sylvain : odi-é g-a bô-syoss-oyô

미나 : 해외여행 말씀이세요 ? 음… 작년에는 에펠 탑을 보러 프랑스, 파리에 그리고 자유의 여신상을 보러 미국에 갔었어요. 내년에는 피사의 사탑을 구경하러 이탈리아에 갈 거예요. 실방 씨는요 ? 어느 나라에 가 보셨어요 ?
Mina : hèwéyohèng malsseum-i-séyô ? eum… djagnyon-é-neun épʰél tʰab-eul bô-lo pʰeulangseu, pʰali-é geuligô djayou-eui yosinsang-eul bô-lo migoug-é g-ass-oss-oyô. nènyon-é-neun pʰisa-eui satʰab-eul gougyongha-lo itʰallia-é ga-l goyéyô. sylvain ssi-neun-yô ? oneu nala-é g bô-syoss-oyô

실방 : 저는 일본하고 중국에만 가 봤어요. 그런데 여행을 왜 그렇게 좋아하세요 ?
Sylvain : djo-neun ilbôn-hagô djounggoug-é-man g-a bwass-oyô. geulondé yohèng-eul wè geulohgé djôhaha-séyô

미나 : 저는 새로운 것을 좋아해요. 특히, 여행지에서 사람을 만나는 것, 음식을 맛보는 것, 외국어를 듣는 것 등등을 좋아해요.
Mina : djo-neun sèlôou-n gos-eul djôhahèyô. tʰeughi, yohèngdji-éso salam-eul manna-neun gos, eumsig-eul masbô-neun gos, wégougo-leul deud-neun gos deungdeung-eul djôhahèyô

실방 : 저는 직장, 공부, 개인 사정 때문에 시간이 없어서 해외여행을 많이 못 다녔어요. 하지만 경주에는 자주 갔어요. 다음에는 모로코에 꼭 가 볼 예정이에요. 해외여행을 자주 가는 것이 참 부러워요 !
Sylvain : djo-neun djigdjang, gôngbou, gèin sadjong ttèmouné sigan-i obs-oso hèwéyohèng-eul manhi môs danyoss-oyô. hadjiman Gyeongju-é-neun djadjou g-ass-oyô. da'eum-é-neun môlôkʰô-é kkôg ga-a bô-l yédjong'iéyô. hèwéyohèng-eul djadjou ga-neun gos-i tcham boulowoyô

COMPRENDRE LE DIALOGUE
FORMULES ET EXPRESSIONS

→ Dans ce dialogue, nous parlons voyage avec Sylvain et Mina, prenez le temps de constater l'écriture coréenne de ces deux prénoms : **실방**, **미나**.

→ **말이다** **mal-i-da**, *parler de*, *à propos de*, litt. « parole-être », s'emploie pour préciser de quoi on parle → **해외여행 말이에요** **hèwéyohèng mal-iéyô**, *je parle de voyage à l'étranger* ou *à propos de voyage*. À la forme interrogative, ex. :
해외여행 말씀이세요 ? **hèwéyohèng malsseum-iséyô**, *vous parlez de voyage à l'étranger ?*
Ici, le nom **말** **mal**, *parole*, se transforme en **말씀** **malsseum**, *parole* (honorifique) et le verbe **이다** **i-da**, *être*, s'accompagne de la marque honorifique **시** **si**.

→ **왜 그렇게** **wé geulohgé**, litt. « pourquoi ainsi », s'emploie dans la question : *pourquoi tant, autant… ?*, ex. : **왜 그렇게 좋아하세요 ?** **wé geulohgé djôhaha-séyô**, *pourquoi vous l'aimez autant ?*

→ **시간** **sigan**, *temps* (durée), sert à parler du temps (durée) et s'emploie ainsi :
시간이 없(없다 **obs-da**, *ne pas exister*) + **어요** = **시간이 없어요**, *je n'ai pas le temps*.

→ Pour dire qu'on a le temps :
시간이 있(있다 **iss-da**, *exister*) + **어요** = **시간이 있어요**, *j'ai le temps*.

→ **때문에** **ttèmouné**, *à cause de*, s'emploie avec un nom pour justifier la raison, ex. : **개인 사정 때문에** **gèin sadjong ttèmouné**, *à cause de la raison / situation personnelle*.

NOTE CULTURELLE

Gyeongju, au sud-est de la Corée du Sud, est une ville pleine de charme et imprégnée de la culture coréenne. Un lieu de villégiature idéal pour les amateurs d'histoire et de nature ! Gyeongju a connu une période faste, puisqu'elle fût la capitale du royaume de Silla, une des dynasties coréennes, pendant 1000 ans (57 av. J.-C. – 935 ap. J.-C.). Elle a conservé de nombreux vestiges dont l'un des plus anciens observatoires astronomiques au monde (datant du vii[e] s.).

RÈGLE DE PRONONCIATION

• **Aspiration**

La consonne aspirée **ㅎ h** rend sa voisine aspirée, ex. : **특히** t[h]eugh**i** se prononce par [teu-k[hi]].

◆ GRAMMAIRE
L'OBJECTIF DE DÉPLACEMENT

Le verbe auxiliaire 으러/러 가다 eulo/lo ô-da, *aller pour*, s'associe au radical du verbe d'action afin d'exprimer l'objectif d'aller quelque part. Accolez 으러 eulo quand le radical se termine par une consonne, et 러 lo quand il se termine par une voyelle, ex. :

에펠 탑을 보(보다 bô-da, *voir*) + 러 프랑스에 가 lo pʰeulangseu-é ga (으러/러 가다, *aller pour*) + 았 + 었 + 아요 = 에펠 탑을 보러 프랑스에 갔었어요, *je suis allé en France pour voir la tour Eiffel*. Ici, on trouve deux fois la marque du passé.

피사의 사탑을 구경하 (구경하다 gougyongha-da, *visiter*) + 러 이탈리아에 가 lo itʰalia-é ga (으러/러 가다, *aller pour*) + ㄹ 거예요 = 피사의 사탑을 구경하러 이탈리아에 갈 거예요, *je vais aller en Italie pour visiter la tour de Pise*.

On emploie le verbe auxiliaire 으러/러 오다 eulo/lo ô-da, pour traduire le verbe *venir (pour)*. Ajoutez 으러 quand le radical se termine par une consonne, et 러 quand il se termine par une voyelle, ex. :

밥을 먹 (먹다 mog-da, *manger*) + 으러 오 eulo ô (으러/러 오다, *venir pour*) + 았 + 어요 = 밥을 먹으러 왔어요, *je suis venu pour manger un repas*

선물을 사 (사다 sa-da, *acheter*) + 러 오 lo ô (으러/러 오다, *venir pour*) + 았 + 어요 = 선물을 사러 왔어요, *je suis venu pour acheter un cadeau*.

LA NOMINALISATION DES VERBES

En français, le verbe à l'infinitif peut former un nom, ex. : « bien manger ». Ici le verbe « manger » s'emploie comme un nom et non comme un verbe, il ne peut donc pas se conjuguer. En coréen, il faut adjoindre 은/는/ㄴ 것 eun/neun/n gos, *ce que, ce qui* (litt. « chose que… », « le fait de… ») au radical. Accolez 은 (après une consonne) / ㄴ (après une voyelle) au radical du verbe d'état. Utilisez 는 pour le radical d'un verbe d'action.

Avec un verbe d'état :

새로우 sèlôou (새롭다 sèlôb-da, *être nouveau*) + ㄴ 것 n gos = 새로운 것, *ce qui est nouveau* (litt. « chose qui est nouveau »)

예쁘 (예쁘다 yéppeu-da, *être joli*) + ㄴ 것 n gos = 예쁜 것, *ce qui est joli* (litt. « chose qui est joli »).

Avec un verbe d'action :

여행하 (여행하다 yohèngha-da, *voyager*) + 는 것 neun gos = 여행하는 것, *voyager* (litt. « le fait de voyager »)

사람을 만나(만나다 manna-da, *rencontrer*) + 는 것 neun gos = 사람을 만나는 것, *rencontrer les gens* (litt. « le fait de rencontrer »)

음식을 맛보(맛보다 masbô-da, *goûter*) + 는 것 neun gos = 음식을 먹는 것, *manger le plat* (litt. « le fait de manger un plat »).

Ensuite, il ne faut pas oublier de mettre la particule adaptée pour identifier le rôle grammatical du verbe nominalisé, ex. :

여행하는 것을 좋아해요 yohènghaneun gos-eul djôhahèyô, *j'aime voyager* (litt. « j'aime le fait de voyager »)

해외여행을 자주 가는 것이 부러워요 hèwéyohèng-eul djajou ga-neun gos-i boulowoyô, *je vous envie d'aller souvent en voyage à l'étranger* (le verbe d'état 부럽다, *être envieux*, est un verbe intransitif qui nécessite un sujet, il faut alors marquer la partie nominalisée par la P. sujet).

L'INTENTION AU FUTUR

Le verbe auxiliaire 을/ㄹ 예정이다 eul / l yédjong i da, *avoir l'intention de, avoir le projet de*, permet d'exprimer une action future. Accolez 을 eul quand le radical se termine par une consonne ; accolez ㄹ l quand le radical se termine par une voyelle, ex. :

가(가다 ga-da, *aller*) + 아 보 a bô (어/아 보다, *essayer de*) + ㄹ 예정이에요 l yédjong-iéyô (을/ㄹ 예정이다) = 가 볼 예정이에요, *je pense y aller* (litt. « j'ai l'intention d'essayer d'y aller »)

운동하(운동하다 oundôngha-da, *faire du sport*) + ㄹ 예정이 l yédjong-i (을/ㄹ 예정이다) + ㅂ니다 = 운동할 예정이에요, *je vais faire du sport* (litt. « j'ai le projet de faire du sport »).

● VOCABULAIRE

여행 yohèng *voyage*
무척 moutchog *très, fort*
해외 hèwé *étranger*
해외여행 hèwéyohèng *voyage à l'étranger*
말 mal *parole*
말씀 malsseum *parole* (말 mal *parole honorifique*)
작년 djagnyon *année dernière*
내년 nènyon *année prochaine*
구경하다 gougyongha-da *visiter* (endroit)
프랑스 p^heulangseu *France*
파리 p^hali *Paris*
이탈리아 it^hallia *Italie*
일본 ilbôn *Japon*
중국 djounggoug *Chine*
만 man *seulement, ne…que*
그런데 geulondé *au fait, en fait*
그렇게 geulohgé *ainsi, comme ça*
새롭다 sèlôb-da *être nouveau*
특히 t^heughi *particulièrement, surtout*
만나다 manna-da *rencontrer, voir quelqu'un*
여행지 yohèngdji *lieu de voyage, destination de voyage*
맛보다 masbô-da *goûter* (verbe)
외국어 wégougo *langue étrangère*
개인 gèin *individu, personnel*
사정 sadjong *situation*
시간 sigan *temps*
다음 da'eum *prochain, après*
모로코 môlôk^hô *Maroc*
꼭 kkôg *sûrement, fortement*
참 tcham *réellement, vraiment*
여행하다 yohèngha-da *voyager*
미국 migoug *États-Unis*
자유 djayou *liberté*
자유의 여신상 djayou-eui yosinsang *statue de la liberté*

EXERCICES

1. ÉCOUTEZ ET CHOISISSEZ LA RÉPONSE ADAPTÉE.

a. 해외여행하러 가요.
b. 네, 좋아해요.
c. 해외여행을 합니다.
d. 해외여행을 갈 예정이에요.
e. 아니요, 안 좋아하십니다.

2. COMPOSEZ UNE PHRASE AVEC LES ÉLÉMENTS ET TRADUISEZ-LA.

에 – 어요/아요 – 공부하다 – 도서관 – 으러/러 가다 – 었/았

→ (phrase) ....
   (traduction) ....

3. RELIEZ LE MOT À SA DÉFINITION.

여기 **yogi** *ici*

a. 프랑스　　　•　　　•　　1. 여기에 에펠 탑이 있습니다.
b. 백화점　　　•　　　•　　2. 여기에 비행기를 타러 갑니다.
c. 공항　　　　•　　　•　　3. 여기에 선물을 사러 갑니다.
d. 직장　　　　•　　　•　　4. 여기에 일하러 갑니다.

4. TRADUISEZ LES PHRASES EN CORÉEN AU STYLE DEMANDÉ.

a. Ma grand-mère aime bien voyager. (ultra-formel)
→ ....

b. J'aime bien cuisiner. (ultra-formel)
→ ....

c. J'aime bien faire du sport le week-end. (poli)
→ ....

d. J'aime bien écouter de la musique. (familier)
→ ....

25. LA CULTURE CORÉENNE
한국어, 한국 문화
HAN'GOUGO, HAN'GOUG MOUNHWA

OBJECTIFS

- RÉPONDRE À DES QUESTIONS
- APPORTER UNE JUSTIFICATION

NOTIONS

- LES ADJECTIFS
- LA PROPOSOTION RELATIVE
- LES CONNECTEURS DE RAISON
- LA LANGUE ET LA NATIONALITÉ

JE M'INTÉRESSE À LA CULTURE CORÉENNE

(Lors d'une émission TV, le journaliste KIM Juni interroge une française sur son amour pour la culture coréenne.)

Présentateur : En direct du quartier d'Insa-dong, l'intérêt pour la culture coréenne augmente de nos jours, je passe le micro au journaliste KIM Juni.

KIM Juni : Bonjour ! Je suis journaliste, KIM Juni, à Insa-dong. Aujourd'hui, je vais interviewer une étrangère. Bonjour ! D'où venez-vous ?

Julie : Oui, bonjour ! Je viens de France.

KIM Juni : Vous parlez très bien coréen. Depuis quand apprenez-vous le coréen ?

Julie : Ça fait environ 10 mois.

KIM Juni : Ce n'est pas difficile d'apprendre le coréen ?

Julie : La grammaire est un peu difficile mais c'est intéressant.

KIM Juni : Comment vous êtes-vous intéressée à la culture coréenne ?

Julie : J'ai beaucoup d'amis coréens. C'est pour cette raison que je me suis intéressée à la nourriture coréenne, à la culture traditionnelle coréenne et au hanbok. J'aime la cuisine coréenne épicée. Et j'aime vraiment les jolis Hanbok.

KIM Juni : Et quel est votre plat préféré ?

27 한국 문화에 관심이 많아요
HAN'GOUG MOUNHWA-É GWANSIM-I MANH-AYÔ

사회자 : 요즘 한국 문화에 대해서 관심이 높아지고 있습니다. 인사동에 나가 있는 김쥬니 기자를 연결합니다.
Sahwédja : yôdjeum han'goug mounhwa-é dèhèso gwansim-i nôpʰ -adji-gô iss-seubnida. insadông-é nag-a iss-neun kim-juni gidja-leul yon'gyolha- bnida

김쥬니 기자 : 안녕하십니까 ? 인사동에 있는 김쥬니 기자입니다. 오늘은 인사동에 계신 외국인들과 인터뷰를 해 보겠습니다. 안녕하십니까 ? 어느 나라에서 오셨습니까 ?
Kim-juni : annyongha-si-bnikka ? insadông-é iss-neun kim-juni gidja-i-bnida. ôneul-eun insadông-é gyési-n wégougin-deul-gwa intʰobyou-leul hè bô-géss-seubnida. annyongha-si-bnikka ? oneu nala-éso ô-syoss-seubnikka

쥴리 : 네, 안녕하세요 ? 프랑스에서 왔어요.
Julie : né, annyongha-séyô ? pʰeulangseu-éso wass-oyô

김쥬니 기자 : 한국어를 아주 잘하시는데요. 언제부터 한국어를 배우셨습니까 ?
Kim-juni : han'gougo-leul adjou djalha-si-neundéyô. ondjé-boutʰo han'gougo-leul bèou-syoss-seubnikka

쥴리 : 한국어를 배운지 10개월 정도 되었어요.
Julie : han'gougo-leul bèou-ndji sib-gèwol djongdô dwé-oss oyô

김쥬니 기자 : 한국어 배우기가 어렵지 않으셨어요 ?
Kim-juni : han'gougo bèou-gi ga olyob-dji anh-eusyoss-oyô

쥴리 : 문법이 조금 어렵지만 재미있어요.
Julie : mounbob-i djôgeum olyob-djiman djèmiiss-oyô

김쥬니 기자 : 그런데 어떻게 한국 문화에 관심을 가지게 되셨습니까 ?
Kim-juni : geulondé ottohgé han'goug mounhwa-é gwansim-eul gadji-gé dwé-si-oss-seubnikka

쥴리 : 한국인 친구가 많아요. 그래서 한국 음식, 한국 전통 문화, 한복에 관심이 많아졌어요. 한국의 매운 음식을 좋아해요. 예쁜 한복도 정말 좋아하고요.
Julie : han'gougin tchin'gou-ga manh-ayô. geulèso han'goug eumsig, han'goug djontʰông mounhwa, hanbôg-é gwansim-i manh-adjyoss-oyô. han'goug-eui mèou-n eumsig-eul djôhahèyô. yéppeu-n hanbôg-dô djong-mal djôhaha-gôyô

김쥬니 기자 : 가장 좋아하는 음식은 무엇이에요 ?
kim-juni : gadjang djôhaha-neun eumsig-eun mouos-iéyô

COMPRENDRE LE DIALOGUE
FORMULES ET EXPRESSIONS

→ **...에 대해(서) é dèhè(so)**, *concernant à, à propos de, en ce qui concerne, quant à*, sert à exprimer le sujet dont on parle, comme dans : 한국 문화에 대해서 **han'goug mounhwa-é hèhèso**, *à propos de la culture coréenne* + 관심이 높(관심이 높다 **gwansim-i nôpʰ-da**, *être attiré, être très intéressé*, litt. « intérêt est haut ») + 아지 **adji** (어/아지다, *devenir*) + 고 있 (고 있다 **gô iss-da**, *être en train de*) + ㅂ니다 = 한국 문화에 대해서 관심이 높아지고 있습니다, *on est attiré par la culture coréenne* (litt. « l'intérêt, à propos de la culture coréenne, est en train de devenir élevé »).

→ Deux formulations possible pour exprimer l'intérêt : ...에 관심이 많다 **é gwansim-i manh-da** ou ...에 관심을 가지다, **é gwansim-eul gadji-da**, *s'intéresser à..., être intéressé à...*, ex. :
한복에 관심이 많아요 **hanbôg-é gwansim-i manh-ayô**, *Je m'intéresse beaucoup au hanbok*.
한국 문화에 관심을 가지 (...에 관심을 가지다, *être intéressé à...*) + 고 있 (고 있다, *être en train de, en cours de*) + 어요 = 한국 문화에 관심을 가지고 있어요, *Je m'intéresse à la culture coréenne*.

NOTE CULTURELLE

인사동, **insa-dong**, est un quartier à Séoul où se côtoient le passé et le présent. On trouve des éléments du patrimoine traditionnel comme 한복, le *hanbok* (habit traditionnel coréen), 한옥, les *hanok* (maisons tradionnelles coréennes), les salons de thé qui cohabitent avec des choses très modernes (bureaux, restaurants, galerie d'arts). C'est un quartier très apprécié des *touristes*, 관광객 **gwan'gwanggèg**.

◆ GRAMMAIRE
LES ADJECTIFS 은/ㄴ/는

En coréen, généralement, les adjectifs se forment à partir d'un verbe d'état. On assemble 은 **eun**, après une consonne, ou ㄴ **n**, après une voyelle, 는 **neun** au radical du verbe pour transformer le verbe d'état en adjectif, ex. :

매우 **mèou** (맵다 **mèb-da**, *être pimenté*) + ㄴ **n** = 매운, *pimenté* → 매운 음식, *plat pimenté, nourriture pimentée*

예쁘 (예쁘다 **yéppeu-da**, *être joli*) + ㄴ **n** = 예쁜, *joli* → 예쁜 한복, *joli hanbok*.

Exception : les verbes d'état, dont le radical se termine par 있 iss, s'accompagnent du suffixe 는, ex. : 맛있(맛있다 masiss-da, *être délicieux*) + 는 = 맛있는, *délicieux* → 맛있는 음식, *plat délicieux, nourriture délicieuse*.

LA PROPOSITION RELATIVE

- **Avec un verbe d'état**

La proposition relative française est une subordonnée introduite par un pronom relatif « qui », « que », « dont », « lequel », « où », etc.

Afin de construire la proposition relative en coréen, il faut obligatoirement une phrase (ou un verbe) et un nom, puis il faut transformer ce verbe d'état en forme adjectivale, ex. :

가방이 많 (많다 manh-da, *avoir beaucoup*, litt. « être nombreux ») + 은 eun + 친구 tchin'gou, *ami* = 가방이 많은 친구, *ami qui a beaucoup de sacs*

눈 noun, *yeux*, 눈이 예쁘 (예쁘다 yéppeu-da, *être joli*) + ㄴ + 아이 a'i, *enfant* = 눈이 예쁜 아이, *enfant qui a de jolis yeux*

인사동에 나가 (나가다 naga-da, *sortir, aller*) + 아 있 a iss (어/아 있다, état/action en cours) + 는 + 김쥬니 = 인사동에 나가 있는 김쥬니, *KIM-Juni qui se trouve actuellement à Insa-dong*

인사동에 계시 (계시다 gyési-da, *se trouver*, la forme honorifique de 있다 iss-da) + ㄴ n + 외국인 wégougin, *personne étrangère* = 인사동에 계신 외국인, *étrangère qui se trouve à Insa-dong*.

Ensuite, il faut choisir la particule adaptée si c'est nécessaire, ex. :

인사동에 나가 있는 김쥬니 기자, *journaliste KIM-juni qui est actuellement à Insa-dong* + 를 leul + 연결하 (연결하다 yon'gyolha-da, *établir un contact, passer*, litt. « lier ») + ㅂ니다 = 인사동에 나가 있는 김쥬니 기자를 연결합니다, *je passe le micro à la journaliste, KIM-juni, qui est actuellement à Insa-dong* (litt. « je lie journaliste qui… »). Ici, la proposition relative, 인사동에 나가 있는 김쥬니 기자, *journaliste KIM-juni qui est actuellement à Insa-dong,* étant le complément d'objet direct (COD) du verbe 연결하다, *lier*, il faut le marquer par la P. COD 를 leul.

- **Avec un verbe d'action**

On peut construire la proposition relative, également, à partir d'un verbe d'action. Dans ce cas, accolez le suffixe 는 neun au radical du verbe d'action, ex. :

좋아하 (좋아하다 djôhaha-da, *aimer bien qqch*) + 는 + 음식 eumsig, *plat* = 좋아하는 음식, *plat qu'on aime*

사랑하 (사랑하다 salangha-da, *aimer qn*) + 는 + 사람 salam, *personne* = 사랑하는 사람, *personne que j'aime*

가 (가다 ga-da, *aller*) + 는 + 곳 gôs, *endroit, lieu* = 가는 곳, *endroit où je vais*.

Attention : il ne faut pas oublier d'ajouter la particule adaptée dans la phrase.

좋아하는 음식은 무엇이에요 ? djôhaha-neun eumsig-eun mou'os-iéyô, *quel est le plat que vous aimez ?*, (litt. « quant au plat que vous aimez, c'est quoi ? ») ; ici la proposition relative, 좋아하는 음식, *plat qu'on aime*, étant le thème du verbe 이다 i-da, *être*, il faut le marquer par la particule de thème. En effet, rappelez-vous le module 24 : 사람을 만나는 것 salam-eul manna-neun gos, *(le fait de) rencontrer les gens* ; 여행하는 것 yohèngha-neun gos, *(le fait de) voyager* ; 외국어를 듣는 것 wégou-go-leul deud-neun gos, *(le fait d')écouter la langue étrangère*. Nous retrouvons la même structure avec la proposition relative.

사람을 만나 (만나다, *rencontrer*) + 는 + 것, *chose, fait* = 사람을 만나는 것, *(le fait de) rencontrer les gens*

여행하 (여행하다, *voyager*) + 는 + 것, *chose, fait* = 여행하는 것, *(le fait de) voyager*

외국어를 듣(듣다, *écouter*) + 는 + 것, *chose, fait* = 외국어를 듣는 것, *(le fait d') écouter la langue étrangère*.

LA TERMINAISON ORALE 고요

La terminaison orale 고(요) gô(yô) sert à apporter une information complémentaire au propos.

한복도 hanbôg-dô, *hanbok aussi* + 좋아하(좋아하다 djôhaha-da, *aimer qqch*) + 고요 = 좋아하고요, *j'aime les hanboks aussi*.

Il faut enlever 요 yô au style familier.

LES VERBES AUXILIAIRES

- 기가 어렵다 giga olyob-da

Le verbe auxiliaire 기가 어렵다 giga olyob-da se joint au radical du verbe pour signifier *être difficile de…*, ex. :

배우 (배우다 bèou-da, *apprendre*) + 기가 어렵 (기가 어렵다 giga olyob-da, *être difficile de*) + 지 않 (지 않다 dji anh-da, *ne pas*) + 으시 eusi, *honorifique* + 었 oss, *passé* + 어요 oyô ? = 배우기가 어렵지 않으셨어요 ?, *n'était-ce pas difficile d'apprendre ?*

- **게 되다** *gé dwé-da*

Le verbe auxiliaire 게 되다 gé dwé-da s'accole au radical du verbe pour signifier le résultat qu'on peut avoir. On peut traduire par *finir par, être amené à, arriver à*, etc., ex. :

어떻게 ottohgé, *comment* + 관심을 가지(관심을 가지다 gwansim-eul gadji-da, *s'intéresser à*) + 게 되 (게 되다 gé dwé-da, *finir par*) + 시 + 었 + 어요 = 어떻게 관심을 가지게 되셨어요 ?, *comment vous êtes-vous intéressé à ça ?*

LES CONNECTEURS DE RAISON

- **지만** *djiman*

Le connecteur 지만 djiman, *mais*, s'accole au radical du verbe et fusionne avec la phrase suivante, ex. :

문법이 조금 어렵(어렵다 olyob-da, *être difficile*) + 지만, *mais* + 재미있(재미있다 djèmiiss-da, *être amusant*) + 어요 = 문법이 조금 어렵지만 재미있어요, *la grammaire est un peu difficile mais c'est amusant*.

Il est comparable à 하지만 hadjiman, *mais* (module 18). Les connecteurs 지만 djiman et 하지만 hadjiman ont le même sens. Seulement, 지만 s'agglutine au radical et fusionne les deux phrases en une seule ; 하지만 s'emploie au début de la deuxième phrase tout en gardant l'indépendance des deux phrases.

- **그래서** *geulèso*

Le connecteur 그래서 geulèso, *c'est pour cette raison que, c'est pour cela que*, s'emploie au début de phrase pour apporter une justification, ex. :

그래서, *c'est pour cette raison que* + 한국 문화 han'goug mounhwa, *culture coréenne* + 에 관심이 많(…에 관심이 많다 é gwansim-I manh-da, *s'intéresser à…*) + 아지 adji (어/아지다, *devenir*) + 었 + 어요 = 그래서 한국 문화에 관심이 많아졌어요, *c'est pour cette raison que je me suis intéressé à la culture coréenne*.

Il s'apparente au connecteur 어서/아서 oso/aso, *parce que* (module 24).

Ces deux connecteurs ont le même sens. Seule différence : le connecteur 어서/아서 oso/aso s'accole au radical et fusionne ainsi les deux phrases ; 그래서 geulèso se présente au début de la deuxième phrase sans les fusionner.

LA LANGUE ET LA NATIONALITÉ

Pour exprimer la *langue*, 언어 **ono**, il faut ajouter 어 **o** à la fin de nom du pays concerné, ex. :

한국 **han'goug**, *Corée* → 한국어 **han'gougo**, *langue coréenne*

프랑스 **pʰeulangseu**, *France* → 프랑스어 **pʰeulangseuo**, *langue française*

이탈리아 **itʰallia**, *Italie* → 이탈리아어 **itʰallia'o**, *langue italienne*

일본 **ilbôn**, *Japon* → 일본어 **ilbôno**, *langue japonaise*.

Pour dire *parler la langue*, il faut utiliser le verbe 하다 **ha-da**, *parler* ; 잘하다 **djalha-da**, *bien parler, parler couramment* ; 못하다 **môsha-da**, *ne pas parler* ; 잘 못하다 **djal môsha-da**, *ne parler pas bien*, ex. :

한국어를 하 (하다, *parler*) + 시 + 어요 ? = 한국어를 하세요 ?, *Parlez-vous coréen ?*

한국어를 잘하 (잘하다, *parler couramment*) + 시 + 는데요 = 한국어를 잘하시는데요, *vous parlez couramment coréen.*

한국어를 못하 (못하다, *ne pas parler*) + 아요 = 한국어를 못해요, *Je ne parle pas coréen.*

Pour exprimer la *nationalité*, 국적 **gougdjog**, il faut accoler 인 **in** ou faire suivre 사람 **salam**, *personne*, à la fin du pays concerné, ex. :

알제리 **aldjéli**, *Algérie* → 알제리인 **aldjéli'in** ou 알제리 사람 **aldjéli salam**, *personne algérienne*

중국 **djounggoug**, *Chine* → 중국인 **djounggougin** ou 중국 사람 **djounggoug salam**, *personne chinoise*.

Pour demander la nationalité ou la provenance du pays, on peut employer la forme 어느 나라 **oneu nala**, *quel pays*, ex. :

어느 나라 + 에서 **éso**, *de* + 오 (오다 **ô-da**, *venir*) + 시 + 었 + 습니까 ? = 어느 나라에서 오셨습니까 ?, *D'où venez-vous ?* (litt. « de quel pays venez-vous ? »)

어느 나라 + 사람이 (이다 **i-da**, *être*) + 시 + 어요 = 어느 나라 사람이세요 ?, *De quelle nationalité êtes-vous ?* (litt. « quel pays personne êtes-vous ? »)

VOCABULAIRE

한국어 **han'gougo** *langue coréenne*
문화 **mounhwa** *culture*
사회자 **sahwédja** *présentateur*
관심 **gwansim** *intérêt*
높다 **nôpʰ-da** *être haut, être élevé*
나가다 **naga-da** *sortir*
있다 **iss-da** *se trouver*
기자 **gidja** *journaliste*
연결하다 **yon'gyolha-da** *lier, mettre en contact*
외국인 **wégoug'in** *étrangère (personne)*
인터뷰 **intʰobyou** *interview*
인터뷰를 하다 **intʰobyou-leul ha-da** *interviewer*
잘하다 **djalha-da** *parler bien, parler couramment (langue)*
배우다 **bèou-da** *apprendre*
개월 **gèwol** *mois (durée)*
어렵다 **olyob-da** *être difficile*
문법 **mounbob** *grammaire*
재미있다 **djèmiiss-da** *être intéressant, amusant*
그런데 **geulondé** *en effet*
한국인 **han'gougin** *personne coréenne*
그래서 **geulèso** *c'est pour cette raison que*
전통 **djontʰông** *tradition, traditionnel*

한복 **hanbôg** *hanbok (habit coréen traditionnel)*
한옥 **hanôg** *hanok (maison coréenne traditionnelle)*
계시다 **gyési-da** *se trouver (forme honorifique de* 있다*)*
사랑하다 **salangha-da** *aimer qqn*
살다 **sal-da** *vivre, habiter*
좋다 **djôh-da** *être bien*
언어 **ono** *langue*
하다 **ha-da** *parler*
잘하다 **djalha-da** *bien parler, parler couramment*
못하다 **môsha-da** *ne pas parler*
잘 못하다 **djal môsha-da** *ne parler pas bien*
관광객 **gwan'gwanggèg**, *touriste*
국적 **gougdjog** *nationalité*
프랑스 **pʰeulangseu**, *France*
프랑스어 **pʰeulangseuo**, *langue française*
이탈리아 **itʰallia**, *Italie*
이탈리아어 **itʰallia'o**, *langue italienne*
일본 **ilbôn**, *Japon*
일본어 **ilbôno**, *langue japonaise*
알제리인 / 알제리 사람 **aldjéli'in/ aldjéli salam**, *Algérien*

● EXERCICES

1. ÉCOUTEZ ET CHOISISSEZ LA RÉPONSE ADAPTÉE :

a. 할아버지는 집에 계십니다.

b. 집에 있는 사람은 할머니입니다.

c. 엄마가 집에 있습니다.

d. 할아버지입니다.

2. COMPOSEZ UNE PHRASE AU STYLE POLI AVEC LES ÉLÉMENTS ET TRADUISEZ-LA.

자주 – 좋아하다 – 보다 – 한국 – 문화 – 을/를 – 영화 – 한국 – 을/를 – 그래서

→ (phrase)..
  (traduction)..

3. RELIEZ CHAQUE GROUPE NOMINAL À SA TRADUCTION.

a. personne amusante   •   •   1. 재미있는 사람

b. acteur préféré   •   •   2. 관심있는 언어

c. affaire importante   •   •   3. 좋아하는 배우

d. langue qui m'intéresse •   •   4. 중요한 일

4. TRADUISEZ LES PHRASES EN CORÉEN AU STYLE DEMANDÉ.

a. C'est difficile de faire du sport. (poli)
→ ....

b. C'est facile de cuisiner. (familier)
→ ....

c. Je veux manger un plat délicieux. (poli)
→ ....

d. Je ne peux pas manger les plats pimentés. (poli)
→ ....

e. Je parle un peu coréen. (poli)
→ ....

26.
NORAEBAG
노래방
NÔLÈBANG

OBJECTIFS

- PARLER DE L'AVENIR
- RENDRE UN SERVICE
- EXPRIMER L'INTENTION

NOTIONS

- LA FORME ADVERBIALE
- LE VERBE D'ACTION « DEVENIR »
- LES CONNECTEURS « ENSUITE » ET « SI »

TU PEUX CHANTER POUR MOI ?

<u>Minji</u> : On va au noraebang aujourd'hui ?

<u>Ian</u> : Ok ! Allons-y !

<u>Minji</u> : Je vais au noraebang quand j'ai le temps et je chante avec enthousiasme.

<u>Ian</u> : Par hasard, tu veux devenir chanteuse ?

<u>Minji</u> : Oui, je veux *(voulais)* devenir une chanteuse depuis que je suis petite. C'est mon rêve de devenir une chanteuse célèbre ! J'aime énormément chanter devant les gens.

<u>Ian</u> : Haaa, moi je chante comme une casserole… Tu peux chanter pour moi ma chanson préférée ?

<u>Minji</u> : Bien sûr ! Quelle est la chanson que tu veux écouter ? Dis-la-moi *(essayer de dire)*, je vais la chanter parfaitement *(je vais chanter extraordinairement)*. Au fait, Ian, quel est ton rêve ?

<u>Ian</u> : Mon rêve ?

<u>Minji</u> : Oui, qu'est-ce que tu veux faire *(devenir)* quand tu seras grand ?

<u>Ian</u> : J'ai réfléchi à l'instant. Je vais devenir entrepreneur quand je serai grand, et ouvrir un noraebang ! Je pense que je vais vite devenir riche si tous mes amis comme toi viennent souvent.

노래 불러 줄 수 있어 ?
NÔLÈ BOULL-O DJOUL SOU ISS-O

민지 : 우리 오늘 노래방에 갈까 ?
Minji : ouli ôneul nôlèbang-é g-alkka

이안 : 좋아 ! 가자 !
Ian : djôh-a ! ga-dja !

민지 : 난 시간이 있을 때마다 노래방에 가서 신나게 노래를 불러.
Minji : na-n sigan-i iss-eul ttè-mada nôlèbang-é g-aso sinna-gé nôlè-leul boull-o

이안 : 혹시 가수가 되는 게 꿈이야 ?
Ian : hôgsi gasou-ga dwé-neun gé kkoum-iya

민지 : 응, 어렸을 때부터 가수가 되고 싶었어. 유명한 가수가 되는 게 내 꿈이야. 사람들 앞에서 노래 부르는 걸 엄청 좋아하거든.
Minji : eung, olyoss-eul ttè-bout^{h}o gasou-ga dwé-gô sip^h-oss-o. youmyongha-n gasou-ga dwé-neun gé nè kkoum-iya. salam-deul ap^h-éso nôlè bouleu-neun go-l omtchong djôhaha-godeun.

이안 : 와 ! 난 완전 음치거든. 그럼 내가 듣고 싶은 노래 불러 줄 수 있어 ?
Ian : wa ! na-n wandjon euntchi-godeun. geulom nèga deud-gô sip^h-eun nôlè boull-o djou-l sou iss-o

민지 : 당연하지. 듣고 싶은 노래가 뭐야 ? 말해 봐. 내가 기막히게 불러 줄게. 그런데, 이안아 ! 넌 꿈이 뭐야 ?
Minji : dangyonha-dji. deund-gô sip^h-eun nôlè-ga mwo-ya ? mal-hèbwa. nèga gimaghigé boull-o djou-lgé. geulondé, Ian-a ! no-n kkoum-i mwo-ya

이안 : 내 꿈 ?
Ian : nè kkoum

민지 : 응, 넌 커서 뭐가 되고 싶어 ?
Minji : eung, no-n k^h-oso mwo-ga dwé-gô sip^h-o

이안 : 방금 생각했는데 난 커서 사업가가 될래. 그리고 노래방을 열 거야. 너 같은 친구들이 많이 오면 금방 부자가 될 것 같거든.
Ian : banggeum sènggaghèss-neundé na-n k^h-oso sa'obga-ga dwé-llè. geuligô nôlèbang-eul yol goya. no gat^h-eun tchin'gou-deul-i man-hi ô-myon geumbang boudja-ga dwé-l gos gat^h-godeun

■ COMPRENDRE LE DIALOGUE
FORMULES ET EXPRESSIONS

→ 을/ㄹ/때 **eul/l/ttè**, *lorsque*, *quand*, ajouté au radical du verbe permet d'exprimer le moment. Accolez 을 **eul** quand le radical se termine par une consonne ; ㄹ **l** par une voyelle, d'où : 어리 (어리다 **oli-da**, *être petit, jeune*) + 었 + 을 때 **eul ttè**, *quand* + 부터 **bout**ʰ**o**, *depuis* = 어렸을 때부터, *depuis mon enfance*.

→ 당연하다 **dang'yonha-da**, *être évident, être naturel*, peut aussi se traduire par *bien sûr*, associé à la terminaison 지(요) **dji(yô)**, comme dans ce dialogue : 당연하지 **dang'yonha-dji**, *bien sûr* (style familier) ; 당연하지요 **dang'yonha-djiyô**, *bien sûr* (style poli).

→ Le verbe d'état 같다 **gat**ʰ**-da**, *être identique/le même* se traduit souvent par *comme*, ex. : 너 **no**, *toi* + 같 (같다, *être identique*) + 은 **eun**, suffixe proposition relative + 친구 **tchin'gou**, *ami* = 너 같은 친구, *ami comme toi* (litt. « ami qui est même que toi »).

NOTE CULTURELLE

Les coréens aiment bien chanter. Dès le plus jeune âge, on chante à l'occasion d'un pique-nique 소풍 **sôp**ʰ**oung**, d'un rassemblement familial, etc. On peut chanter chez soi, mais on peut aussi aller au 노래방 **noraebang** (노래 **norae** *chanson* + 방 **bang** *pièce*), pour *chanter* 노래하다 **nôlèha-da**/노래를 부르다 **nôlè-leul bouleu-da**. On en trouve partout en ville en Corée. C'est un vrai divertissement répandu ! Vous chantez comme une casserole ? Il y a une expression pour cela : 음치 **eumtchi**, *personne qui chante faux*. Il est peut-être temps d'apprendre quelques chansons en coréen avant de partir en Corée, non ?

RÈGLE DE PRONONCIATION

La consone aspirée ㅎ **h**, suivie ou précédée, influence sa consonne voisine : 기막히게 **gima**gh**igé**, *extraordinairement* → [**ki-ma-k**ʰ**i-gé**] : la consonne ㅎ **h** suivie rend sa consonne voisine précédée ㄱ **g** aspirée, on les prononce finalement par [kʰ].

◆ GRAMMAIRE
LA FORME ADVERBIALE PAR 게

On peut former un adverbe à partir d'un verbe en ajoutant le suffixe (sfx.) 게 **gé** au radical du verbe. Il est comparable au *-ment* en français qui transforme l'adjectif en adverbe (joli → joliment ; sage → sagement ; doux → doucement, etc.).

Voici quelques exemples en coréen :

신나 (신나다 sinna-da, s'exciter, s'enthousiasmer) + 게 → 신나게, enthousiasmant

신나(신나다, s'exciter) + 게, -ment + 노래를 불ㄹ nôlè-leul boull (노래를 부르다 nôlè-leul bouleu-da, chanter) + 어 = 신나게 노래를 불러, je chante d'une manière enthousiasmante

기막히 (기막히다, être extraordinaire) + 게, -ment + 불ㄹ boull (부르다 bouleu-da, chanter) + 어 주 o djou (어/아 주다, faire qc pour qn) + ㄹ게 lgé = 기막히게 불러 줄게, je vais la chanter extraordinairement.

LE VERBE 되다

Le verbe d'action 되다 dwé-da, devenir, s'emploie souvent pour exprimer ce qu'on veut devenir plus tard. Il est accompagné de 이/가 i/ga. Ajoutez 이 i si le complément du verbe se termine par une consonne, accolez 가 ga quand il se termine par une voyelle : 이/가 되다 i/ga dwé-da, devenir..., ex. :

가수 gasou + 가 되 ga dwé (...이/가 되다, devenir...) + 고 싶 (고 싶다 gô sip^h-da, vouloir) + 어 = 가수가 되고 싶어, je veux devenir chanteur

뭐 mwo, quoi + 가 되 ga dwé (...이/가 되다, devenir...) + 고 싶 (고 싶다 gô sip^h-da, vouloir) + 어 ? = 뭐가 되고 싶어 ?, qu'est-ce que je veux devenir ?

사업가 saobga, entrepreneur + 가 되 ga dwé (...이/가 되다, devenir...) + ㄹ래 llé = 사업가가 될래, je vais devenir entrepreneur.

LES CONNECTEURS DE TEMPS

- 어서/아서 oso/aso

Le connecteur 어서/아서 oso/aso, ensuite, après cela, sert à préciser l'ordre chronologique. Employez 아서 aso quand la dernière voyelle du radical se termine par ㅏ a ou ㅗ ô, sinon 어서 oso :

노래방에 가 (노래방에 가다 nôlèbang-é ga-da, aller à noraebang) + 아서 aso (어서/아서, ensuite) + 신나게 노래를 불러 sinnagé nôlè-leul boull-o = 노래방에 가서 신나게 노래를 불러, je vais à noraebang ensuite je chante avec excitation.

ㅋ k^h (크다 k^heu-da, *grandir*) + 어서 oso (어서/아서, *ensuite*) + 뭐 mwo, *quoi* + 가 되 ga dwé (...이/가 되다, *devenir*...) + 고 싶 (고 싶다 gô sip^h-da, *vouloir*) + 어 = 커서 뭐가 되고 싶어 ?, *qu'est-ce que tu veux devenir quand tu seras grand ?* (litt. « tu grandis, ensuite qu'est-ce que tu veux devenir ? »)

ㅋ k^h (크다 k^heu-da, *grandir*) + 어서 oso (어서/아서, *après cela*) + 사업가 saob-ga, *entrepreneur* + 가 되 ga dwé (...이/가 되다, *devenir*...) + ㄹ래 llè = 커서 사업가가 될래, *je veux devenir entrepreneur quand je serai grand* (litt. « je grandis, ensuite je vais devenir l'entrepreneur »).

- 으면/면 *eumyon/myon*

Le connecteur 으면/면 **eumyon/myon** s'attache au radical du verbe pour exprimer la condition *si*. Ajoutez 으면 **eumyon** si le radical se termine par une consonne ; 면 **myon** s'il se termine par une voyelle, comme dans :

너 같은 no gat^h-eun, *comme toi* + 친구 tchin'gou, *ami* + 들 deul, M. pluriel + 이 i, P. sujet + 많이 manhi, *beaucoup* + 오 (오다 ô-da, *venir*) + 면 myon (으면/면, *si*) + 금방 geumbang, *tout de suite* + 부자 boudja, *riche* + 가 되 ga dwé (...이/가 되다, *devenir*...) + ㄹ 것 같 l gos gat^h (을/ㄹ 것 같다, *penser, sembler*) + 거든 godeun = 너 같은 친구들이 많이 오면 금방 부자가 될 것 같거든, *je pense que je vais devenir riche si les amis comme toi viennent beaucoup.*

LES TERMINAISONS ORALES

- 을/ㄹ래 *eul/llè*

Pour exprimer l'intention, la volonté de faire quelque chose, on utilise la terminaison orale 을/ㄹ래(요) **eul/llè(yô)**. Elle peut se traduire par *vouloir*, ou par un futur (pour un fait qui ne serait pas encore réalisé). Accolez 을래(요) si le radical se termine par une consonne, ㄹ래(요) s'il se termine par une voyelle. Il suffit d'enlever 요 au style familier, ex. :

사업가 saobga, *entrepreneur* + 가 되 ga dwé (...이/가 되다, *devenir*...) + ㄹ래 llè = 사업가가 될래, *je veux/je vais devenir l'entreprenariat*

아이스크림 a'iseuk^heulim, *crème glacée, glace* + 을 eul, P. COD + 먹 (먹다 mog-da, *manger*) + 을래 llè = 아이스크림을 먹을래, *je veux manger une crème glacée.*

- **거든(요)** *godeun(yô)*

La terminaison orale 거든(요) *godeun(yô)* s'ajoute au radical du verbe pour introduire une nouvelle information. Il suffit d'enlever 요 au style familier. On peut traduire par *tu n'étais peut-être pas au courant mais…*, ex. :

엄청 *omtchong*, *énormément* + 좋아하 (좋아하다 *djôhaha-da*, *aimer*) + 거든 = 엄청 좋아하거든, *(tu n'étais pas au courant mais) je l'aime énormément*.

금방 *geumbang*, *tout de suite, rapidement* + 부자 *boudja*, *riche* + 가 되 *ga dwé* (…이/가 되다, *devenir*…) + ㄹ 것 같 *l gos gat*ʰ (을/ㄹ 것 같다, *penser, sembler*) + 거든 = 금방 부자가 될 것 같거든, *(tu ne l'imagines peut-être pas encore mais) je pense que je vais devenir rapidement riche*.

LA FORME CONTRACTÉE AVEC LA PARTICULE

À l'oral, on trouve très souvent la forme contractée entre la proposition relative et la particule. Pour construire la proposition relative, on emploie 것 *gos*, *chose, fait*, qui, accolé à la particule, prend une forme irrégulière à l'oral :

가수 *gasou*, *chanteur* + 가 되 *ga dwé* (…이/가 되다, *devenir*…) + 는 *neun*, sfx. relative + 것 *gos*, *fait, chose* + 이 *i*, P. sujet → 것 + 이 se contractent par 게 *gé* → 가수가 되는 게, ex. : 가수가 되는 게 꿈이야 ?, *c'est ton rêve de devenir chanteur ?*

유명하 (유명하다 *youmyongha-da*, *être célèbre*) + ㄴ *n*, sfx. adjectif + 가수 *gasou*, *chanteur* + 가 되 *ga dwé*(…이/가 되다, *devenir*…) + 는 *neun*, sfx. relative + 것 *gos*, *fait, chose* + 이 *i*, P. sujet → 것 + 이 se contractent par 게 *gé* → 유명한 가수가 되는 게, ex. : 유명한 가수가 되는 게 내 꿈이야, *devenir un chanteur célèbre est mon rêve*.

Remarque : la forme contractée se constate également entre le pronom personnel et la particule de sujet. Par exemple, 나 *na*, *je*, forme familier + 가 *ga*, P. sujet, se contractent en 내가 *nèga* : 나 *na* + 가 *ga* + 듣 (듣다 *deud-da*, *écouter*) + 고 싶 (고 싶다 *gô sip*ʰ*-da*, *vouloir*) + 은 *eun*, sfx. relative + 노래 *nôlè*, *chanson* = 내가 듣고 싶은 노래, *chanson que je veux écouter*. Aussi, 나 *na* + 는 *neun*, P. thème, se contractent en 난 *nan*.

LES VERBES AUXILIAIRES

- **어/아 주다** *o/a djou-da*

Le verbe auxiliaire 어/아 주다 *o/a djou-da*, *faire quelque chose pour quelqu'un*, s'associe au radical du verbe d'action pour souligner que l'action ne s'applique pas sur la personne qui a fait l'action. Autrement dit, l'action réalisée par le sujet s'applique sur son complément d'objet indirect (COI) mais pas sur le sujet. L'emploi de ce verbe auxiliaire permet de clarifier la situation. Accolez 아 a au radical dont la dernière voyelle est ㅏ a ou ㅗ ô, 어 o dans les autres cas.

> 불ㄹ boull (부르다 bouleu-da, chanter) + 어 주 o djou (어/아 주다, faire qqch pour qqn) + ㄹ 수 있 l sou iss (을/ㄹ 수 있다, pouvoir) + 어 = 내가 듣고 싶은 노래 불러 줄 수 있어 ?, tu peux chanter (pour moi) la chanson que je veux écouter ?
>
> 불ㄹ(부르다, chanter) + 어 주(어/아 주다, faire qc pour qn) + ㄹ게 lgé = 내가 기막히게 불러 줄게, je vais le chanter (pour toi) d'une manière extraordinaire.

- **을/ㄹ 수 있다 eul/s sou iss-da**

Le verbe auxiliaire 을/ㄹ 수 있다 eul/s sou iss-da, pouvoir, s'associe au radical du verbe pour exprimer la capacité. Accolez 을 eul si le radical se termine par une consonne, accolez ㄹ l s'il se termine par une voyelle, ex. :

> 노래를 부르 (노래를 부르다 nôlè-leul bouleu-da, chanter) + ㄹ 수 있 l sou iss (을/ㄹ 수 있다, pouvoir) + 어요 = 노래를 부를 수 있어요, je peux chanter
>
> 한국어를 하 (한국어를 하다 han'gougo-leul ha-da, parler coréen) + ㄹ 수 있 l sou iss (을/ㄹ 수 있다, pourvoir) + 으시 eusi + 어요 ? = 한국어를 할 수 있으세요 ?, pouvez-vous parler coréen ?

▲ CONJUGAISON
LA RÈGLE DE CONJUGAISON IRRÉGULIÈRE EN 르 LEU

Lorsque le radical du verbe se termine par la syllabe 르 leu, et que les éléments qui commencent avec la consonne muette ㅇ, la syllabe se transforme alors en ㄹㄹ ll, comme dans 노래를 부르다 nôlè-leul bouleu-da, chanter. Voici les conjugaisons possibles :

> 불ㄹ boull (부르다 bouleu-da, chanter) + 어요 → la syllabe 르 leu s'est transformée en ㄹㄹ ll en contact avec la terminaison de style poli 어요 (qui commence par la consonne muette) → 불러요, je chante
>
> 불ㄹ(부르다, chanter) + 었 + 습니다 → la syllabe 르 leu s'est transformée en ㄹㄹ ll en contact avec la marque du passé 었 (qui commence par la consonne muette) → 불렀습니다, j'ai chanté
>
> 불ㄹ (부르다, chanter) + 어서, ensuite → la syllable 르 leu s'est transformée en ㄹㄹ ll en contact avec le connecteur 어서 oso (qui commence par la consonne muette) → 불러서, je chante, ensuite.

Si les éléments suivants ne commencent pas par la consonne muette ㅇ, ex. :

부르 (부르다 bouleu-da, *chanter*) + 면 myon, *si* = 부르면, *si je chante*

부르 (부르다, *chanter*) + ㅂ니다 bnida= 부릅니다, *je chante*.

Ce n'est donc pas le verbe lui-même qui est irrégulier, il le devient au contact d'éléments qui interagissent entre eux.

LA RÈGLE DE CONJUGAISON IRRÉGULIÈRE EN ㄹ L

Lorsque le radical du verbe se termine par la consonne ㄹ l, elle disparaît au contact d'éléments qui commencent par 으 eu ou ㅅ s, ex. :

노래방 nôlèbang, *noraebang* + 을 eul, P.COD + 열 (열다 yol-da, *ouvrir*) + 을 거야 eulgoya (을/ㄹ 거야), futur style familier → 노래방 + 을 + 여 (열다) + ㄹ거야 (을/ㄹ 거야), ㄹ l du radical tombe, ensuite on accole ㄹ 거야 = 노래방을 열 거야, *je vais ouvrir un noraebang*

열(열다, *ouvrir*) + 습니다 → 여yo (열다 yol-da) + ㅂ니다 bnida, ㄹ l du radical tombe, ensuite on accole ㅂ니다 = 엽니다 yobnida, *ça ouvre*.

LA RÈGLE DE CONJUGAISON IRRÉGULIÈRE EN —

Lorsque le radical du verbe se termine par la voyelle — eu, et qu'il est suivi d'éléments qui commencent par la consonne muette ㅇ, la dernière voyelle est tronquée. Ex. :

ㅋ k^h (크다 k^{h}eu-da, *grandir*) + 어서 oso, *ensuite* → la voyelle — eu se connecte à 어서 oso (qui commence par la consonne muette ㅇ) = 커서, k^{h}oso *tu grandis, ensuite*.

● EXERCICES

1. ÉCOUTEZ, ÉCRIVEZ ET TRADUISEZ.

a. ....

b. ....

c. ....

d. ....

e. ....

2. COMPOSEZ UNE PHRASE AU STYLE POLI AVEC LES ÉLÉMENTS ET TRADUISEZ-LA.

정말 – 는 것 – 을/를 – 배우다 – 이 – 재미있다 – 한국어

→ (phrase) ....
  (traduction) ....

3. RELIEZ L'EXPRESSION À SA TRADUCTION.

a. J'ai reçu un cadeau.   •   •   1. 선물받았어요.

b. On m'a fait un cadeau.   •   •   2. 선물했어요.

c. J'ai fait un cadeau.   •   •   3. 선물해 줬어요.

d. Je voulais faire un cadeau.   •   •   4. 선물하고 싶었어요.

4. TRADUISEZ LES PHRASES EN FRANÇAIS.

a. 늦었을 때는 택시를 타세요.
  → ....

b. 신혼부부가 장을 봐서 집에 가요.
  → ....

● VOCABULAIRE

노래방 nôlèbang *noraebang*

신나다 sinna-da *s'exciter*

신나게 sinnagé *une manière excitante*

혹시 hôgsi *par hasard*

…이/가 되다 i/ga dwé-da *devenir…*

꿈 kkoum *rêve*

어리다 oli-da *être petit, être jeune*

유명하다 youmyongha-da *être célèbre*

엄청 omtchong *énormément*

당연하다 dang'yongha-da *être évident*

말하다 malha-da *parler, dire*

기막히다 gimaghi-da *être extraordinaire*

크다 k^heu-da *grandir*

방금 banggeum *tout à l'heure, à l'instant*

생각하다 sènggagha-da *penser, réfléchir*

사업가 sa'obga *entrepreneur*

같다 gat^h-da *être le même, être identique*

같은 gat^heun *comme*

금방 geumbang *dans un instant, tout de suite*

부자 boudja *riche (personne)*

음치 eumtchi *personne qui chante faux*

27.
LE WEEK-END
주말
DJOUMAL

OBJECTIFS

- EXPRIMER LA SIMULTANÉITÉ ET LA RÉPÉTITION
- EXPRIMER SES ÉMOTIONS
- PRÉSENTER LA RELATION DE CAUSE À EFFET

NOTIONS

- LA PARTICULE DE THÈME
- LA FORME PASSIVE
- LE SUPERLATIF

CE QU'ON FAIT EN WEEK-END

<u>Kanghyun</u> : Je suis papa de trois enfants. En semaine, [parce que] je vais au bureau, je ne peux pas beaucoup jouer avec les enfants. C'est pour cette raison que je fais des efforts pour passer du temps avec ma famille le week-end. Je suis le plus heureux, le week-end !

<u>Juyoung</u> : Je suis demandeuse d'emploi. Du lundi au vendredi j'étudie et me prépare pour les entretiens d'embauche. Le week-end je fais du bénévolat *(je vais à bénévolat)*. Il s'agit d'aider le voisinage en difficulté. Je ressens de la fierté après cela.

<u>Minjun</u> : J'habite seul. Le week-end je fais les tâches ménagères accumulées. Après avoir terminé les tâches ménagères telles que le nettoyage, la lessive et la vaisselle, je passe mon temps sur Internet *(faire l'internet)* en buvant du café. De temps en temps, je me sens seul *(de temps en temps il y a aussi un moment où je me sens solitaire).* Dans ce cas, je vais en ville pour voir les amis et faire du shopping.

<u>Yéline</u> : Je suis Yéline *(qui va à l'école élémentaire)* écolière, 9 ans. Je m'ennuie le samedi et le dimanche car je ne vais pas à l'école… Mais, aujourd'hui, je suis invitée à l'anniversaire d'un ami : je suis vraiment contente !

주말에 하는 일
DJOUMAL-É HA-NEUN IL

<u>강현</u> : 저는 세 아이의 아빠인데요. 주중에는 회사에 가기 때문에 아이들과 자주 놀아 줄 수 없어요. 그래서 주말에는 항상 가족들과 시간을 보내려고 노력합니다. 주말에 가장 행복해요.

<u>Kanghyun</u> : djo-neun sé a'i-eui appa-i-ndéyô. djoudjoung-é-neun hwésa-é ga-gi ttèmouné a'i-deul-gwa djadjou nôl-a djou-l sou obs-oyô. geulèso djoumal-é-neun hangsang gadjôg-deul-gwa sigan-eul bônè-lyogô nôlyogha-bnida. djoumal-é gadjang hèngbôghèyô

<u>주영</u> : 저는 취업 준비생이에요. 월요일부터 금요일까지 공부도 하고 취업 인터뷰를 준비해요. 주말에는 봉사 활동에 가요. 어려운 이웃을 도와주는 일인데요. 일하고 나서 보람을 느껴요.

<u>Juyoung</u> : djo-neun tchwiob djounbisèng-iéyô. wolyôil-bout^{h}o geumyôil-kkadji gôngbou-dô ha-gô tchwiob int^{h}obyou-leul djoun-bihèyô. djoumal-é-neun bôngsa hwaldông-é g-ayô. olyo'ou-n i'ous-eul dôwadjou-neun il-i-ndéyô. ilha-gô naso bôlam-eul neukky-oyô

<u>민준</u> : 저는 자취생이에요. 주말에는 밀린 집안일을 하고는 해요. 청소, 빨래, 설거지 같은 집안일을 마친 후 커피를 마시면서 인터넷을 해요. 가끔 외로울 때도 있어요. 그러면 시내에 가서 친구를 만나고 쇼핑을 해요.

<u>Minjun</u> : djo-neun djatchwisèng-iéyô. djoumal-é-neun milli-n djibanil-eul ha-gôneun hèyô. tchongsô, ppallè, solgodji gat^{h}eun djibanil-eul matchi-n hou k^{h}op^{h}i-leul masi-myonso int^{h}onés-eul hèyô. gakkeum wéôou-l ttè-dô iss-oyô. geulomyon sinè-é ga-so tchin'gou-leul manna-gô syôp^{h}ing-eul hèyô

<u>예린</u> : 저는 초등학교에 다니는 9살 예린이라고 해요. 토요일하고 일요일에는 학교에 가지 않아서 심심해요. 오늘은 친구 생일 파티에 초대되었어요. 정말 기뻐요.

<u>Yéline</u> : djo-neun tchôdeunghaggyô-é dani-neun ahôb-sal yéline ilagô hèyô. t^{h}ôyôil-hagô ilyôil-é-neun haggyô-é ga-dji anh-aso simsimhèyô. ôneul-eun tchin'gou sèng'il p^{h}at^{h}i-é tchôdèdwé-oss-oyô. djongmal gipp-oyô

COMPRENDRE LE DIALOGUE
FORMULES ET EXPRESSIONS

→ **때문에 ttèmouné**, *à cause de*, avec un nom ou **기 때문에 gi ttèmouné** *à cause de*, s'accole au radical du verbe pour justifier la raison.
• Nom + **때문에 ttèmouné**, *à cause de* → **개인 사정 때문에 gèin sadjong ttèmouné**, *à cause de ma situation personnelle* (revoir le module 24).
• Radical du verbe + **기 때문에 gi ttèmouné**, *à cause de* → **회사에 가 (회사에 가다 hwésa-é ga-da**, *aller au travail*) + **기 때문에 gi ttèmouné**, *parce que* = **회사에 가기 때문에**, *parce que je vais au travail*.

→ Le superlatif peut s'exprimer par **가장 gadjang**, *le plus*, *le moins*, comme dans **가장 행복해요 hèngbôghèyô**, *je suis le plus heureux*.

→ *Être invité à…* s'exprime par **…에 초대되다 é tchôdèdwé-da** → **생일 파티에 초대되었어요 sèng'il p^hat^hi-é tchôdèdwé-oss-oyô**, *je suis invité à la fête d'anniversaire*.

→ **자취생 djatchwisèng**, est un terme qui sert à indiquer souvent l'étudiant qui vit seul dans un studio.

→ **취업 tchwiob**, *embauche* ; **준비 djounbi**, *préparation* ; **준비생 djounbisèng**, *préparateur*, ainsi **취업 준비생** (litt. « préparateur d'embauche ») sert à exprimer *demandeur d'emploi*. À l'oral, on peut dire plus simplement **취준생 tchwidjounsèng**.

NOTE CULTURELLE

Le week-end est pour les Coréens l'occasion de sortir en famille, de faire du bénévolat, d'effectuer les tâches ménagères ou de voir leurs amis… Les promenades en plein air sont privilégiées, le relief coréen étant composé de 70 % de montagnes, et de nombreux sentiers de randonnée peuvent être rejoints directement en transport en commun depuis les grandes villes. Le pays est également bordée par la mer de l'Ouest, la mer de l'Est et la mer du Sud.

◆ GRAMMAIRE
LA PARTICULE DE THÈME

Dans la langue coréenne, les particules permettent de nuancer le propos. Par exemple, pour signifier la comparaison, l'emphase ou introduire un nouveau sujet/thème, on emploie la P. de thème qui insinue « or », « cependant », « mais », « en revanche ».

- **La P. thème pour la comparaison**

Pour différencier la semaine du week-end, on emploie la particule de thème, ex. :
주중 djoudjoung, *en semaine* + 에 é, P. temps + 는 neun, P. thème …. 주말 djoumal, *week-end* + 에 é, P. temps + 는 neun, P. thème…. = 주중에는…주말에는, *en semaine…, or le week-end.*

- **La P. thème pour l'emphase**

La particule de thème sert à insister ou souligner un des constituants de la phrase comme dans : 오늘은 친구 생일 파티에 초대되었어요 ôneul-eun tchin'gou sèng'il pʰatʰi-é tchôdèdwé-oss-oyô, *aujourd'hui, je suis invité à un anniversaire.*

LA PROPOSITION RELATIVE

Exemples de proposition relative :

어려우 olyo'ou (어렵다 olyob-da, *être difficile*) + ㄴ n, sfx. proposition relative + 이웃 ious, *voisin* = 어려운 이웃, *personne du voisinage en difficulté*

도와주 (도와주다 dôwadjou-da, *aider qn*) + 는 neun, sfx. proposition relative + 일 il, *fait, affaire, chose* = 어려운 이웃을 도와주는 일, *aider une personne en difficulté* → 어려운 이웃 olyo'ou-n ious, *personne en difficulté* + 을 eul, P.COD + 도와주는 일 dôwadjou-neun il, *aider* + 이(이다 i-da, *être*) + ㄴ데요 ndéyô = 어려운 이웃을 도와주는 일인데요, *aider les personnes (voisines) en difficulté*

밀리 (밀리다 milli-da, *s'accumuler*) + ㄴ n, sfx. proposition relative + 집안일 djibanil, *tâches ménagères* = 밀린 집안일, *tâches ménagères accumulées* → 밀린 집안일, *tâches ménagères accumulés* + 을 eul, P.COD + 하 (하다 ha-da, *faire*) + 고는 하 gôneun ha (고는 하다, *faire souvent*) + 아요 = 밀린 집안일을 하고는 해요, *je fais souvent les tâches ménagères accumulées.*

LES CONNECTEURS D'ACTION

- 고 나서 *gô naso*

Le connecteur 고 나서 gô naso s'appose comme suffixe au radical du verbe pour exprimer l'enchaînement d'actions. Cela signifie littéralement « j'ai fini…, après je fais … ».

일하다 (일하다 ilha-da, *travailler*) + 고 나서, *après* + 보람을 느끼 (보람을 느끼다 bôlam-eul neukki-da, *se sentir méritant*) + 어요 = 일하고 나서 보람을 느껴요, *je travaille, et après je ressens de la fierté.*

- **으면서/면서 *eumyonso/myonso***

Le connecteur 으면서/면서 **eumyonso/myonso** est l'équivalent du gérondif en français, *en...ant*, il sert à exprimer l'action simultanée. Ajoutez 으면서 **eumyonso** quand le radical se termine par une consonne ; 면서 **myonso** quand il se termine par une voyelle, ex. :

커피를 마시 (커피를 마시다 k^hop^hi-leul masi-da, *boire du café*) + 면서 **myonso** (으면서/면서, *en...ant*) + 인터넷을 하 (인터넷을 하다 int^hones-eul ha-da, *aller sur Internet*) + 아요 = 커피를 마시면서 인터넷을 해요, *je vais sur Internet en buvant du café*

음악을 들 deul (음악을 듣다 eumag-eul deud-da, *écouter de la musique*) + 으면서 **eumyonso** (으면서/면서, *en ...ant*) + 운전하 (운전하다 oundjonha-da, *conduire*) + 아요 = *je conduis en écoutant de la musique.*

LES VERBES AUXILIAIRES

- **고는 하다 *gôneun ha-da***

Le verbe auxiliaire 고는 하다 **gôneun ha-da** s'accole au radical du verbe pour exprimer les choses qui se répètent. On peut traduire par *il arrive souvent*, *je fais souvent*, etc. selon le contexte :

밀린 집안일을 하 (밀린 집안일을 하다 milli-n djibanil-eul ha-da, *faire les tâches ménagères accumulées*) + 고는 하 (고는 하다, *faire souvent*) + 어요 = 밀린 집안일을 하고는 해요, *je fais souvent les tâches ménagères accumulées*

아침 atchim, *matin* + 에 é, P. temps + 커피를 마시 (커피를 마시다 k^hop^hi-leul masi-da, *boire du café*) + 고는 하 (고는 하다, *faire souvent*) + ㅂ니다 = 아침에 커피를 마시고는 합니다, *je bois souvent du café le matin*

고는 du verbe auxiliaire se contracte souvent par 곤 **gôn** à l'oral, ex. :

주말 djoumal, *week-end* + 에 é, P. temps + 장을 보 (장을 보다 djang-eul bô-da, *faire les courses*) + 고는 하 (고는 하다, *faire souvent*) + 아 = 주말에 장을 보곤 해, *ça m'arrive souvent de faire les courses le week-end.*

- **을/ㄹ 수 없다 *eul/l sou obs-da***

Nous avons vu le verbe auxiliaire exprimant la capacité : 을/ㄹ 수 있다 **eul/l sou iss-da**, *pouvoir* (dans le module précédent). Pour exprimer l'inverse (l'incapacité), on utilise le verbe auxiliaire 을/ㄹ 수 없다 **eul/l sou iss-da**, *ne pas pouvoir.*

Accolez 을 eul si le radical se termine par une consonne ; ㄹ s'il se termine par une voyelle :

아이 a'i, *enfant* + 들 deul, M. pluriel + 과 gwa, *avec* + 자주 djadjou, *souvent* + 놀 (놀다 nôl-da, *jouer*) + 아 주 a djou (어/아 주다, *faire quelque chose pour quelqu'un*) + ㄹ 수 없 l sou obs (을/ㄹ 수 없다 eul/l sou iss-da, *ne pas pouvoir*) + 어요 = 아이들과 자주 놀아 줄 수 없어요, *je ne peux pas souvent jouer avec les enfants*

영어 yong'o, *anglais* + 를 leul, P. COD + 하 (하다 ha-da, *parler*) + ㄹ 수 없 l sou obs (을/ㄹ 수 없다 eul/l sou iss-da, *ne pas pouvoir*) + 어요 = 영어를 할 수 없어요, *je ne sais pas parler anglais* (litt. « je ne peux pas parler anglais »).

L'EXPRESSION 이라고/라고 하다

L'expression …이라고/라고 하다 ilagô/lagô ha-da s'accole à un nom pour traduire le verbe *s'appeler* ou *appeler* (litt. « on (m', l')appelle par… »). Accolez 이라고 ilagô si le nom se termine par une consonne ; 라고 lagô si le nom se termine par une voyelle, ex. :

초등학교에 다니 (초등학교에 다니다 tchôdeunghaggyô-é dani-da, *aller à l'école élémentaire*) + 는 neun, sfx. proposition relative + 예린, *Yéline* = 초등학교에 다니는 예린, *Yéline qui va à l'école élémentaire*

초등학교에 다니는 예린, *Yéline qui va à l'école élémentaire* + 이라고 하 ilagô ha (이라고/라고 하다, *s'appeler*) + 아요 = 초등학교에 다니는 예린이라고 해요, *je m'appelle Yéline, je vais à l'école élémentaire.*

LE VERBE ACTIF ET LE VERBE PASSIF

Pour transformer un verbe actif avec 하다 ha-da à la forme passive, il faut le modifier par 되다 dwé-da :

초대하다 tchôdèha-da, *inviter* → 초대되다 tchôdèdwé-da, *être invité*

주환이를 초대했어요 juhwan-i-leul tchôdèhèssoyô, *j'ai invité Juhwan* (rencontré dans le module 13)

생일 파티 sèng'il pʰatʰi, *fête d'anniversaire* + 에 초대되 (…에 초대되다 é tchô-dèdwé-da, *être invité à…*) + 었 + 어요 = 생일 파티에 초대되었어요, *je suis invité à l'anniversaire.*

La forme active étant constituée du verbe transitif, il faut compléter avec un COD, accompagné de la P. COD. La forme passive étant construite à partir du verbe intransitif, il faut un sujet.

주환이를 초대했어요 juhwan-i-leul tchôdèhèssoyô, *j'ai invité Juhwan*

예린이가 초대되었어요 yérine-i-ga tchôdèdwé-oss-oyô, *Yéline est invitée.*

EXPRIMER SES ÉMOTIONS

기쁘다 gippeu-da, *être joyeux*
슬프다 seulpʰeu-da, *être triste*
심심하다 simsimha-da, *s'ennuyer*
외롭다 wélôb-da, *se sentir seul*
보람을 느끼다 bôlam-eul neukki-da, *ressentir de la fierté*
행복하다 hèngbôgha-da, *être heureux*
불행하다 boulhèngha-da, *être malheureux*

VOCABULAIRE

세 sé *trois* (comptage coréen)
의 eui *de* (particule de possessif)
주중 djoudjoung *en semaine, durant la semaine*
놀다 nôl-da *jouer*
항상 hangsang *toujours*
시간을 보내다 sigan-eul bônè-da *passer du temps*
가장 gadjang *le plus, le moins*
취업 준비생 tchwiob djounbisèng *demandeur d'emploi*
까지 kkadji *jusqu'à*
취업 tchwiob *embauche*
인터뷰 int\ʰobyou *entretien*
준비하다 djounbiha-da *préparer*
봉사 활동 bôngsa hwaldông *bénévolat*
도와주다 dôwadjou-da *aider qqn*
보람을 느끼다 bôlam-eul neuk-ki-da *ressentir de la fierté*
자취생 djatchwisèng *étudiant qui vit seul dans un studio*
밀리다 milli-da *s'accumuler*
집안일 djibanil *tâche ménagère*
청소 tchongsô *ménage, nettoyage*
빨래 ppallè *lessive*
설거지 solgodji *vaisselle*
마치다 matchi-da *terminer*
인터넷을 하다 int\ʰonés-eul ha-da *aller sur Internet*
가끔 gakkeum *de temps en temps*
외롭다 wélôb-da *être solitaire*
생일 sèng'il *anniversaire*
파티 p\ʰat\ʰi *fête*
초대되다 tchôdèdwé-da *être invité*
기쁘다 gippeu-da *être joyeux*
숙제 sougdjé *devoirs* (scolaire)
불행하다 boulhèngha-da *être malheureux*

● EXERCICES

1. ÉCOUTEZ, ÉCRIVEZ ET TRADUISEZ.
a. ....
b. ....
c. ....
d. ....

2. COMPOSEZ UNE PHRASE AU STYLE POLI AVEC LES ÉLÉMENTS ET TRADUISEZ-LA.
사람 – 을/ㄹ 수 없다 – 이다 – 이해하다 – 는

→ (phrase) ....
   (traduction) ....

3. RELIEZ LA SUITE ADAPTÉE.
a. 이해했어요 ?　　　•　　　•　1. 초대했어요.
b. 생일에 주환이를　　•　　　•　2. 사용했어요.
c. 핸드폰을　　　　　•　　　•　3. 네, 지금 이해되었어요.
d. 한국어가　　　　　•　　　•　4. 사용되었어요.

4. TRADUISEZ LES PHRASES EN FRANÇAIS.
a. 한복이라고 합니다.
   → ....
b. 일을 마치고 나서 보통 무엇을 하세요 ?
   → ....
c. 남자 친구와 영화를 보고는 해요.
   → ....
d. 영화를 보면서 팝콘을 먹을까 ?
   → ....

28.
LES VACANCES
방학 / 휴가
BANGHAG / HYOUGA

OBJECTIFS

- EXPRIMER LE DEVOIR ET L'INTERDICTION
- MONTRER LE DÉSACCORD

NOTIONS

- LES VERBES INTRANSITIFS, TRANSITIFS
- LE CONNECTEUR DE CAUSE

QU'AVEZ-VOUS FAIT PENDANT LES VACANCES ?

1. *(Deux collègues rentrent de vacances)*

Kanghyun : Ça fait longtemps ! C'est dommage que les vacances soient déjà terminées *(regrettablement les vacances sont déjà terminées)*...

Jimin : Ça fait longtemps. Avez-vous passé de bonnes vacances ?

Kanghyun : Oui, ça s'est très bien passé. Qu'avez-vous fait pendant les vacances ?

Jimin : J'étais à Busan pour voir ma famille *(je suis allé à Busan pour voir ma famille)*.

Kanghyun : Vos neveux ont dû bien grandir.

Jimin : Oui, on dirait qu'ils sont en pleine puberté. Pff ! Ils ne m'écoutent plus maintenant…

2. *(Deux amis se retrouvent après les vacances)*

Ilona : As-tu passé de bonnes vacances ? Moi j'étais occupée avec un job étudiant *(à faire le job étudiant)*.

Sungjin : Oui, ça s'est bien passé. Et toi ? Qu'as-tu fait pendant les vacances ? Quel job étudiant ?

Ilona : J'ai donné des cours particuliers aux lycéens.

Sungjin : Ça semble amusant !

Ilona : Amusant ? Pas vraiment. Je ne savais pas où donner de la tête car j'étais trop occupée. Si je veux partir en échange étudiant, je dois travailler plus.

Sungjin : Tu vas repartir en échange *(demander l'étudiant l'échange)* ? Tu devrais vraiment bien te préparer.

Ilona : Oui. Je m'inquiète, je ne dois pas rater !

Sungjin : Tu vas réussir. Allez !

휴가 때 뭐 하셨어요 ?
HYOUGA TTÈ MWO HA-SYOSS-OYÔ

🔊 30

1. 강현 : 오랜만이에요. 아쉽게도 휴가가 벌써 끝났네요.
Kanghyun : ôlènman-iéyô. aswib-gé-dô hyouga-ga bolsso kkeut^hn-ass-néyô

지민 : 오랜만이에요. 휴가 잘 보내셨어요 ?
Jimin : ôlènman-iéyô. hyouga djal bônè-syoss-oyô

강현 : 네, 덕분에 잘 보냈어요. 휴가 때 뭐 하셨어요 ?
Kanghyun : né, dogboun-é djal bônèss-oyô. hyouga ttè mwo ha-syoss-oyô

지민 : 저는 가족을 만나러 부산에 다녀왔어요.
Jimin : djo-neun gadjôg-eul manna-lo busan-é danyowass-oyô

강현 : 조카들이 많이 컸겠네요.
Kanghyun : djôk^ha-deul-i manhi k^hoss-géss-néyô

지민 : 네, 벌써 사춘기가 온 것 같아요. 휴 ! 이제 이모 말을 안 듣네요.
Jimin : né, bolsso satchoun'gi-ga ô-n gos gat^h-ayô. hyou ! idjé imô mal-eul an deud-néyô

2. 일로나 : 방학 잘 보냈어 ? 난 아르바이트를 하느라고 바빴어.
Ilona : banghag djal bônèss-o. na-n aleuba'it^heu-leul ha-neulagô bapp-ass-o

성진 : 응, 잘 보냈어. 넌 방학 동안 뭐 했어 ? 무슨 아르바이트 ?
Sungjin : eung, djal bônèss-o. no-n banghag dông'an mwo hèsso. mouseun aleuba'it^heu ?

일로나 : 고등학생들 과외 아르바이트를 했어.
Ilona : gôdeunghagsèng-deul gwawé aleuba'it^heu-leul hèss-o

성진 : 재미있었겠다 !
Sungjin : djèmiiss-oss-géss-da

일로나 : 재미있기는. 바빠서 정신이 없었어. 내년 여름에 교환 학생을 가려면 아르바이트를 좀 더 해야 해.
Ilona : djèmiiss-gineun. bapp-aso djongsin-i obs-oss-o. nènyon yoleum-é gyôhwan hagsèng-eul ga-lyomyon aleuba'it^heu-leul djôm do hèya hè

성진 : 교환 학생 신청할거야 ? 준비 열심히 해야겠다.
Sungjin : gyôhwan hagsèng sintchongha-lgoya ? djounbi yolsimhi ha-aya-géss-da

일로나 : 떨어지면 안 되는데 걱정이야.
Ilona : ttolodji-myon an dwé-neundé gogdjong'iya

성진 : 잘 할거야. 파이팅 !
Sungjin : djal ha-lgoya. p^ha'it^hing

COMPRENDRE LE DIALOGUE
FORMULES ET EXPRESSIONS

→ 오랜만 ôlènman est la forme contractée de 오래간만 ôlèganman, *après longtemps, après une longue absence*. Elle s'emploie avec le verbe 이다, *être*, pour prendre des nouvelles : 오랜만이다 ôlènman-i-da, *cela fait longtemps*. Ainsi pour dire *ça fait longtemps qu'on ne s'est pas vu* :
오래간만입니다 (style ultra-formel)
오랜만이에요 (style poli)
오랜만이야 (style familier).

→ L'expression 아쉽게도 aswibgédô, *c'est bien dommage mais*, vient du verbe 아쉽다 aswib-da, *être regrettable*, transformé en adverbe avec le suffixe 게 gé.

→ 덕분에 dogbouné, *grâce à*, sert souvent pour sympathiser avec son interlocuteur : 덕분에 잘 보냈어요 dogbouné djal bônèssoyô, *j'ai passé de bonnes vacances grâce à vous* (litt. « j'ai bien passé [les vacances] grâce à vous »).

→ 때 ttè ou 동안 dông'an s'emploie avec un nom pour dire *pendant, lors de* : 휴가 때 hyouga ttè, *pendant les congés* ; 방학 동안 banghag dông'an, *pendant les vacances.*

→ 잘하다 djalha-da signifie littéralement « bien faire » et s'emploie souvent pour encourager quelqu'un, ex. : 잘하 (잘하다, *bien faire*) + ㄹ거야 lgoya, futur = 잘할 거야, *tu vas y arriver, tu peux y arriver*, (litt. « tu vas bien faire »).

→ 파이팅 pʰa'itʰing, *bon courage !, allez !*, employé très souvent pour encourager, vient du mot anglais **fighting** coréanisé.

→ 방학 et 휴가, *vacances*, sont les deux termes employés différemment selon l'activité. 방학 banghag, signifie *vacances scolaires* ; 휴가 hyouga, signifie les *congés*, pour les personnes actives.

→ Pour désigner la *tante maternelle*, on emploie le terme 이모 imô, pour la *tante paternelle*, on emploie 고모 gômô (revoir le module sur la composition de la famille au besoin). Ainsi, dans le dialogue, la personne se désigne ainsi à la place du « je », ex. : 이제 이모 말을 안 듣네요 idjé imô mal-eul an deud-néyô, *ils ne m'écoutent plus maintenant* (litt. « les neveux n'écoutent plus les paroles de tante »).

NOTE CULTURELLE

Les étudiants profitent souvent des vacances scolaires pour faire un *petit travail, job étudiant*, 아르바이트 aleubaitʰeu (vient du mot allemand **arbeit** coréanisé). Les étudiants donnent par exemple des 과외 gwawé, *cours particuliers*, pour pouvoir financer leurs études, préparer un séjour linguistique ou envisager des études à l'étranger.

Les universités sud-coréennes sont réputées, notamment dans le domaine des nouvelles technologies. Beaucoup d'étudiants étrangers briguent une place sur les bancs de ces écoles, dont les frais de scolarité restent abordables, à l'instar des universités américaines et britanniques.

◆ GRAMMAIRE
LE VERBE INTRANSITIF VS TRANSITIF

On peut avoir des verbes au sens quasi identiques mais grammaticalement différents, comme 끝나다 kkeut^{h}na-da, *se terminer* ; 끝내다 kkeut^{h}nè-da, *terminer*.

끝나다, *se terminer, être terminé*, étant un verbe intransitif, il faut un sujet marqué par la P. sujet, ex. :

> 휴가가 끝나다 hyouga-ha kkeut^{h}na-da, *les congés se terminent* (휴가가 벌써 끝났네요 hyouga-ga bolsso kkeut^{h}na-ass-néyô, *les vacances sont déjà terminées*)
>
> 공사가 끝나다 gôngsa-ga kkeut^{h}na-da, *les travaux se terminent*
>
> 회의가 끝나다 hwéeui-ga kkeut^{h}na-da, *la réunion se termine*
>
> 방학이 끝나다 banghag-i kkeut^{h}na-da, *les vacances se terminent.*

끝내다, *terminer*, étant un verbe transitif, il faut l'accompagner d'un COD, marqué par la P. COD, ex. :

> 휴가를 끝내다 hyouga-leul kkeut^{h}nè-da, *terminer les vacances*
>
> 공사를 끝내다 gôngsa-leul kkeut^{h}nè-da, *terminer les travaux.*

On trouve la même situation avec 좋다 djôh-da, *être bien* (verbe intransitif nécessitant un sujet), et 좋아하다 djôhaha-da, *aimer bien* (verbe transitif nécessitant un COD).

> 저는 한국이 좋아요 djo-neun han'goug-i djôh-ayô, *j'aime bien la Corée*
>
> 저는 한국을 좋아해요 djo-neun han'goug-eul djôhahèyô, *j'aime bien la Corée.*

LES CONNECTEURS DE CAUSE

- 느라고 *neulagô*

Le connecteur 느라고 neulagô, *pour, par,* sert à exprimer la cause. Il s'accole au radical du verbe, ex. :

아르바이트를 하 (아르바이트를 하다 aleuba'it^{h}eu-leul ha-da, *faire un job étudiant*) + 느라고, *pour, parce que* + 바빠 bapp(바쁘다 bappeu-da, *être occupé*) + 았, passé + 어 = 아르바이트 하느라고 바빴어, *j'étais occupé par mon job étudiant*

책을 읽 (책을 읽다 tchèg-eul ilg-da, *lire un livre*) + 느라고, *pour* + 밤을 새우 (밤을 새우다 bam-eul sèou-da, *passer une nuit blanche*) + 었, passé + 어요 = 책을 읽느라고 밤을 새웠어요, *j'ai passé une nuit blanche à lire des livres.*

- **으려면/려면** *eulyomyon/lyomyon*

Le connecteur 으려면/려면 eulyomyon/lyomyon, *si on veut…*, sert à exprimer la condition nécessaire pour accomplir une mission. Connectez 으려면 **eulyomyon** au radical s'il se termine par une consonne ; 려면 **lyomyon** s'il se termine par une voyelle :

가수가 되 (가수가 되다 gasou-ga dwé-da, *devenir chanteur*) + 려 (으려면/려면, *si on veut*) = 가수가 되려면, *si on veut devenir chanteur*

교환 학생을 가 (교환 학생을 가다 gyohwa hagsèng-eul ga-da, *partir en échange étudiant*) + 려면 (으려면/려면, *si on veut*) = 교환학생을 가고 려면, *si on veut partir en échange étudiant.*

LA TERMINAISON ORALE 기는(요)

La terminaison orale 기는(요) **gineun(yô)** sert à montrer le désaccord et se traduit par *pas vraiment.*

재미있 (재미있다 djèmiiss-da, *être amusant*) + 기는 gineun, *pas vraiment* = 재미있기는, *amusant ? pas vraiment*

재미있기는, *amusant ? pas vraiment* + 바빠 bapp (바쁘다 bappeu-da, *être occupé*) + 아서 aso (어서/아서, *parce que*) + 정신이 없 (정신이 없다 djongsin-i obs-da, *ne pas avoir de tête*) + 었, passé + 어 = 재미있기는. 바빠서 정신이 없었어, *Amusant ? pas vraiment. Je ne savais plus où donner la tête car j'étais occupé* (litt. « je n'avais pas de tête parce que j'étais occupé »).

LES VERBES AUXILIAIRES

- **어/아야 하다** *o/aya ha-da*

Le verbe auxiliaire 어/아야 하다 **o/aya ha-da**, *falloir, devoir*, représente le devoir. Accolez 아 **a** si la dernière voyelle se termine par les voyelles ㅏ **a** ou ㅗ **ô** ; sinon 어 **o**.

아르바이트 aleuba'it^heu, *petit travail, job d'étudiant* + 를 leul, P. COD + 좀 djôm, *un peu*, forme contractée de 조금 djôgeum + 더 do, *plus* + 하 (하다 ha-da, *faire*) + 아야 하 aya ha(어/아야 하다, *falloir*) + 아 aya = 아르바이트를 좀 더 해야 해, *il faut que je fasse un peu plus de jobs d'étudiant*

교환 학생을 가려면 gyôhwa hagsèng-eul ga-lyomyon, *si on veut partir en échange étudiant* + 한국어를 배우 (한국어를 배우다 han'gougo-leul bèou-da, *apprendre le coréen*) + 어야 하 oya ha (어/아야 하다, *falloir*) + ㅂ니다 = 교환 학생을 가려면 한국어를 배워야 합니다, *si on veut partir en échange universitaire, il faut apprendre le coréen.*

- **으면/면 안 되다** *eumyon/myon an dwé-da*

Le verbe auxiliaire 으면/면 안 되다 eumyon/myon an dwé-da, *ne pas falloir, ne pas devoir*, sert à exprimer l'interdiction. Accolez 으면 eumyon si le radical se termine par une consonne ; accolez 면 myon s'il se termine par une voyelle, ex. :

떨어지 (떨어지다 ttolodji-da, *rater*) + 면 안 되 myon an dwé (으면/면 안 되다, *ne pas falloir*) + 는데 neundé, *alors* + 걱정이 (걱정이다 gogdjong-i-da, *s'inquiéter*) + 아 = 떨어지면 안 되는데 걱정이야, *je m'inquiète car il ne faut pas se rater.*

● EXERCICES

🔊 1. ÉCOUTEZ ET RÉPONDEZ À LA QUESTION.
30
a. 여름에 휴가를 갔습니다.

b. 휴가를 안 갔습니다.

c. 한국에 갔습니다.

d. 바빴습니다.

2. COMPOSEZ UNE PHRASE AU STYLE FAMILIER AVEC LES ÉLÉMENTS ET TRADUISEZ-LA.
나가다 – 춥다 – 이/가 – 너무 – 으면/면 안 되다 – 날씨 – 으니까/니까

→ (phrase) ....
(traduction) ....

3. RELIEZ LES ÉLÉMENTS POUR FORMER DES PHRASES.
a. 너무 뜨거워요.　　•　　•　1. 만지면 안 돼요.

b. 가수가 되려면　　•　　•　2. 맵기는요. 안 매워요.

c. 김밥이 매워요 ?　　•　　•　3. 전화를 못 받았어요.

d. 운동하느라고　　•　　•　4. 노래를 잘 해야 해요.

🔊 4. ÉCOUTEZ ET TRADUISEZ LES PHRASES EN FRANÇAIS.
30
a. 미안해요. 음악을 듣느라고 전화를 못 받았어요.

→ ....

b. 저요 ? 바쁘기는요. 요즘 시간이 많아요.

→ ....

c. 한국에 가려면 비행기를 타야 해요.

→ ....

d. 회의에 늦으면 안 됩니다.

→ ....

VOCABULAIRE

방학 **banghag** *vacances scolaires*
휴가 **hyouga** *congé*
아쉽다 **aswib-da** *être regrettable, être dommage*
끝나다 **kkeutʰna-da** *se terminer, être terminé*
보내다 **bônè-da** *passer*
때 **ttè** *pendant*
다녀오다 **danyoô-da** *aller, passer, visiter*
조카 **djôkʰa** *neveux*
아르바이트 **aleuba'itʰeu** *job étudiant, petit travail, travail temporaire*
바쁘다 **bappeu-da** *être occupé*
고등학생 **gôdeunghagsèng** *lycéen*
과외 **gwawé** *cours particulier*
정신이 없다 **djongsin-i obs-da** *ne pas avoir de tête*
교환 **gyôhwan** *échange*
교환 학생 **gyôhwan hagsèng** *échange étudiant*
신청 **sintchong** *demande*
신청하다 **sintchongha-da** *demander*
열심히 **yolsimhi** *avec ardeur*
떨어지다 **ttolodji-da** *rater*
걱정 **gogdjong** *souci, inquiètude*
공사 **gôngsa** *travaux*
회의 **hwéeui** *réunion*
끝내다 **kkeutʰnè-da** *terminer*
밤을 새우다 **bam-eul sèou-da** *passer une nuit blanche*
수업 **sou'ob** *cours*
수업을 듣다 **sou'ob-eul deud-da** *suivre le cours*
강의 **gang'eui** *cours* (théorique)
강의를 듣다 **gang'eui-leul deud-da** *suivre le cours* (université, formation, etc…)
등록 **deunglôg** *enregistrement, inscription,*
등록하다 **deunglôgha-da** *s'inscrire*
시험을 보다 **sihom-eul bô-da** *passer un examen, se présenter à l'examen*
시험을 잘 보다 **sihom-eul djal bô-da** *réussir l'examen*
시험을 못 보다 **sihom-eul môs bô-da** *ne pas réussir l'examen*
…에 합격하다 **é habgyogha-da** *réussir à…*
…에 떨어지다 **é ttolodji-da** *échouer, rater à…*

LES CORRIGÉS DES EXERCICES

NOTE

Vous trouverez dans les pages qui suivent tous les corrigés des exercices proposés dans les modules qui précèdent. Les exercices enregistrés sont signalés par le pictogramme ◀ accompagné du n° de piste en streaming. Ils se trouvent sur la même piste que le dialogue de la leçon, à la suite de celui-ci ; ils portent donc le même numéro de piste.

1. SALUTATIONS

03 🔊 1. b. 안녕 ? 2. a. 안녕하세요 ?
3. a. 학생 b. 선생님 c. 파트너
d. 이웃
4. a. 태호야 ! b. 쥬니야 ! c. 민국아 !
5. a. 마리 씨 ! b. 레아 씨 ! c. 주영 씨 !

2. PRÉSENTATION

04 🔊 1. a. 반갑습니다. 2. a. Bonjour !
b. Je suis designer. c. Je suis Juni / Je m'appelle Juni.
3. a. salarié. b. ingénieur c. étudiant à l'université
4. a. 는 b. 이야 c. 예요 d. 입니다
5. a. 나는 민정이야. b. 저는 디자이너예요. c. 저는 회사원입니다.

3. POSER DES QUESTIONS

05 🔊 1. d. 한국이에요. 2. a. Votre fils est chanteur ?
3. a. 제 아들 b. 우리 집 c. 가수
4. a. 무엇이에요 ? b. 어디예요 ?
c. 누구예요 ?

4. LES CENTRES D'INTÉRÊT

06 🔊 1. d. 2. a. Qu'est-ce que vous aimez ?
3. a. 영화 b. 사탕 c. 차 d. 자전거
e. 영화배우
4. a. J'aime bien les chanteurs coréens. b. Qui aimez-vous ?
c. Qu'est-ce que tu aimes ?

5. LA FAMILLE

07 🔊 1. a. à un homme 2. b., c., d.
3. a. 딸이 있어요. b. 언니가 있어요.
c. 할아버지가 있어요. d. 할머니가 있어요. e. 남자 친구는 아빠가 있어요.
4. a. J'ai une voiture. b. Avez-vous un fils ? c. Mon fils a une petite amie.

6. LA MÉTÉO

08 🔊 1. b. 2. d. 우산이 없어요.
3. a. 있어요 b. 없어요
4. a. 춥습니다. b. 덥습니다. c. 비가 옵니다. d. 날씨가 나쁩니다.
e. 우산이 있습니다.
5. a. 선생님, 안녕하세요 ? 저는 미나예요. 저는 서울대학교 대학생이에요. b. Je m'appelle CHO Ian. Enchanté. c. 누구예요 ? d. 저는 언니가 있어요. e. 언니는 무엇을 좋아해요 ? f. J'aime les bonbons.
g. Ma grande sœur a un petit ami
5bis. a. grand-père b. 할머니
c. 외할아버지 d. grand-mère maternelle e. 아빠 f. maman g. fils h. 딸.

7. LES ACTIVITÉS QUOTIDIENNES

09 🔊 1. b. J'ai beaucoup d'amis. 2. c. 만나요.
3. a. 이, J'ai beaucoup de parapluies.
b. 를, Je vois/rencontre mes amis.
c. 에, Je vais à la maison. d. 가, Je n'ai pas de voiture. e. 를, J'aime bien l'école.
4. a. 선생님이 많습니다. b. 남자친구를 만납니다. c. 학교를 좋아합니다.

8. À L'AÉROPORT

10 🔊 1. c. Je suis à l'aéroport. 2. b. 학교에 있어요.
3. a. 에 b. 이 c. 가 d. 에 e. 이, 에
4. a. 2 b. 1 c. 2 d. 1

9. AU BUREAU DE POSTE

11 🔊 1. a. 은행에서 와요. 2. c. Comment y va-t-on ?
3. a. 에서 b. 에 c. 에 d. 에서
4. a. 비밀이니 ?, Est-ce un secret ?
b. 친구를 만나니 ?, Vois-tu ton

ami(e) ? c. 가방이 필요하니 ?, As-tu besoin de ton sac ? d. 집에 있니 ?, Es-tu chez toi ?

10. À LA BIBLIOTHÈQUE

12 🔊 1. b. Dani est à la bibliothèque avec une amie. 2. c. 시끄럽다.
3. a. 에 b. 에서 c. 에서 d. 에
4. a. 빌려요 ? Où est-ce qu'on emprunte les livres ? b. 일해요. Je travaille à la bibliothèque.
c. 추워요 ? Fait-il froid ?
d. 시끄러워요. L'aéroport est trop bruyant.

11. APPEL TÉLÉPHONIQUE

13 🔊 1. c. Dani fait un bisou à Juni. 2. b. 전화하다.
3. a. 가, 에게 b. 에게 c. 에게, 가 d. 에게
4. a. **없었어 ?**, Maman n'était pas à la maison ? b. **있었어 ?**, Où se trouvait la clé ? c. **찾았습니까 ?**, Où avez-vous trouvé la clé ? d. **좋았어요 ?**, Faisait-il beau ?

12. FAIRE UN CADEAU

14 🔊 1. a. C'est la fête des enfants. 2. b. 꽃을 받았어요.
3. a. 가, 에게 b. 가, 에게서 c. 선물해요. d. 선물받아요.
4. a. De qui l'avez-vous entendu ? b. Quand est-ce que vous avez reçu le cadeau ? c. Quel cadeau aimez-vous ? d. De qui avez-vous reçu un bisou ?

13. PRÉPARATION DE REPAS

15 🔊 1. c. 빵을 먹었어요. 2. a. Je suis allé à la banque à midi.
3. a. 3 b. 1 c. 2 d. 4
4. a. 누구를 초대했습니까 ?, Qui avez-vous invité ? b. 김치가 매웠어요 ?, Le Kimchi était-il pimenté ? c. 언제 한국에 갔어 ?, Quand êtes-vous allé en Corée ? d. 커피가 맛있었어요 ? Le café était-il bon ?

14. UNE JOURNÉE

16 🔊 1. c. Il est 15 h.
2. b. Papa est allé au travail ce matin.
3. a. 3 b. 1 c. 2 d. 4
4. a. Je me suis levé à 9 h du matin. b. J'ai rencontré les amis au restaurant, à midi. c. J'ai quitté mon travail à 18 h. d. Je prends le métro dans 30 min.

15. LES MOYENS DE TRANSPORT

17 🔊 1. c. 콘서트에 늦었습니다. 2. a. Prenez l'avion.
3. a. 2 b. 3 c. 1 d. 4.
4. a. 아침에 일찍 일어나세요. Levez-vous tôt le matin ! b. 오후에 전화하십시오. Téléphonez l'après-midi. c. 차 키를 줘. Donne-moi la clé de la voiture, s'il te plaît.

16. FAIRE LES COURSES

18 🔊 1. c. Achetons de la bière. 2. b 택시를 탈까 ?
3. a. 장을 보자 ! Faisons les courses ! b. 안전벨트를 맵시다 ! Attachons la ceinture de sécurité ! c. 저녁도 먹자 ! Mangeons aussi le dîner ! d. 퇴근합시다 ! Quittons le bureau / le travail !
4. a. 어디에 갈까 ? b. 한국에 가자 ! c. 누구를 만날까요 ? d. 운동합시다 !

17. AU GRAND MAGASIN

19 🔊 1. c. Je prends ma voiture pour aller au travail. 2. a. 한국에 가려고

한국어를 공부해요.
3. a. 마트에서 장을 안 봐요. b. 사람이 안 많아요 ? c. 우산을 사지 마! d. 오늘 전화하지 맙시다.
4. a. Dani ne va pas à l'école aujourd'hui. Elle n'y va pas demain non plus ? b. N'oublie pas ta résolution de cette nouvelle année. c. N'allez pas par là-bas. d. Ne prenons pas de voiture. Prenons le vélo.

18. AU PARC

20 🔊 1. a. 산책하고 싶어요. Je veux me promener. b. 음악을 듣고 싶어요. Je veux écouter de la musique. c. 걷고 싶어요. Je veux marcher. d. 다니는 피곤해요. Dani est fatiguée. e. 하지만 낮잠을 자지 않아요. Mais elle ne fait pas de sieste.
2. a. 일 안 해요, Aujourd'hui, je ne travaille pas au bureau. b. 산책 안 했어요, Je ne me suis pas promené au parc avec les amis. c. 안 많았어요. 안 피곤했어요, Il n'y avait pas beaucoup de travail. Je n'étais pas fatigué. d. 없어요. 공부 안 했어요, Il n'y a pas d'examen. Je n'ai pas étudié.
3. a. Il y avait un embouteillage mais je suis allé au grand magasin. b. Je n'ai pas écouté de musique. c. Je suis fatigué. Je veux boire du café. d. Je voulais boire du café mais je ne l'ai pas bu.
4. Séoul est la capitale de la Corée (한국). La ville se situe au Nord (북쪽) du pays. Les Coréens aiment se promener (산책하다) au parc (공원) avec leurs amis (친구) ou en famille (가족), pour faire un pique-nique (피크닉) ou faire du sport (운동(을) 하다).

19. AU CAFÉ

21 🔊 1. a. 커피를 마시고 있어요. Je suis en train de boire du café. b. 날씨가 좋은 것 같아요. Je pense qu'il fait beau. c. 기분이 좋아졌어요. Je suis de bonne humeur. d. 와인 한 잔을 마시고 싶습니다. Je veux boire un verre de vin.
2. a. 공부할게요. Je vais étudier. b. 지금 갈게요. Je vais y aller maintenant. c. 운동할게요. Je vais faire du sport. d. 걸을게요. Je vais marcher.
3. a. Je pense qu'il pleut. b. Je pense que c'est joli. c. Je pense que c'est cher. d. C'est devenu cher.

20. AU RESTAURANT

22 🔊 1. a. 차 키가 없어져서 차를 못 타요. Je ne peux pas prendre ma voiture car la clé de la voiture a disparu. b. 많이 맵지요 ? C'est très pimenté, n'est-ce pas ? c. 비행기를 탈 거예요. Je vais prendre l'avion. d. 산책한 후에 낮잠을 잘 거예요. Je vais faire la sieste après m'être promené. 2. b. 39 000 원.
3. a. 2 b. 4 c. 3 d.1
4. a. 비가 오기 시작합니다. b. 늦어서 미안해. 내가 저녁 살게. c. 버스를 탈 거예요. d.전화 안 할 거야.

21. AU BUREAU

23 🔊 1. d. 한번 입어 보고 싶어요. 2. a. 커피숍에서 친구를 만나기로 했어요. J'ai prévu de rencontrer un ami au café. b. 담당자 메일을 찾을 수 있어요 ? Est-ce qu'on peut trouver l'adresse e-mail de la responsable ? c. 크리스마스에 무슨 선물을 사겠어요 ? Quel cadeau allez-vous acheter pour Noël ? d. 한국에 가면 무엇을 하고 싶어요 ? Qu'est-ce que vous voulez faire quand vous allez en Corée ?
3. a. 1 b. 4 c. 2 d. 3

4. a. 피곤한데요… Je suis fatigué… b. 컴퓨터가 고장이 났는데요… Mon ordinateur est en panne… c. 명함을 찾는데요… Je cherche la carte de visite… d. 기분이 좋은데요… Je suis de bonne humeur…

22. LE CINÉMA

24 🔊 1. a. 감독이 영화를 찍고 있습니다. Le réalisateur est en train de tourner un film. b. 사람이 많은가 봐요. Il semble qu'il y a du monde. c. 여기에 사인해 주세요. Signez ici, s'il vous plaît. d. 저기에 가 보세요. Allez là-bas, s'il vous plaît. e. 비키라고요 ? Pardon ? vous me dites de me pousser ?
2. a. 좋은데. Il fait beau alors on se promène ? b. 배고픈데. J'ai faim mais il n'y a pas de restaurant. c. 찍는데. On tourne un film alors mettez-vous à côté, s'il vous plaît. d. 사는데. J'achète un cadeau, on y va ensemble ?
3. a. 차에서 내려 주세요. b. 열쇠를 찾아 주세요. c. 저에게 메일을 보내 주십시오. d. 사인해 주세요.

23. SPORT

24 🔊 1. a. 날씨가 나빠졌어요. Le temps est devenu mauvais. b. 회사에서 일한 지 1년 됐어요. Cela fait 1 an que je travaille dans la société. c. 식사하셨어요 ? Avez-vous mangé ? d. 무서우세요 ? Avez-vous peur ? e. 몇 시에 출근하세요 ? À quelle heure allez-vous au travail ?
2. 할아버지께서 아프셔서 못 오셨어요. Mon grand-père ne pouvait pas venir car il était malade.
3. a. 3 b. 1 c. 2
4. a. Cela fait combien de temps que votre ordinateur est en panne ? b. Ah ! j'ai faim car j'ai fait beaucoup de sport. c. Mon père fait du football chaque week-end avec ses amis au parc près d'ici.

24. VOYAGE

26 🔊 1. b
2. 도서관에 공부하러 갔어요. Je suis allé à la bibliothèque pour étudier.
3. a. 1 b. 3 c. 2 d. 4
4. a. 할머니께서는 여행하는 것을 좋아하십니다. b. 저는 요리하는 것을 좋아합니다. c. 저는 주말에 운동하는 것을 좋아해요. d. 나는 음악 듣는 것을 좋아해.

25. LA CULTURE CORÉENNE

27 🔊 1. d
2. 한국 문화를 좋아해요. 그래서 한국 영화를 자주 봐요. J'aime bien la culture coréenne. C'est pour cette raison que je regarde souvent des films coréens.
3. a. 1 b. 3 c. 4 d. 2.
4. a. 운동하기가 어려워요. b. 요리하기가 쉬워. c. 맛있는 음식을 먹고 싶어요. d. 매운 음식을 못 먹어요. e. 한국어를 조금 해요.

26. NORAEBAG

28 🔊 1. a. 유명한 가수가 되고 싶었어. Je voulais devenir un chanteur célèbre. b. 수영, 요가 같은 운동을 좋아해요. J'aime bien le sport comme la natation et le yoga. c. 늦게 오지 마세요. Ne venez pas en retard. d. 나는 맥주를 마실래. Je vais boire de la bière. e. 노래를 듣는 게 좋으세요 ? 부르는 게 좋으세요 ? Aimez-vous écouter de la musique ou chanter ?
2. 한국어를 배우는 게 정말 재미있어요. Apprendre le coréen est vraiment amusant.

3. a. 1 b. 3 c. 2 d. 4
4. a. Prenez le taxi quand vous êtes en retard. b. Le jeune couple fait les courses, ensuite rentre à la maison.

27. LE WEEK-END

29 🔊 1. a. 밥을 먹고 나서 커피를 마셔요. Je bois du café après avoir pris le repas. b. 운동하면서 신나는 음악을 들어요. J'écoute de la musique excitante en faisant du sport. c. 심심할 때는 텔레비전을 보곤 해요. Il m'arrive souvent de regarder la télé quand je m'ennuie. d. 지금 한국에 갈 수 없어요. Je ne peux pas aller en Corée maintenant.

2. 이해할 수 없는 사람이에요. C'est une personne qu'on ne peut pas comprendre.
3. a. 3 b. 1 c. 2 d. 4.
4. a. Ça s'appelle hanbok. b.

D'habitude, qu'est-ce que vous faites après avoir terminé le travail ? c. Je regarde souvent un film avec mon petit ami. d. On mange du pop-corn en regardant le film ?

28. LES VACANCES

30 🔊 1. b
2. 날씨가 너무 추우니까 나가면 안 돼. Il ne faut pas sortir car il fait trop froid.
3. a. 1 b. 4 c. 2 d. 3.

30 🔊 4. a. Désolé. Je n'ai pas pu répondre au téléphone car j'étais en train d'écouter de la musique. b. Moi ? Je ne suis pas vraiment occupé. En ce moment, je suis disponible. c. Il faut prendre l'avion pour aller en Corée. d. Il ne faut pas être en retard à la réunion.

MÉMOS GRAMMAIRE & CONJUGAISON

◆ LES MOTS INTERROGATIFS

누구 nougou	qui
무엇 mou'os	que
무슨 mouseun	quel
어디 odi	où
어떻게 ottohgé	comment
왜 wè	pourquoi
언제 ondjé	quand

◆ LES DIFFÉRENTS STYLES DE PHRASE

La construction grammaticale du style s'articule autour du radical du verbe + terminaison de style.

Les terminaisons de style	
Style familier	terminaison 어/아 o/a
Style poli	terminaison 어요/아요 oyô/ayô
Style ultra-formel	terminaison 습니다/ㅂ니다 seubnida/bnida

◆ LES PARTICULES

La particule de theme 은/는 neun/eun	Ex. pour identifier le thème de la phrase : 저는 사탕이 많아요 djo-neun sat^{h}ang-i manh-ayô, J'ai beaucoup de bonbons.
La particule sujet 이/가 i/ga	Ex. pour marquer le sujet du verbe : 사탕이 달아요 sat^{h}ang-i dal-ayô, Le bonbon est sucré.
La particule COD 을/를 eul/leul	Ex. pour identifier le COD du verbe transitif : 사탕을 좋아해요 sat^{h}ang-eul djôhahèyô, J'aime bien les bonbons.
La particule de lieu - 에 é - 에서 / éso	Ex. pour exprimer une destination : 학교에 가요 haggyô-é g-ayô, Je vais à l'école. Ex. pour exprimer le lieu de présence : 학교에 있어요 haggyô-é iss-oyô, Il se trouve à l'école, je suis à l'école. Ex. pour exprimer une provenance : 학교에서 와요 haggyô-éso w-ayô, Je viens de l'école. Ex. Pour exprimer le lieu de l'action : 학교에서 공부해요 haggyô-éso gôngbouhèyô, J'étudie à l'école.

La particule de temps 에 é	Ex. pour répondre à la question quand : 여름에 더워요 yoleum-é dow-oyô, *il fait chaud en été*
La particule de COI - 에게 égé - 에게서/한테서 égéso/hantʰéso	Ex. pour le verbe d'action qui nécessite un COI : 다니에게 사탕을 줘요 dani-égé satʰang-eul djw-oyô, *Je donne un bonbon à Dani* Ex. pour le verbe d'action qui nécessite un COI de provenance : 엄마한테서 사탕을 받아요 omma-hantʰéso satʰang-eul bad-ayô, *Elle reçoit un bonbon de la part de sa maman.*
La particule 으로/로 eulô/lô - de direction - de moyen	Ex. pour indiquer une direction : 강남 콘서트장으로요. gangnam kʰônsotʰeudjang-eulô-yô, *À (vers) la salle de concert Gangnam, s'il vous plaît.* Ex. pour exprimer la modalité : 버스로 가요, boseu-lô ga-yô, *Je vais en bus.*
La particule spéciale - 도 dô - 만 man	Ex. pour signifier *aussi* : 맥주도 샀어요 mègdjou-dô s-ass-oyô, *J'ai aussi acheté de la bière* Ex. pour signifier *seulement* : 맥주만 샀어요 mègdjou-man s-ass-oyô, *J'ai seulement acheté de la bière .*

◆ LES CONNECTEURS

하지만 hadjiman ; 지만 djiman	mais
으려고/려고 eulyogô/lyogô ; 느라고 neulagô	pour, afin de
그래서 geulèso ; 어서/아서 oso/aso odi	c'est pour cette raison que, parce que, comme, car
으면/면 eumyon / myon	si
그리고 geuligô ; 고 gô	et

◆ LES CHIFFRES ET LES NOMBRES

	Comptage coréen	Comptage sino-coréen
1	하나/한 haha/han	일 il
2	둘/두 doul/dou	이 i
3	셋/세 séᵀ	삼 sam
4	넷/네 nés/né	사 sa
5	다섯 dasos	오 ô

6	여섯 yosos	육 youg
7	일곱 ilgôb	칠 tchil
8	여덟 yodolb	팔 pʰal
9	아홉 ahôb	구 gou
10	열 yol	십 sib
20	스물/스무 seumoul/semou	이십 isib
30	서른 soleun	삼십 samsib
40	마흔 maheun	사십 sasib
50	쉰 swin	오십 ôsib
60	예순 yésoun	육십 yougsib
70	일흔 ilheun	칠십 tchilsib
80	여든 yodeun	팔십 pʰalsib
90	아흔 aheun	구십 gousib
100	백 bèg	
1 000	천 tchon	
10 000	만 man	
100 000	십만 sibman	

◆ LES EXPRESSIONS TEMPORELLES

Les différents moments de la journée	
새벽 **sèbyog**, *aube*	저녁 **djonyog**, *soir*
아침 **atchim**, *matin*	밤 **bam**, *nuit*
점심 **djomsim**, *midi*	
Les expressions de temps	
어제 **odjé**, *hier*	내일 **nèil**, *demain*
오늘 **ôneul**, *aujourd'hui*	지금 **djigeum**, *maintenant*

◆ LES JOURS DE LA SEMAINE

월요일 **wolyôil**	*lundi*
화요일 **hwayôil**	*mardi*
수요일 **souyôil**	*mercredi*
목요일 **môgyôil**	*jeudi*

금요일 geumyôil	vendredi
토요일 tʰôyôil	samedi
일요일 ilyôil	dimanche

◆ LES SAISONS

봄 bôm	printemps
여름 yoleum	été
가을 ga'eul	automne
겨울 gyo'oul	hiver

◆ LES COULEURS

빨간색 ppalgansèg	rouge
파란색 pʰalansèg	bleu
노란색 nôlansèg	jaune
흰색/하얀색 heuinsèg/hayansèg	blanc/blanche
검은색 gomeunsèg	noire
초록색 tchôlôgsèg	verte

◆ LES VERBES

Grammaticalement, le verbe intransitif ne nécessite qu'un sujet ; le verbe transitif nécessite un complément du verbe également.

Les verbes intransitifs	
예쁘다 djôhaha-da, *être joli*	크다 kʰeu-da, *être grand*
맛있다 masiss-da, *être délicieux*	작다 djag-da, *être petit*
자다 dja-da, *dormir*	웃다 ous-da, *rire*
Les verbes transitifs	
사다 sa-da, *acheter*	마시다 masi-da, *boire*
읽다 ilg-da, *lire*	듣다 deud-da, *écouter*

Sémantiquement, on peut avoir un verbe d'état qui sert à exprimer l'état du sujet ainsi qu'un verbe d'action qui décrit l'action.

Les verbes d'action	
좋아하다 **djôhaha-da**, *aimer*	일하다 **ilha-da**, *travailler*
먹다 **mog-da**, *manger*	운동하다 **oundôngha-da**, *faire du sport*
Les verbes d'état	
있다 **iss-da**, *exister, se trouver*	비싸다 **bissa-da**, *être cher*
바쁘다 **bappeu-da**, *être occupé*	행복하다 **hèngbôgha-da**, *être heureux*

◆ LES VERBES AUXILIAIRES

고 싶다 **gô sip^h-da**, *vouloir*	고 있다 **gô iss-da**, *être en train de…*
은/는/ㄴ 것 같다 **eun/neun/n gos gat^h-da**, *il semble…*	어/아 보다 **o/a bô-da**, *essayer de…*
을/ㄹ 수 있다 **eul/l sou iss-da**, *pouvoir*	을/ㄹ 수 없다 **eul/l sou obs-da**, *ne pas pouvoir*

Conception graphique et couverture : Sarah Boris
Ingénieur du son : Léonard Mule @ Studio du Poisson Barbu

© 2023, Assimil.
Dépôt légal : septembre 2023
N° d'édition : 4293
ISBN : 978 27005 09175
www.assimil.com

Imprimé en Espagne par Ganboa